本书由湖南大学岳麓书院发展基金资助出版

20世纪中国历史撰述中的「古史」建构

王 兴 ◎ 著

中国社会科学出版社

图书在版编目（CIP）数据

20世纪中国历史撰述中的"古史"建构/王兴著.—北京：中国社会科学出版社，2024.8
ISBN 978-7-5227-3646-4

Ⅰ.①2… Ⅱ.①王… Ⅲ.①史学—研究—中国—20世纪 Ⅳ.①K092.6

中国国家版本馆CIP数据核字（2024）第110711号

出 版 人	赵剑英
责任编辑	李凯凯
责任校对	李 莉
责任印制	王 超

出　　版	中国社会科学出版社
社　　址	北京鼓楼西大街甲158号
邮　　编	100720
网　　址	http://www.csspw.cn
发 行 部	010-84083685
门 市 部	010-84029450
经　　销	新华书店及其他书店
印　　刷	北京明恒达印务有限公司
装　　订	廊坊市广阳区广增装订厂
版　　次	2024年8月第1版
印　　次	2024年8月第1次印刷
开　　本	710×1000　1/16
印　　张	18
字　　数	273千字
定　　价	95.00元

凡购买中国社会科学出版社图书，如有质量问题请与本社营销中心联系调换
电话：010-84083683
版权所有　侵权必究

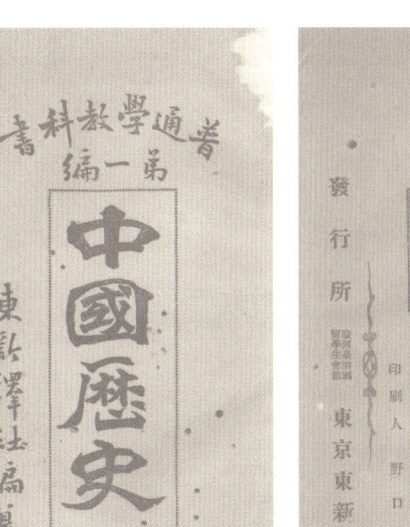
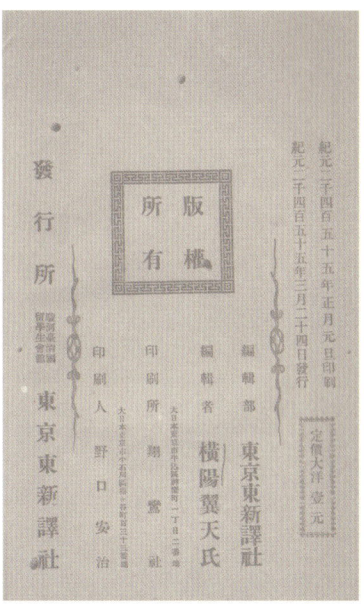

横阳翼天氏（曾鲲化）《中国历史》上卷扉页及版权页

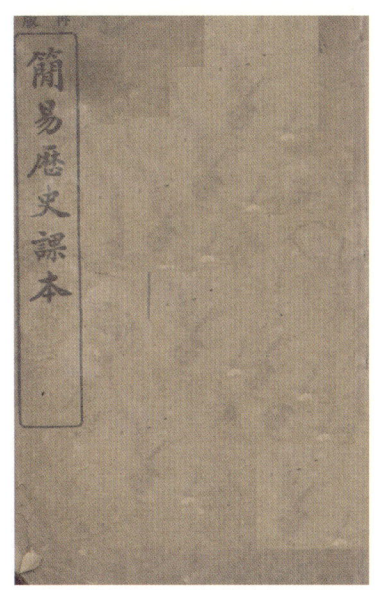
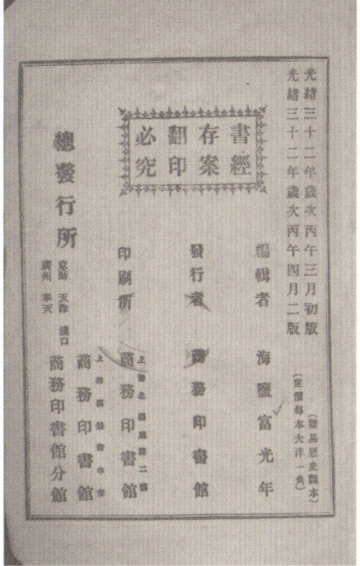

富光年《简易历史课本》封面及版权页

商務印書館發行

中學中國歷史讀本 吳曾祺編 洋裝兩冊 定價兩元

是書以歷代相次用荀袁漢紀之例，一朝大事別爲一篇附於每代之後又仿紀事本末相似逐冊之末於一代大政各爲一篇；通目次別爲雜事類編凡名物之細一一溯其緣起其體例之善在各歷史讀本之上至文筆之膠潔尤可爲文章家敘事之法洵善本也

第八百七十九號

本館書目提要函索即寄贈

內地購書可用郵票代錢另有章程載提要中

MIDDLE SCHOOL.
Chinese History of the Present Dynasty.
APPROVED BY THE BOARD OF EDUCATION OF CHINA.
COMMERCI AL PRESS, LTD.

宣統元年六月初版
宣統三年元月四版

（中學中國歷史教科書一冊）
（本朝史）
（每冊定價大洋壹元伍角）

編纂者 元和汪榮寶
校訂者 海鹽張元濟
發行者 商務印書館
印刷所 商務印書館（上海北河南路北首寶山路）
總發行所 商務印書館（上海棋盤街中市）
分售處 商務印書分館

✱翻印必究✱

六二三〇

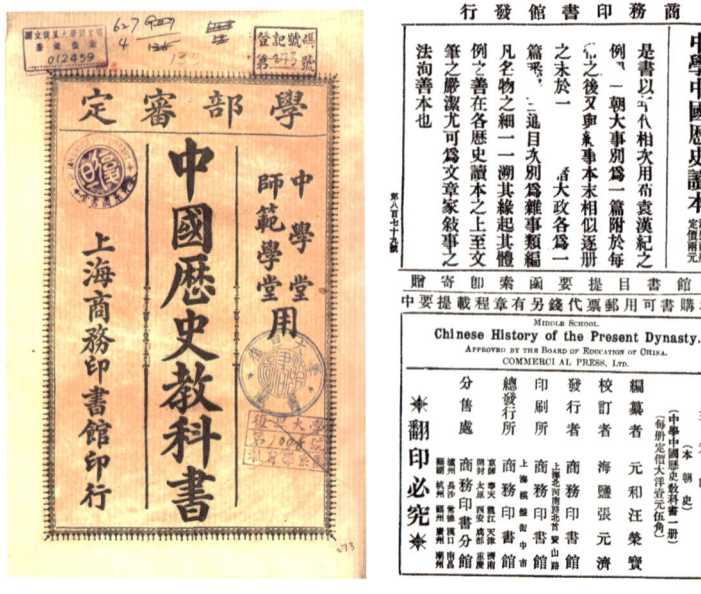

汪荣宝《中国历史教科书》封面及版权页

分科編輯★初中適用

現代初級中學教科書

新學制初中的特色，在混合教授；但當改革之初，一部份學校，仍有採用分科教授法者，本館應此需要，另編現代初中教科書一套；分科之中仍注重於全體之聯絡書名列下：

國文 六冊
公民 三冊
本國史 三冊
世界史 二冊
本國地理 二冊
世界地理 二冊
礦物學 一冊
動物學 一冊
植物學 一冊
生理衛生學 一冊
物理學 一冊
化學 一冊
算術 一冊
代數學 二冊
幾何 二冊
三角術 一冊
英語 三冊
英文法 二冊
水彩畫 一冊

商務印書館發行

21748(一) 4—7—14

Modern Textbook Series
History of China
For Junior Middle Schools
The Commercial Press, Limited
All rights reserved

中華民國十二年九月初版
中華民國十四年十月四版

（現代初中教科書 本國史（二冊））
（上冊定價大洋陸角）
（外埠酌加運費匯費）

編輯者 顧頡剛 王鍾麒
校訂者 胡適
發行者 商務印書館
印刷所 商務印書館（上海北河南路北首寶山路）
總發行所 商務印書館（上海棋盤街中市）
分售處 商務印書分館

此書有著作權翻印必究

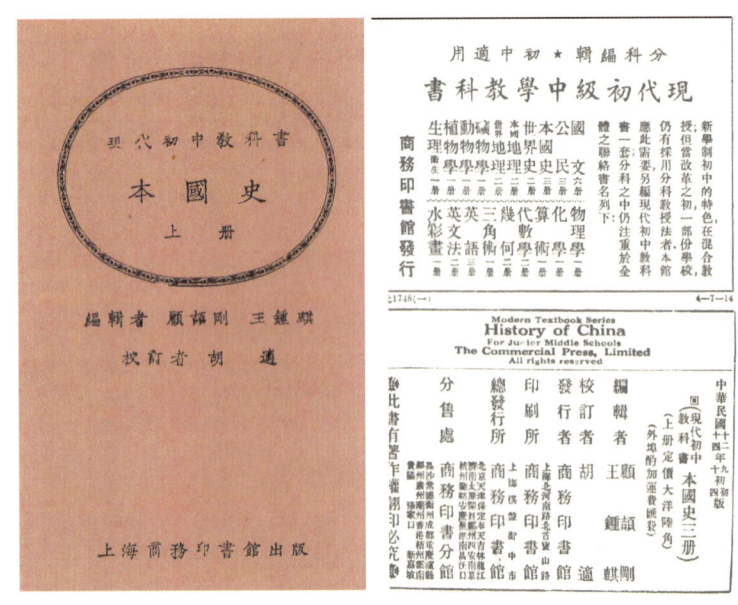

顾颉刚、王锺麒《现代初中教科书·本国史》上册封面及版权页

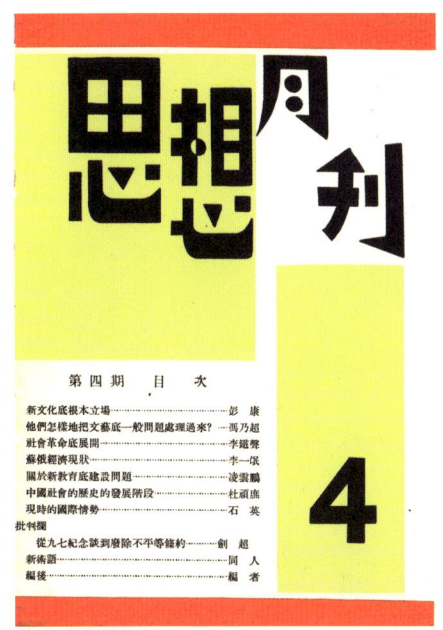

《思想月刊》1928年第4期封面　　　郭沫若《中国社会的历史的发展阶段》

1928年，郭沫若撰写了《中国社会的历史的发展阶段》一文（落款日期为是年10月28日，刊于同年《思想月刊》第4期，署名"杜顽庶"），首次运用唯物史观社会形态理论，并根据甲骨卜辞等新材料将中国"古史"划分为原始共产制、奴隶制、封建制三阶段。该文后作为"导论"收入郭沫若于1930年出版的《中国古代社会研究》一书之中。

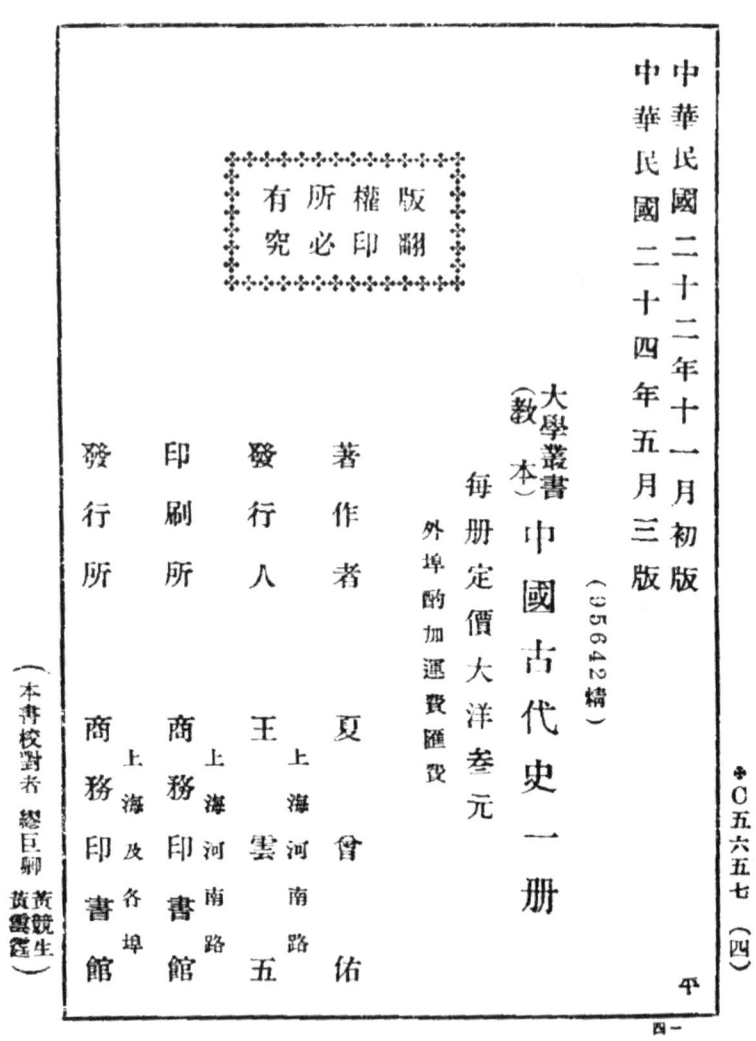

夏曾佑《中国古代史》版权页

夏曾佑《最新中学中国历史教科书》于1904—1906年由上海商务印书馆出版。1933年11月,该书更名为《中国古代史》,列入"大学丛书"由上海商务印书馆重新出版;1935年5月出版第3版。

吕振羽《史前期中国社会研究》封面

1934年6月，吕振羽《史前期中国社会研究》由北平人文书店出版。吕振羽希望自己的著作可以"给无人过问的史前期整理出一个粗略的系统，引起大家来研究"。

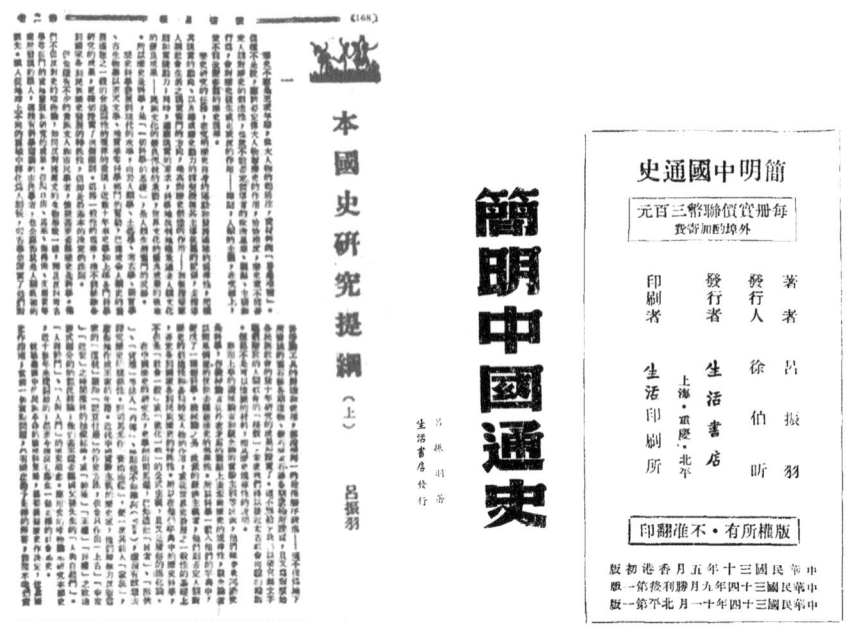

吕振羽《本国史研究提纲（上）》

吕振羽《简明中国通史》封面及版权页

1940年，吕振羽撰写了《本国史研究提纲》一文（后刊于《读书月报》第2卷第4期，1940年6月；第2卷第5期，1940年7月），对如何撰写整部中国通史作了宏观构想和探讨。次年5月，他的《简明中国通史》由香港生活书店出版。1945年9月在生活书店出版抗战胜利后第1版，同年11月又在北平生活书店出版。

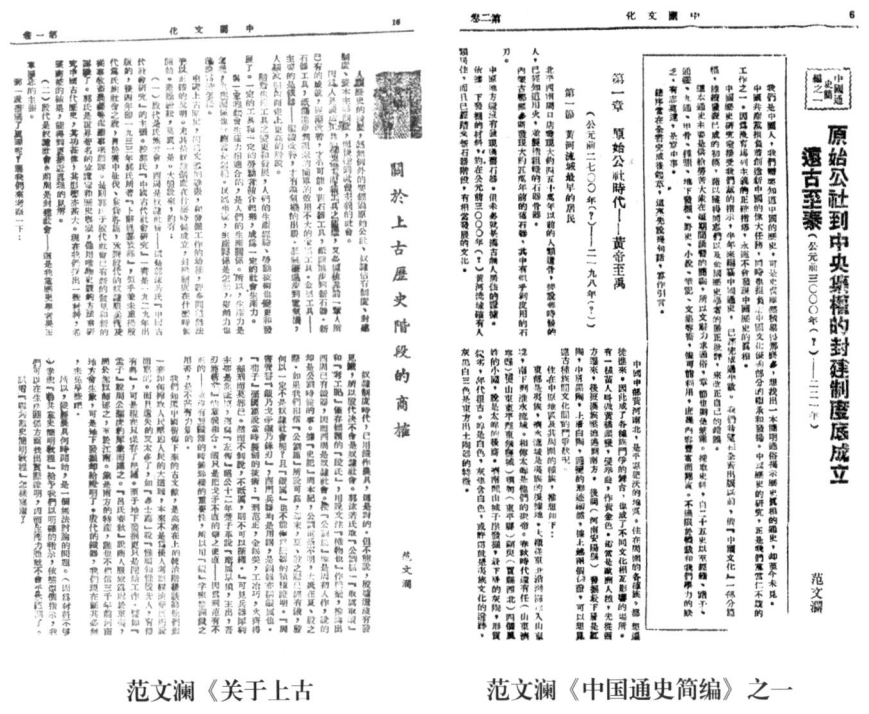

范文澜《关于上古　　　　范文澜《中国通史简编》之一
历史阶段的商榷》

　　1940年5月，范文澜在《中国文化》第1卷第3期发表了《关于上古历史阶段的商榷》一文，着重探讨了中国上古历史阶段如何划分的问题。大约半年后，他主持编写的《中国通史简编》已完成过半数，遂先将初稿的一部分发表于《中国文化》第2卷第3期（1940年11月），希冀引起学术界同仁的讨论。1941年，《中国通史简编》上册（内容自上古至五代）在延安出版，该书流传甚广，深刻影响了国人的历史认知。

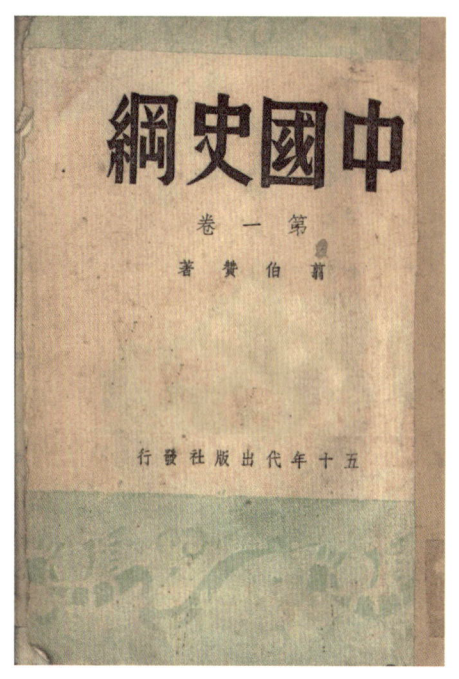  

翦伯赞《中国史纲》第 1 卷封面　　**侯外庐《中国古代社会史》扉页**

1944 年 4 月，翦伯赞《中国史纲》第 1 卷由五十年代出版社出版。当时就有评论者指出，该书"推陈出新，为研究上古史者辟一新途径"。

1948 年 1 月，侯外庐《中国古代社会史》由上海新知书店出版。"新历史学的古代法则的中国化"是侯外庐研究中国古代社会的原则之一。

20 世纪中国历史撰述中的"古史"建构　　9

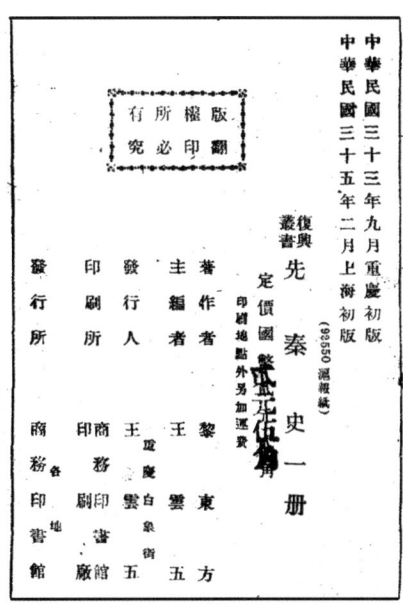

吕思勉《先秦史》版权页　　黎东方《先秦史》版权页

20世纪40年代出版的吕思勉《先秦史》（开明书店1941年12月初版，1947年3月再版）、黎东方《先秦史》（重庆商务印书馆1944年9月版、上海商务印书馆1946年2月版），是当时少有的专门用"先秦史"作书名的著作。

1943年3月，吴泽《中国原始社会史》由桂林文化供应社出版。该书主要阐述了中国原始社会的经济构造、社会组织、家族形态及意识形态。

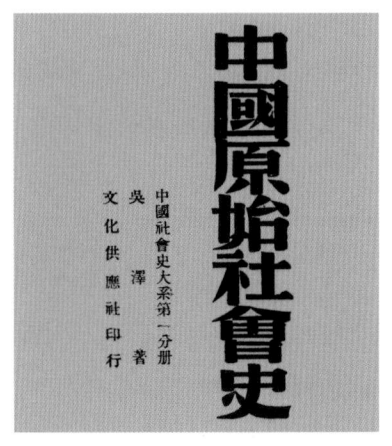

吴泽《中国原始社会史》封面

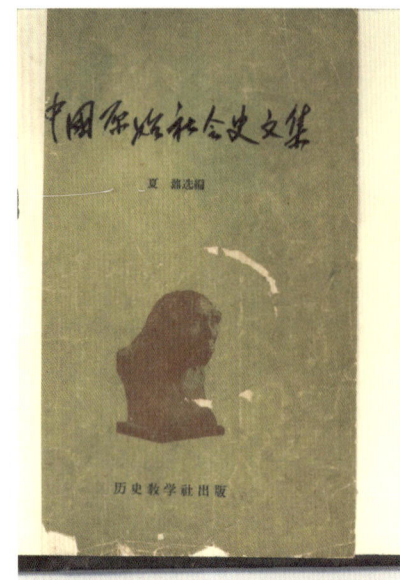

1963年，夏鼐应天津历史教学社之邀，选编《中国原始社会史文集》。该书于1964年10月正式出版，除夏鼐撰写的"序言"和"编后记"外，收录了裴文中、贾兰坡、梁思永、尹达等人文章共14篇。

夏鼐选编《中国原始社会史文集》封面

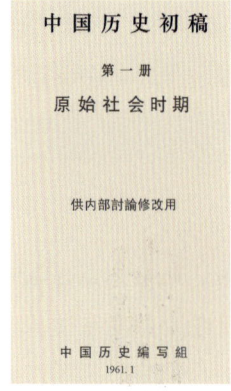

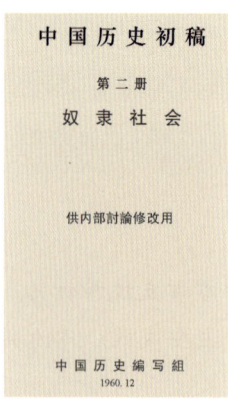

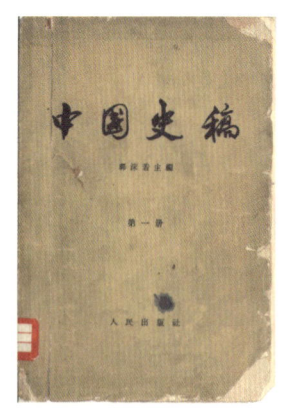

《中国历史初稿》　　《中国历史初稿》　　郭沫若主编《中国史稿》
第1册封面　　　　　　第2册封面　　　　　　第1册封面

1962年6月，郭沫若主编的《中国史稿》第1册（即原始社会和奴隶社会部分，且此前以《中国历史初稿》为名，印发了内部讨论稿）由人民出版社出版。该书的显著特点在于充分利用最新的考古发掘报告或研究成果。

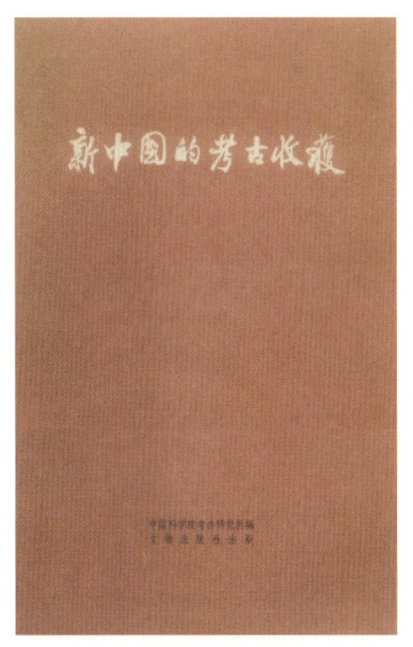 

《新中国的考古收获》和《新中国的考古发现和研究》封面

1961年12月，新中国成立后第一部中国考古学综合性著作《新中国的考古收获》由文物出版社出版。该书旨在总结新中国成立后十年间考古工作的主要收获，并进行初步归纳综合和理论分析。1984年5月，文物出版社又出版了《新中国的考古发现和研究》一书。此书总结了新中国成立后三十年间考古工作的主要成就。作为新中国考古学发展史上两部颇具代表意义的著作，其编纂理路不仅体现了主编夏鼐的考古学理论思想，并蕴含着"写史"的内容，彰显了夏鼐关于中国古史建构的思考与实践。

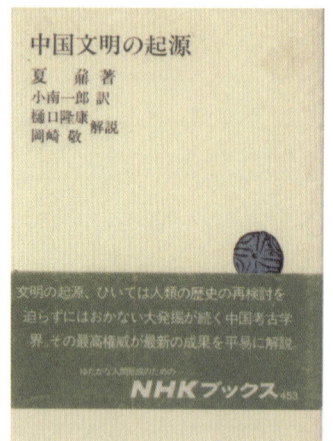 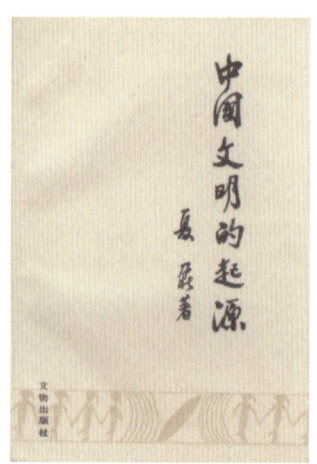

夏鼐《中国文明的起源》日本版和中文版封面

1983年3月，夏鼐应日本广播协会（NHK）的邀请在东京、福冈、大阪三地作了学术讲演，其中在大阪的讲演题目为《中国文明的起源》。三次讲演稿后经整理，日文版以《中国文明の起源》为书名，于1984年4月由日本放送出版协会出版，中文版于1985年7月由文物出版社出版。夏鼐确立的中国文明起源的"都市""文字""青铜器"三个标志和二里头文化晚期这一时间基点，得到学术界的广泛认同与进一步实践。

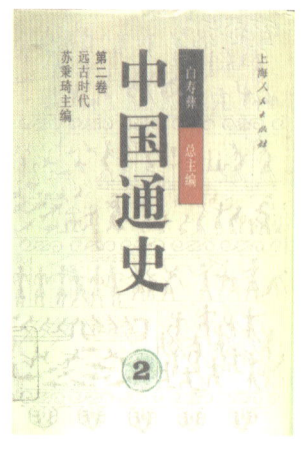

苏秉琦主编《中国通史》
第2卷《远古时代》封面

1994年6月，上海人民出版社出版了由白寿彝总主编、苏秉琦主编的《中国通史》第2卷《远古时代》一书。与之前同类著作相比，该书一个显著特点是：编写工作由考古学者独立完成，用考古学文化谱系阐述中国远古时代的面貌，是一种考古学的历史叙述模式。

目 录

绪 论 ………………………………………………………… (1)

第一章 分期与断限：20 世纪中国历史撰述中的"古史"表述 ……………………………………………… (19)
- 第一节 "古史"的不同表述 ……………………………… (19)
- 第二节 "古代"的含义与"古代史"的不同界说 ……… (45)
- 第三节 中国"信史"开端之争 ………………………… (54)

第二章 20 世纪"古史"撰述对神话、传说的"处置"方式 …… (66)
- 第一节 中国"古史"撰述中的"传疑时期" ………… (66)
- 第二节 "演进的事实"：神话、传说所反映的社会进化次序 …… (72)
- 第三节 由神话、传说所见中国原始社会之"史影" ………… (82)

第三章 考古学的发展与中国历史撰述中的"古史"建构 ……… (92)
- 第一节 20 世纪初"古史"撰述对考古学知识的"引入" …… (94)
- 第二节 民国时期考古学成果对"古史"撰述的"渗透" …… (98)
- 第三节 中国考古学的全面发展及其对"古史"撰述的"支持" …………………………………… (139)
- 第四节 重建中国远古历史：中国考古学的学术使命 ………… (188)

第四章 民族情感与历史叙述：中国历史撰述对人种起源问题的阐释 ……………………………………… (194)
- 第一节 中国人种"西来说"之流行 …………………… (195)

第二节　中国人种外来说渐被质疑及"土著说"渐居主流 …… (201)
　　第三节　中国马克思主义史家对人种起源问题的阐释 ………… (216)

第五章　20世纪中国国家起源问题的三类历史书写 ……………… (223)
　　第一节　"黄帝建国"的历史叙述及其符号性象征意义 ………… (223)
　　第二节　理论与实证相参证：马克思主义史学视域 …………… (236)
　　第三节　本土化探索：考古学视野下的国家起源新探 ………… (241)

结语　20世纪中国历史撰述中"古史"建构的基本标准 ………… (252)

主要参考文献 ……………………………………………………… (261)

人名索引 …………………………………………………………… (282)

绪　论

一　选题缘起

20世纪的中国史学，不管是在治史观念、治史方法上，还是在治史材料、治史环境等方面，都呈现与中国传统史学诸多不同的面相，甚至发生了革命性的变化。这一时期的史学发展，极大地促进了人们对中华文明发展历程及其内涵的认识。中国历史撰述是认识中华文明发展进程的一条重要途径。[①]

20世纪的中国历史撰述，在体裁、体例、撰述者所处的时代背景以及所秉持的观念等方面，比之于中国传统的历史撰述都有许多不同的表现。清末出现的多种中国历史教科书，实际上成为近代新式中国史撰述的"开端"。[②] 史学家在中国历史撰述方面所取得的成就，是20世纪中国史学所取得成就的一个重要组成部分。以中国通史的编纂为例，如何运用新理念、新方法编纂一部完整的、理想的中国通史，成为20世纪众多中国史学家所向往的"名山事业"。据统计，20世纪出版的中国通史著作

[①] 本书所用"撰述"一词，取其名词的用法。所谓"中国历史撰述"，是指对中国历史本身发展历程进行梳理、概括、分析、总结的著述，包括中国通史、各分期断代史及部分专史。以书名而论，"中国历史撰述"既包括"中国通史""本国史""中国历史教科书""中国古代史"等通史类著述，也包括"中国史前史""中国上古史""中国远古史""先秦史""夏商周史"等断代史著述。少部分"专史"，如"中国社会发展史""中国原始社会史"等，亦包含在内。关于"历史撰述"一词的用法，参见白寿彝《中国史学史》第1册，上海人民出版社1986年版。

[②] 张越：《近代新式中国史撰述的开端——论清末中国历史教科书的形式与特点》，《南开学报》2008年第4期。

达130余部。① 1900年，章太炎提出编纂新型中国通史著作设想。1901年，梁启超发表《中国史叙论》，呼吁重写中国通史，并于次年发表《新史学》倡导"史界革命"。自此，20世纪的中国通史编纂出现了流派纷呈、方法各异、观点多元的复杂局面，甚至有过激烈交锋。

撰写中国历史时，绝大部分史家会按时间顺序梳理、阐述中国历史的发展进程②，因此如何撰写中国"古史"，又成为史家着手撰写和研究时所面临的一个重要问题，甚至成为他们能否写好整部中国历史著作的先决条件。"若上古史之真相不显白，则以下必有无从说起之苦"③。这段历史是"后此历史的根源，不从根源着手，支流的真相确也不易寻得"④。20世纪中国历史撰述的精彩交锋，很大程度上是体现在如何撰写"古史"部分。新史料的应用，在撰写乃至改写中国"古史"时，表现得尤为明显。"历史因为什么常常重写，常常改进"，齐思和认为其中一个重要的原因是"新材料的发现"，因为新的史料随时会被发现，有的可以补旧史之不足，有的可以正前史之谬误，例如殷商甲骨文、铜器的大量出土，"皆给予我们不少新的启示"，由此出发，"我们对于上古史的知识，远超过了司马迁"，"《史记》中关于上古的一部分，大有澈底改造的必要"⑤。可以说，20世纪中国史学取得的成就，其中一个重要领域，正是在"古史"研究与编纂多方突破的情况下实现的。20世纪的中国"古史"编纂，不仅深刻影响了20世纪以来中国历史编纂的整体进程，还将继续影响其未来的发展。

---

① 赵梅春：《二十世纪中国通史编纂研究》，中国社会科学出版社2007年版，第315—325页，"20世纪中国通史著作一览表"。此表收录了从1900—1999年百年间的中国通史著作，外国学者所撰写的中国通史、图文本中国通史没有统计其中。近年来随着相关图书数据库的迅速更新以及若干新资料的披露，可知20世纪出版的中国通史著作远多于此数。一些新发现的通史著作，也被学术界所关注或加以专门研究。

② 即使是以"婚姻""政体""教育"等各专题阐述中国历史发展进程，各专题本身也基本上是按时间顺序叙述的。参见吕思勉《吕著中国通史》，载《吕思勉全集》第2册，上海古籍出版社2016年版。

③ 公沙（钱穆）：《评夏曾佑〈中国古代史〉》，《图书副刊》第20期，《大公报》（天津）1934年3月31日第11版。

④ 顾颉刚：《当代中国史学》，胜利出版公司1947年版，第125页。

⑤ 齐思和：《中国史学界的展望》，《大中》第1卷第5期，1946年5月。

20世纪30年代,郑振铎在"古史新辨"之一《汤祷篇》的篇前小序中提到"古史的研究,于今为极盛"[①]。童书业在论述"史前史"研究的成绩时,也提到"史前时期"的历史传说和文化遗迹,"在最近一二十年来,几乎成为历史研究的中心,好像一个历史研究者不研究殷商以前的历史,便不能成为史学家一般。因之最近一二十年来关于这一时期的历史研究也最有成绩"[②]。40年代,顾颉刚梳理之前近百年史学研究的成绩时认为"最近二十多年来古史的研究"是"当代史学研究的核心之一","当代的史学界中,有许多学者集中于古史的研究上,已得到了相当的成就,对于中古史以及近代史的研究,反而热心较差",进一步而言,"这种畸形的发展可说是史学界不良的现象"[③]。齐思和论及中国史学界的发展趋势,也呼吁"断代史的研究要均衡发展",因为"近年来,国人研究本国史的风气,是偏重于头尾与中段——上古、近世与元史研究的人最多"[④]。相比之下,关于中古史以及近代史的研究"热度",顾颉刚、齐思和的看法稍有不同,但他们都认为"古史"研究成为当时史学界的核心研究领域,因此希望纠正此种畸形的发展状况,使各断代史的研究能够均衡发展。"古史"研究如此受重视,原因何在?20世纪30年代初,就有观点指出:"我国史籍自汉以下,可以凭为征信者甚多,至于周秦以前的史籍,年代悠远,稽核无据,历代史家颇多怀疑","国内外史家,莫不以中国古史为一神秘的藏库,都想在这一所大神秘库中获取数千年未曾开发的宝藏,于是引用统计学、语言学以及文法学来考审古代史书的人也有了,努力从事于古物的发掘考证古代史迹的人也有了"[⑤]。

20世纪50年代以后,伴随着考古人才的培养以及"国家级"考古研究机构的建立,大规模考古田野发掘工作的逐渐展开,新的考古资料不断涌现,中国考古学体系基本确立,为"古史"问题的探索提供了系统的、独立的证据链。对"古史"的研究以及如何将相关研究成果落实到

---

① 郑振铎:《汤祷篇》,《东方杂志》第30卷第1期,1933年1月。
② 童书业:《略论近年来国内史家史前史研究的成绩》,《光华副刊》第14期,1939年。
③ 顾颉刚:《当代中国史学》,胜利出版公司1947年版,第125页。
④ 齐思和:《中国史学界的展望》,《大中》第1卷第5期,1946年5月。
⑤ 周容:《史学通论》,上海开明书店1933年版,第87—88页。

具体的历史撰述中,依然是热点问题。"古史"研究领域中的重要议题(如中华文明起源、国家起源等)也逐渐被深入研究,相关讨论甚至一直持续至今。随着中国考古学资料的积累以及理论方法的更新,用考古学材料重建"有血有肉的中国古代历史",不仅是中国考古学家义不容辞的责任,同时也是他们对世界文明发展应有的贡献。[①] 中国古史建构,是考古学、历史学等学科领域的一项重要而复杂的任务,不得不对相关领域的学者产生强烈的吸引力。

既然"古史"问题的研究是20世纪中国史学界的研究"热点",那么,古史争鸣与古史撰述的关联和区别是什么、史家如何将相关研究成果落实到具体的历史撰述中,又是值得考察的问题。20世纪的中国历史撰述中,史家对"古史"的认识经历了怎样的变化、"古史"材料是如何扩充的、"古史"又是如何一步步"建构"起来的、在"古史"建构的过程中不同专业领域的学者扮演着何种角色、考古学的发展又如何影响着"古史"建构、"古史"叙述是否对考古工作有借鉴意义,这些也是值得深入探讨的问题。

中国历史撰述中,有相当一部分是以教科书的形式出版发行的。历史教科书是形塑国家和民族一代人历史记忆最为重要的文本载体。在近代知识体系构建过程中,历史教科书作为大、中、小学等各级学校讲授历史课的教学用书,是学生乃至普通民众了解、掌握历史知识的主要来源。历史教科书在民众历史观念以及社会价值观念的塑造上发挥着重要作用。这当然是历史教科书的最基本的用途。然而,历史教科书的功能和意义绝不仅仅局限于此。从"知识生产"与"知识接受"的角度而言,中国历史教科书中建构起来的"古史"又如何改变和丰富着国民的历史认知,在国民教育方面起了什么作用,这些也是需要思考的课题。

中国是一个文明古国,上古时期的历史内容非常丰富。国人认识中国"古史"的历程到了20世纪出现了明显的变迁,其原因在于时代的变化、史家的自我探索、大量考古材料的涌现、社会环境的影响等。梳理

---

① 陈星灿:《以古史重建为己任——中国考古学的百年使命》,《中国社会科学报》2015年1月14日第B07版。

20 世纪中国知识分子对"古史"的认知和编纂历程,不但对继续编写中国"古史"有参考价值,而且对完善中国特色古史观的理论结构、建构中国自主的知识体系、丰富中国的历史理论遗产、增强国人的文化自信心等方面亦有一定的借鉴意义。

二 相关研究述评

20 世纪初,章太炎、梁启超提出编纂新型中国通史著作的设想,而夏曾佑、陈庆年、刘师培、陈黻宸、吕思勉、王桐龄、周予同、张荫麟、钱穆等人将撰写新型中国通史著作落实到具体实践之中。伴随着史家撰写的中国通史著作的出版,对这类著作进行评介、研究的文章也随之出现,"书评"类的文章即是一例。"书评"除了介绍所评之书的编印、出版情况外,也会对其中内容加以评论,甚至对相关议题提出不同意见。此类文章较多,将在后文具体行文中述及,兹不赘述。

一些史学史或学术思想史性质的论著,在论及近来史学发展状况的时候,也会对当时出版的中国历史著作加以评论、研究。以下重点论述学术界关于中国通史著作以及相关"古史"著作的评论及研究情况。

20 世纪 30 年代末,童书业指出,缪凤林《中国通史纲要》属于"信古派"代表作,吕思勉《先秦史》属于"释古派"代表作。[①] 1943 年 3 月,"中国史学会"在重庆成立,张绍良撰写《近三十年中国史学的发展》以示纪念,文中从"五四时代中国史的翻案工作"和"北伐革命后中国史的整理"两个方面论述"近三十年中国史学的发展"。五四时期,邓之诚《中华二千年史》、章嶔《中华通史》和夏曾佑《中国历史教科书》的重印"算是实验主义新历史建制运动失败后的反应",而北伐革命之后,"了解中国历史的发展,把握中国历史的动向"成为"革命者之当前的急务",这段时间"译述的、创作的中国史简编,直如雨后春笋,光怪陆离,五花八门,可谓无奇不有",到抗战正兴之时,"中国史的整理,虽还不能说得到结论的成果,但吾人对于国史的认识,究竟是

[①] 童书业:《略论近年来国内史家史前史研究的成绩》,《光华年刊》第 14 期,1939 年。

深刻得多了"。① 张绍良主要是从当时国内政治形势的转变以及社会思想的变化等角度出发，论述了当时的中国历史编纂情况。顾颉刚后来指出"中国通史的写作，到今日为止，出版的书虽已不少，但很少能够达到理想的地步。本来以一个人的力量来写通史，是最困难的事业，而中国史上须待考证研究的地方又太多，故所有的通史，多属千篇一律，彼此抄袭"，在已经出版的通史著作中，"较近理想的"有吕思勉《白话本国史》和《中国通史》、邓之诚《中华二千年史》、陈恭禄《中国史》、缪凤林《中国通史纲要》、张荫麟《中国史纲》、钱穆《国史大纲》等。② 正是意识到关于中国通史的撰写"很少能够达到理想的地步"，1947年当有人问："现代中国史学家最迫切的任务是什么？是编写抗战史？中国通史？西洋通史？还是建立一种正确的史观？"顾颉刚回答"是编写中国通史"，并且"应该写六部，分别给小学生、初中生、高中生、大学生、专家与外国读者阅读，给小学生读的可以采用连环图画的体裁"；而当被问及如何评价"现有的几本中国通史"时，顾颉刚认为"现有的几本中国通史都是给大学生做读本的，夏曾佑的《中国历史教科书》很不错。钱穆的《国史大纲》和吕思勉的《中国通史》都有他们自己独到的看法。至于邓之诚的《中华二千年史》等不过是把现成的材料集中集中而已"。③

1945年8月，郭沫若在莫斯科苏联对外文化协会历史哲学组讲演《战时中国历史研究》，评价抗战时期的史学研究状况，重点介绍范文澜、翦伯赞、侯外庐等人的历史撰述。该文俄文节录稿发表于同年12月号苏联《历史问题》杂志，后被翻译成中文，刊于次年出版的《中国学术》创刊号上。郭沫若指出"中国还没有一部良好的通史"，因为"近三十年来，中国历史学家的智慧是用在解决基本的问题之上，就是如何在中国历史资料当中找出历史发展的法则，并根据这些法则指明各个历史时代的人民、文化、科学和艺术应该放在重要的位置，从而在这个基础上重新创造中国的历史"，"这一个问题，最近一两年来由于中国学术界的努

---

① 张绍良：《近三十年中国史学的发展——为纪念中国史学会成立而作》，《力行月刊》第7卷第4期，1943年4月。

② 顾颉刚：《当代中国史学》，胜利出版公司1947年版，第85页。

③ 蒋星煜：《顾颉刚论现代中国史学与史学家》，《文化先锋》第6卷第16期，1947年1月。

力已经逐渐地得到了解决。不久以前有两部值得注意的中国一般历史书出版。这是中国历史研究上的一件凸出的大事",这两部书即范文澜《中国通史简编》和翦伯赞《中国史纲》第1卷。① 虽然在奴隶社会性质及其具体时段划分等问题上,郭沫若与范文澜、翦伯赞所持观点不同,但是他们以唯物史观为指导,分析中国历史发展进程,所以针对当时通史编纂的情况,郭沫若对范文澜、翦伯赞的通史著作也是颇为赞赏的。1946年9月,胡绳发表《近五年间中国历史研究的成绩》一文,除了论述郭沫若、侯外庐、吕振羽、翦伯赞、范文澜的历史著作外,也分析张荫麟等人的著述。文中指出张荫麟《中国史纲》是"采取着开明的自由主义的观点以考察历史",而"以新的方法论而写成的中国封建时期的全史",要以范文澜等人编纂的中国史为"第一种"。② 稍后,聂崇岐又发表《三十年来国学界的概况》一文,他按照胡适《国学季刊发刊宣言》所拟的"中国文化史系统",从"民族史""语言文字史""经济史""政治史""国际交通史""思想学术史""宗教史""文艺史""风俗史""制度史"十个方面论述"国学界"概况,文末还提到"通史整理情形"。他指出:"通史本身也有分别,统述历代是通史,单叙一朝也是通史,只是后者多称之为断代史罢了。在专史没有完全弄好以前,作第一种通史,不是件容易事"。在他看来,当时已经出版的中国通史类书籍并不能令人满意,"现在中国通史一类的书,不下十种(中学教科书不能算),但没有一部尽美尽善。这并不是著者学问不好,乃是他们所凭藉的东西不够,想好也好不了"。③

简言之,20世纪三四十年代,学术界对已有的中国历史撰述的评介情况,可概括为三点:第一,与当时编写、出版的中国历史撰述的数量相比较,既有研究相对而言更多的是"择要"论述,对一些发行量大、有影响力的重要著作给予比较多的关注,如夏曾佑《中国古代史》、吕思勉《白话本国史》等,而对其他有关的中国历史撰述仍有进一步考察和

---

① 郭沫若:《战时中国历史研究》,《中国学术》第1卷第1期,1946年8月。
② 胡绳:《近五年间中国历史研究的成绩》,《新文化》第2卷第5期,1946年9月。
③ 聂崇岐:《三十年来国学界的概况》,《益世报》(天津)1946年10月10日第5版。

研究的空间；第二，郭沫若、顾颉刚、聂崇岐等人都对当时中国通史编纂的整体情况表示不满，因此编写中国通史依然被许多史家认作是"最迫切的任务"，在这种情况下，编写中国"古史"仍有很大的空间；第三，时人对一些史家的通史、断代史著作评价不尽一致，在不同时间及语境下，对同一本著作的看法也会发生变化，所谓"理想的"中国历史撰述的标准，并没有统一、规范的考量因素。

1949年中华人民共和国成立后，中国通史以及各断代史著作的编纂及出版进入了一个新的发展时期。马克思主义史家之中，吕振羽、翦伯赞的通史著作迅即重印、再版，范文澜将《中国通史简编》多次修订、重写并加以出版[①]，郭沫若于20世纪50年代末组织编写《中国史稿》。1961年全国高等学校文科教材编选计划会议决定，委托翦伯赞组织编写《中国史纲要》一书。为教学之需，一些高校的历史系也组织本系的老师编写了中国通史、中国古代史等教材。与此同时，亦有多部先秦史、中华远古史等著作相继问世。80年代以后，如何在新的社会时代及思想文化发展的背景下，进一步编纂新型中国通史，又成为一些学者努力追求的学术事业。

这一时期，关于中国历史撰述的相关研究，主要分为两类：一是史学概论、史学史、学术思想史等类著述中从宏观层面审视中国历史撰述所取得的成果；二是对中国历史撰述进行专门研究的论文、著作。

史学史、学术思想史等类著作阐述、评价20世纪中国史学发展状况时，需要对20世纪中国史学的诸多面相进行综合考察，因此受论旨、篇幅所限，这类著述对20世纪中国历史撰述的评价、研究，更加侧重于简要介绍和宏观概括，相关研究成果的论述侧重点主要体现在两个方面：其一，关于夏曾佑、刘师培等人编写的历史教科书在20世纪中国通史撰述方面的"开创之功"；第二，关于范文澜、吕振羽、翦伯赞等人编著通

---

① 以《中国通史简编》修订本第1编为例，人民出版社1953年8月出版第2版，字数14.9万；1955年3月出版第3版，字数19.1万；1964年8月出版第4版，字数19.5万。蔡美彪指出，修订本《中国通史简编》"出版时虽曾题为《中国通史简编（修订本）》，但并非延安本《中国通史简编》的简单的修订，而是重新编写的另一部通史"，见蔡美彪《前言》，载范文澜《中国通史简编》上册，河北教育出版社2000年版，第8页。

史对中国马克思主义史学发展所做的贡献。相比之下，对 20 世纪中国历史撰述进行专门研究的论文、专著，视角更为多样，相关研究成绩也较为明显。

论文方面，如果按照研究视角稍加区分，相关研究成果主要有：第一，从"新史学"的视角出发，以中国传统史学的有关面相作参照，探讨 20 世纪初中国历史教科书、通史撰述在史料来源、历史编纂、史学观念等方面的变化，这类历史撰述促进了中国史学的近代化；第二，从"民族主义""国家建构""民族认同"等角度入手，分析历史教科书的编著与民族国家建构之间的关联，或者探究"国耻""亡国"等话语在清末民国初年之时所编撰的历史教科书中的具体表征及其背后所表达的"史鉴"观念；其三，以"学术"与"政治"的"纠葛"为切入点，阐述史家在编写、出版中国历史撰述时所面临的"学界"与"政界"之间的复杂矛盾。另外，施继辉《清末国史教科书之上古史论》主要梳理了"清末中国历史教科书发展史"，并对当时历史教科书上古史论加以比较，从"民族""政治""文教"三个方面分析历史教科书中的上古史叙述。① 付耶非《清末民国史家编修国史教科书中的"上古史"书写》认为清末民国史家所编修的中学国史教科书对于"上古史"的书写，在教科书体例上由注重全面性的通史向注重宏观趋势专史转变，语言上由文言文逐步向白话文转变，内容上逐渐由传统史学转变为近代史学；这个变化过程，一方面反映了近代新式史学教育的发展和传统史学向近代史学的嬗变，另一方面彰显出史家群体在编著教科书时面临着专业研究与普及教育的平衡问题以及各种现实条件的制约。② 在论述一些史家学术思想的研究成果中，也有对史家编著的中国史撰述加以专门研究。另有一些学者从"教育史"角度对中国历史教科书加以考察。③

---

① 施继辉：《清末国史教科书之上古史论》，硕士学位论文，复旦大学，2002 年。
② 付耶非：《清末民国史家编修国史教科书中的"上古史"书写》，《史学理论与史学史学刊》2019 年下卷。
③ 段发明：《近代中国历史教科书产生的教育学解释》，《湖南师范大学教育科学学报》2007 年第 5 期；吴小鸥：《刘师培：独树一帜的教科书编撰者》，《中华读书报》2014 年 12 月 3 日第 14 版。

专著方面，赵梅春《二十世纪中国通史编纂研究》从历史观的变化、撰述内容的改变、编纂形式的多样性、个人写史与集众修史等角度系统论述了20世纪中国通史编纂的历程。尤其值得一提的是，该书指出"史前史的逐渐充实"是"中国通史内容的不断充实"的重要表现之一，"从参照西方有关学说从神话和传说中探寻史前社会，到以考古资料与神话传说相结合力图'恢复'史前时代的面目，再到从考古学文化入手重建远古时代的历史，反映了20世纪中国通史研究和编纂对史前史认识和反映不断深化的历程"。① 王家范《中国历史通论》在"绪言：我对《中国历史通论》的考虑"之中探讨了20世纪中国史学在通史编纂方面所取得的成绩以及所反映的不足之处，并以"被遗忘的个案"为题，专门分析了张荫麟《东汉前中国史纲》的撰写旨趣。② 王正瀚《民国时期中学历史教科书研究》从社会变迁、史学史和历史学科教育发展史三重视域，多维度地对民国时期的中学历史教科书进行综合考察，以进一步揭示近代中国社会文化的发展脉络及其对历史教育的影响。除此之外，该书还讨论了民国中学历史教科书编审体制的特点。③ 刘超《历史书写与认同建构：清末民国时期中国历史教科书研究》在梳理清末、民国初年、南京国民政府时期中国历史教科书编写情况的基础上，论述了历史书写与认同建构的复杂关系。该书还设专章论述"考古发现"与"民族认同"之间的关系，通过对近代考古学兴起前后教科书中关于上古史叙述的比较，进而分析考古学与历史学的关系及其对民族认同的影响。④ 在一些阐述中国近代教科书变迁史的著作中，对中国历史教科书的内容演变也或多或少有所提及。⑤

---

① 赵梅春：《二十世纪中国通史编纂研究》，中国社会科学出版社2007年版，第149—150页。
② 王家范：《中国历史通论》（增订本），生活·读书·新知三联书店2012年版。
③ 王正瀚：《民国时期中学历史教科书研究》，上海教育出版社2013年版。
④ 刘超：《历史书写与认同建构：清末民国时期中国历史教科书研究》，社会科学文献出版社2016年版。
⑤ 毕苑：《建造常识：教科书与近代中国文化转型》，福建教育出版社2010年版；吴小鸥：《中国近代教科书的启蒙价值》，福建教育出版社2011年版；石鸥：《百年中国教科书论》，湖南师范大学出版社2013年版。

中国台湾学者对中国近代史家及其历史撰述的研究也有不少成果。张妙娟以《中国上古史纲》为例，分析了张荫麟的通史思想，"藉以了解张荫麟在整个新史学思潮发展脉络中所受之影响，并由此检验编写历史教科书时他自己在通史理论与实践之间的差距"。[①] 黄俊杰通过考察钱穆《国史大纲》和《国史新论》等著作，探讨了钱穆的"国史"观及其史学意义，他认为钱穆的"'国史'观，既为民族主义所渗透，更以民族主义为其基础"。[②] 李淑珍论述了 20 世纪"中国通史"撰写的"创造"与"转化"，从"立场"与"史观"的角度出发，重点分析了柳诒徵、钱穆、吕思勉、范文澜、柏杨、黄仁宇的"通史"著作，该文"以史学目的、读者设定、中国定义、民族立场、历史分期、国史动力、传统评价、人之能动性、近世乱源、国族未来等十个议题检视这些作品"，指出"基于保守主义、社会主义或自由主义立场，不同史家所呈现的过去和他们所指点的未来，极为分歧"。[③] 李东华、黎华赵将清末民国时期中国通史之作分为三大类：一为"学术性著作，篇幅较大，内容近乎史料汇编性质"，二为"大学中国通史教科书"，三为"通俗性之通史著作"。他们认为，李泰棻、邓之诚、周谷城、翦伯赞等人的通史著作属于第一类，钱穆、王桐龄、金兆丰、陈恭禄等人的通史著作属于第二类，吕思勉《白话本国史》以及张荫麟、吕振羽的通史著作属于第三类。[④] 李冕世曾在《成功大学历史学报》上连载《中国上古史外编》[⑤]，最后一部分是

[①] 张妙娟：《张荫麟的通史理论与实践——以〈中国上古史纲〉为例》，《史耘》（台北）第 3、4 期合刊，1998 年 9 月。

[②] 黄俊杰：《钱宾四史学中的"国史"观：内涵、方法与意义》，《台大历史学报》（台北）第 26 期，2000 年 12 月。

[③] 李淑珍：《二十世纪"中国通史"写作的创造与转化》，《新史学》（台北）第 19 卷第 2 期，2008 年 6 月。

[④] 李东华、黎华赵：《总论（一）》，载高明士主编《中国史研究指南》第 1 卷《总论·上古史·秦汉史》，联经出版事业公司 1990 年版，第 22—29 页。

[⑤] 李冕世：《金文学、甲骨学的研究与中国上古史的关系》，《成功大学历史学报》（台南）第 8 期，1981 年 9 月；《考古学、人类学的研究与中国上古史的关系》，《成功大学历史学报》（台南）第 9 期，1982 年 9 月；《民族学的研究与中国上古史的关系》，《成功大学历史学报》（台南）第 10 期，1983 年 9 月；《中国上古史外编绪论——中国上古史的内涵与史料来源，疑古浪潮的冲击与研究途径的取向》，《成功大学历史学报》（台南）第 12 期，1985 年 12 月。

《近人所著有关中国上古史的一些专书简介》，该文旨在为初步研习中国上古史的历史系学生提供"专书的介绍"，对中国上古史的重要著作都有介绍甚至评价，包括夏曾佑《中国古代史》、吕思勉《先秦史》、张荫麟《中国史纲》、黎东方《先秦史》、张其昀主编《中华五千年史》、郭沫若主编《中国史稿》、王玉哲《中国上古史纲》、范文澜《中国通史简编》、童书业《春秋史》、李宗侗《中国古代社会史》等。① 张维屏《雷海宗〈中国通史选读〉讲义所反映之当代古史观念的探讨》《郭廷以〈中国通史〉稿本反映的当代古史观》重点分析了雷海宗、郭廷以的中国通史撰著所反映的"当代古史观念"，考察了现代辨伪方法与考古学兴起之后，雷、郭二人如何理解传统典籍资料的古史记载，又如何看待甲骨文字及新兴的史观在中国古史撰述中所发挥的作用。② 这两篇论文直接关涉本书所讨论的主题，给予笔者不少启发。

国外研究成果当中，加拿大学者季家珍（Joan Judge）《改造国家——晚清的教科书与国民读本》透过对晚清教科书的分析，"探索教育、文化与政治改造之间的关系，并检视这种新的文类如何看待和诠释晚清的政治现实，以及强国的迫切需要如何反过来影响这些教材的社会功能与政治意涵"。③ 美国学者沙培德（Peter Zarrow）《启蒙"新史学"——转型期中的中国历史教科书》探讨了晚清至民国初年"一般学校通用的历史教科书"在"历史的目的""认同问题"及"世袭王朝"等方面所体现的"转型"特点。④ 他还从"学科"（Discipline）建制与"叙事"（Narrative）模式的角度出发，分析了20世纪初中国历史教科书

---

① 李冕世：《近人所著有关中国上古史的一些专书简介》，《成功大学历史学报》（台南）第13期，1987年3月。

② 张维屏：《雷海宗〈中国通史选读〉讲义所反映之当代古史观念的探讨》，《思与言》（台北）第41卷第2期，2003年6月；《郭廷以〈中国通史〉稿本反映的当代古史观》，《思与言》（台北）第42卷第4期，2004年12月。

③ ［加拿大］Joan Judge：《改造国家——晚清的教科书与国民读本》，孙慧敏译，《新史学》（台北）第12卷第2期，2001年6月。

④ ［美］沙培德：《启蒙"新史学"——转型期中的中国历史教科书》，载王汎森等著《中国近代思想史的转型时代——张灏院士七秩祝寿论文集》，联经出版事业股份有限公司2007年版。

的产生背景及话语模式。①

综观以上研究成果，20世纪30年代以来，学术界对中国历史撰述（尤其是中国历史教科书）的研究成果较为丰富，对有关史家的通史编纂思想进行个案分析所取得的研究成果也比较突出，但是一定程度上仍存在薄弱环节，一些内容甚至依然是研究"空白"。此处仅将"薄弱处"予以揭示，希望在此基础上推进相关研究。

首先，从研究的时段而言，学术界对晚清民国时期的中国历史撰述关注较多，相比之下，对20世纪后半叶的中国历史撰述的研究较为薄弱。王家范、陈立柱对20世纪中国通史的编纂进行"提纲挈领"式的阶段划分并概括每个阶段的特点，论述侧重于宏观整体。② 赵梅春对20世纪中国通史撰述的整体演变与发展脉络有所探讨。张光华将20世纪中国通史的读者按接受意愿、接受能力、群体的稳定性等差异，分为普通民众、专业学生和专业学者三个不同的群体，并且相应地将中国通史分为民众型、教材型和学术型三种类别。③ 在前人研究的基础上，针对20世纪后半叶的中国历史撰述的具体内容，仍有继续研讨的空间。马克思主义史学方法论的指导以及考古学材料的具体运用，可以说是20世纪后半叶中国"古史"建构的主要特点，相关问题仍值得具体分析。

其次，以往学者主要从史学观念、编纂形式、学术与时代之关系等角度出发，侧重于分析中国通史撰述的整体内容，而专门探讨中国通史内部"古史"的"历史建构"或"历史叙述"问题的研究成果似不多见。在20世纪的中国史坛，对"古史"诸问题本身的研究，呈现精彩纷呈的争鸣甚至对峙局面，但是落实到具体的历史撰述之中，"古史"研究与"古史"撰述之间的关系如何、"古史"叙述是如何演变与发展的、变化的原因又是什么，有关议题都需要继续研究。

---

① Peter Zarrow, "Discipline and Narrative: Chinese History Textbooks in the Early Twentieth Century", in Brian Moloughney and Peter Zarrow, eds., *Transforming History: The Making of a Modern Academic Discipline in Twentieth–Century China*, Hong Kong: The Chinese University Press, 2011.

② 王家范：《中国通史编纂百年回顾》，《史林》2003年第6期；陈立柱：《百年来中国通史写作的阶段性发展及其特点概说》，《史学理论研究》2003年第3期。

③ 张光华：《20世纪通史编纂的类型与读者群体》，《南开学报》2019年第1期。

最后，齐思和曾论及国人对本国史的研究，偏重于一"头"（上古）、一"尾"（近世）及"中段"（元史）。就"断代史"的史学史研究而言，近年来学术界对20世纪中国近代史（近世史）撰述的研究成果比较丰富[1]，而整体考察有关的"远古史""上古史""先秦史"等撰述的研究成果较少。中国上古历史是"后此历史的根源"，这段历史的编纂进程本身就应该受到关注，因此对20世纪的中国"古史"撰述，不管是基于学术层面还是现实层面的考量，都有研究的必要。

对上述薄弱环节予以关注和推进研究，亦成为本书选题的价值和创新所在。

三 20世纪中国历史撰述中"古史"建构的基本历程

20世纪的学术界对于"古史"的叙述与建构，史家辈出，观点多样。回顾20世纪中国历史撰述中的"古史"建构，就其基本历程和发展面相而言，大致如下。

第一，20世纪初，在中西文化交流的时代背景下，受进化观念的影响，夏曾佑《最新中学中国历史教科书》强调中国古史经历了"传疑时代"（太古三代）和"化成时代"（春秋战国）。对中国古史的主线和发展阶段作如此描述，由此冲破中国古史言必称"盘古开天""三皇五帝"的神话传说叙述模式。这可以看作是中国古史叙述模式发生转变的"分水岭"。

第二，五四运动兴起后，学术界大为提倡科学思潮。所谓"科学"，就是要讲理性，重新审视中国旧有的学问。顾颉刚等人提出的疑古观点，对中国传统的古史体系重新加以审视，对中国古书乃至古史的可信性大加怀疑，打破了"尊古"和"泥古"的传统观念，由此深刻影响着后来的中国"古史"撰述。"古史辨派"对于学术界追求可信的古史体系有着

---

[1] 欧阳军喜：《论"中国近代史"学科的形成》，《史学史研究》2003年第2期；张海鹏：《中国近代通史》第1卷《近代中国历史进程概说》，江苏人民出版社2006年版；［日］岸本美绪：《中国史研究中的"近世"概念》，黄东兰译，载黄东兰主编《新史学》第4卷《再生产的近代知识》，中华书局2010年版；王也扬、赵庆云编著：《当代中国近代史理论研究》，中国社会科学出版社2016年版。

重要贡献。

第三，中国近代考古学兴起之后，学术界重建科学的、可信的中国古史的呼声越来越高。安阳殷墟的发掘，以及旧石器时代、新石器时代考古发掘工作的展开，都为重建中国古史提供了真实可靠的实物凭据。20世纪50年代以后，中国考古学开始全面发展，以考古学文化谱系建构中国古史的发展进程，为中国古史开辟了一条新的叙述体系。

第四，郭沫若、吕振羽等中国马克思主义史家意在用社会形态学说解释中国古史，用社会发展史的模式叙述中国古史。以唯物史观为指导建构中国古史，也成为中国古史叙述的一条重要路径和范式。

四 研究旨趣及框架结构

上述20世纪中国"古史"建构的基本历程和发展脉络，大体上反映了近现代学者对中国古史的认知过程。鉴于此，本书的研究重点主要有四个方面。

首先，分析"古史"叙述的时代背景、变化特点及其原因。梁启超在《中国历史研究法补编》中提出"史学史"的做法，并指出"中国史学史"最少应对"史官""史家""史学的成立及发展"及"最近史学的趋势"给予"特别注意"。[①] 对"史家"及"史著"的考察，是中国史学史研究的基本课题。本书以"史家"（人物）与"史著"（文本）为主要考察对象，意在梳理20世纪中国历史撰述中"古史"是如何一步步被"叙述"的。本书所谓的"史著"，即20世纪的中国历史撰述，而编著这些中国历史撰述的作者，即本书所关注的"史家"。史家的著作，不仅是一定时代背景的产物，同时也是史家所处时代特点的折射。"人"与"时代"之间的作用也是相互的，因此本书对史家及其著作的探讨也会关照当时的社会形势、时代变迁，希望将史家及其著作置于广阔的社会时代背景之下加以综合的、客观的评价。笔者旨在将中国历史撰述中的"古史"建构问题置于20世纪中国史学乃至整体学术发展的脉络中加以考

---

① 梁启超：《中国历史研究法补编》，载《饮冰室合集·专集之九十九》，上海中华书局1936年版，第153页。

察。与此同时，一时代有一时代的学术，在20世纪中国史学的不同发展时段之中，"古史"的"叙述"在形式和内容方面发生了怎样的变化以及为什么会产生这些变化，亦是笔者所要关注的问题。

其次，探讨考古学的发展对20世纪中国历史撰述中的"古史"建构发挥了什么作用、产生了什么影响（积极的和消极的）。加强多学科的整合研究是目前学术发展的趋势之一。虽然不同学科的研究方法、话语体系和学科体系迥异，但仍有学者致力于相关学科的沟通和融合。在学科分化的框架之下，如何加强不同学科背景的学者之间的交流，以及如何将多学科的研究成果加以整合，关键点在于寻找彼此学科共同关心的"话题"，也即寻找不同学者对话的"空间"。中国"古史"诸问题，受到历史学、考古学、民族学、人类学等各方学者的关注。以考古学为例，20世纪20年代的"疑古"思潮是促使中国近代考古学产生的因素之一，而重建可信的中国"古史"，又是中国考古学的重要学术使命，甚至有学者认为"中国史前考古学"基本等同于"中国史前史"①。从前期准备到研究性文章的完成，考古学工作分为不同阶段。考古现场的调查及发掘、考古发掘资料的分类与整理、考古简报的撰写基本上都属于考古学性质的工作范围。但是考古发掘工作及研究成果的具体应用，更多体现在"写史"方面。因此考古工作的价值，不仅应在"考古"方面给予评价，也应在"写史"方面予以探究。20世纪中国"古史"的建构历程，应属于中国考古学史和近现代史学史研究共同关注的重要课题。笔者在参考、借鉴考古学发掘报告、有关研究成果的基础上，以"古史"撰述为基本的考察对象，以中国近代史学史和考古学史为切入视角，试图探究考古学的发掘和研究成果如何具体运用到古史撰述之中，历史学者对考古学的期待如何以及他们的期待是否合理，他们在看待及使用考古学材料及研究成果时又有哪些局限，在理论层面上考古学与历史学又有怎样的关系等问题。

再次，阐述20世纪"古史"建构历程中的"相异"与"共识"。在各式中国历史撰述中，与其他历史时段的内容相比，对"古史"论述的

---

① 夏鼐:《什么是考古学》,《考古》1984年第10期。

差别可以说是最大的。"古史的疑问多，可搞的题目自然也多"[①]。这段历史有诸多难解的"谜题"，因此给编纂者也留下了广泛的讨论甚至想象的空间。从不同的"古史"撰述中可以看出编纂者所用史料、史学观念、治史思想的分野。治史者应注意于同中求异、异中求同。本书试图采用比较分析法，通过对比阅读，对20世纪中国历史撰述中有关"古史"叙述的部分加以整体考察，探讨不同学者对"古史"撰述的相同或不同处理方式，或者分析同一学者在不同时期对"古史"问题的不同认识，不同学者在"古史"叙述的一些内容中为什么会产生分歧，他们在什么情况下可以达成共识。

最后，考察历史撰述中的古史建构与学术界的古史争鸣之间的区别与联系。所谓古史问题，涉及两个层面，一是"历史事实"层面下的"古史"，一是"历史叙述"层面下的"古史"，两者既有联系，又有区别。"古史"问题本身的研究以及历史撰述中的"古史"叙述，存在着一定的时间差。"古史"研究和"古史"撰述层面，对有关问题的看法，甚至存在不一致之处。学术界的古史争鸣，固然有无限讨论的可能，但是历史叙事本身又存在着文字表述的有限性与客观史实的无限性之间的紧张与矛盾。"历史叙述"层面下的"古史"，涉及文化传统、现实诉求、国家意志、政治宣传、史书体裁、读者群体等诸多因素，背后也牵涉"学术"与"政治"的复杂关系，这也是本书重点探究的内容。史家如何将学术界研究成果落实到具体的古史撰述之中，古史撰述反过来又如何影响学术界的研究和探讨，也值得关注。因此，本书依托史学史专业的特点，尝试调整问题意识，扩展考察方法，力图从"史家"与"史著"这个老话题中挖掘出新意义，以期进一步开拓史学史研究的新空间。

本书的研究难点主要集中于：其一，历史研究的基础是史料，研究的深入离不开对基本史料的搜集、分析、归纳和整理。本书涉及的时段较长，指向整个20世纪，并且20世纪的中国"古史"撰述体量庞大，且留存数量有限，在材料的搜集与归纳整理方面存在一定难度。其二，考察"古史"叙述与建构问题，不仅涉及历史学知识，同时也与考古学、

[①] 聂崇岐：《对现在史学界几句诤言》，《现代知识》第1卷第11期，1947年10月。

民族学、人类学等领域的概念、知识有关，因此对相关学科领域的关键概念、知识结构的了解和把握，也成为本研究得以展开的难点。

需要说明的是，在20世纪中国历史撰述中，"古史"一词有不同的内涵以及界说，综合考虑相关言说的用语习惯，本书所用"古史"一词，泛指秦统一六国前的中国历史。虽然《隋书·经籍志》有"古史"一词，系一种由《春秋》发展演变而来、体裁为编年体的史书分类，但在中国近代史学的相关言说中，很多学者将"古史"等同于"上古史"。"上古"一词与"中古""近世"等词并列，用于历史分期。如果从"断代"角度而言，"上古史"有时等同于"先秦史"。按照人类历史发展过程经历了五种社会形态的观点，"上古史"亦包含原始社会、奴隶社会等阶段。以起讫时限而论，本书所指的"古史"，下限为秦朝统一六国，但是没有上限。

本书并非对"古史"诸问题进行专门研究，而是从已经发表或出版的历史撰述中考察学者对"古史"是如何"叙述"的。各章安排，以中国"古史"建构的具体"问题"（如分期与断限问题、"古史"撰述对神话传说材料的"处置"方式、考古学的发展与历史撰述中的"古史"建构问题、历史撰述中如何阐释人种起源问题、历史撰述中如何阐述国家起源问题）为导向进行论述，具体"问题"之中，则基本上以时间为线索加以展开，力求横向研究与纵向探讨相结合。当然，各个"问题"之间亦存在联系，在具体的行文中会加以映照说明。结语部分，尝试总结20世纪中国历史撰述中"古史"建构的基本标准。

第 一 章

分期与断限：20世纪中国历史撰述中的"古史"表述

在历史撰述方面，中国传统史学强调通史或断代史。因着眼于政权更迭和朝代更替，以"一朝一代"撰写历史成为绝大多数历史编纂者的选择。20世纪初，梁启超发表《中国史叙论》和《新史学》，倡导"史界革命"，标志着"新史学"思潮的出现，中国史学由此逐渐开始了近代转型之路。[①] 在对历史加以分期时，呈现出对"古史"的多方面表述以及关于"古代史"的不同界说。有关"古史分期"问题的探讨和学术回顾，既存研究成果已较为丰富。[②] 笔者主要从历史书写（叙述）的角度，探讨20世纪中国历史撰述中"古史"的不同表述、内在原因以及与之相关联的中国"信史"开端问题。

第一节 "古史"的不同表述

比之于传统史学，中国近代史学呈现出诸多不同面相。中国近代史学语境下的新型中国历史撰述，在历史分期尤其是"古史"表述方面，呈现出与传统历史撰述不同的诸多表达方式。不同表述之间，既有联系

[①] 关于中国近代史学的开端，参见张越《论中国近代史学的开端与转变》，《史学理论研究》2017年第4期。

[②] 林甘泉、田人隆、李祖德：《中国古代史分期讨论五十年》，上海人民出版社1982年版；徐义华：《中国古史分期问题析论》，《中国史研究》2020年第3期；张越：《近40年来中国古史分期问题研究述论》，《思想战线》2021年第4期。

又有区别，同时隐含着史家对于"古史"的不同认识。

一 "三段分期法"中的"上古史"

自清末开始进行学制改革，各地新式学校先后设立，"国史教本，旧者既不合用，新者又未能急就，时髦的学者遂多以'东籍'为'枕中鸿秘'，为'识途老马'"①。中国历史教科书的撰写模式亦发生变化，以"分期"来撰写中国历史成为此后中国历史撰述中的重要撰写模式。20世纪初，梁启超就认为，"叙述数千年之陈迹，汗漫逖散，而无一纲领以贯之，此著者读者之所苦也，故时代之区分起焉"，他还认为，二十四史以一朝为一史，结果使"中国前辈之脑识，只见有君主，不见有国民"。②曾鲲化也提到，"中国历史旧例，只区朝代而无时代之分，此蔽读史者之智识，塞读史者之感情之大端也"③。不依朝代而依时势变迁将历史划分为若干时段，可在繁杂的史实之间了解时代的变迁特点。新型历史分期框架之中，"三段分期法"对于"古史"的表述值得一提。

近代意义上的历史三段分期法（上古—中古—近代）源自西方，后在19世纪末20世纪初传入中国，但不是直接由西方输入，而是经日本学者的著作间接引入。实际上，所谓"上古""中古"的名称，在中国古代《易·系辞》《韩非子·五蠹》等典籍中也曾出现过，不过当时的历史分期方法，"后来渐渐被人忘记……秦汉以下，历史的变化较少，一般人生长在不变之世，对于已往轰轰烈烈的变化，渐渐不能明了，史学于是也变成历朝历代的平面叙述。断代的问题并不发生，因为清楚的时代观念根本缺乏"④。1890年，那珂通世在《中国通史》中分中国历史为"上世史""中世史"和"近世史"三段。稍后，市村瓒次郎《中国史要》、桑原骘藏《中等东洋史》也采用类似的分期方法。虽然在各期名称及每段

---

① 缪凤林：《书评：大学丛书本国史两种》，《图书评论》第2卷第8期，1934年4月。
② 梁启超：《中国史叙论》，载《饮冰室合集·文集之六》，上海中华书局1936年版，第11页。
③ 横阳翼天氏（曾鲲化）：《中国历史》上卷，东京东新译社1903年版，第3页。
④ 雷海宗：《断代问题与中国历史的分期》，《社会科学》第2卷第1期，1936年10月。

起讫时间上，市村瓒次郎、桑原骘藏的观点与那珂通世的有所不同，但从各期名称来看，不管是四段分期法，还是五段分期法，基本上可看作是"上古—中古—近代"三段分期法的延伸。与那珂通世、市村瓒次郎之书的出版时间相比，桑原骘藏《中等东洋史》为最晚出之书，但是该书"颇能包罗诸家之所长，专为中学校教科用，条理颇整。凡分全史为四期……繁简得宜，论断有识"①。桑原骘藏之书采用的历史分期法，在当时的中国历史撰述中产生了较大影响。1918年，傅斯年就意识到，"日本桑原骘藏……始取西洋上古、中古、近古之说，以分中国历史为四期。近年出版历史教科书，概以桑原氏为准，未见有变更其纲者"②。如果按此种分期法，20世纪上半叶的中国历史撰述，基本上将秦统一六国前的中国历史作为"上古史"，但在具体的时段名称及起讫时间范围的表述方面，有时候又有不同。详见表1-1。

根据表1-1内容，大致可以总结以下几点。

第一，虽然在分期名称方面，这一时段的中国历史撰述基本上将秦统一前的中国历史称为"上古史"，但也有称为"上世"的，或者在"上古史"中分出"太古史"等，以表示"上古史"开端的那段历史。

第二，在历史分期中，"上古史"作为一个历史时段，与"中古史""近世史"等其他时段相比，它的起始点是比较模糊的，有的起自开辟，有的起自黄帝，有的起自夏禹……因此有著作仅以"秦统一前"概括"上古史"的时间范围，并没有标出这段历史的"上限"，这一问题涉及著者对人类起源或信史起点的不同认知。而"下限"方面，虽然基本上将秦统一六国作为"上古史"的"下限"，但在具体行文中，亦有"至战国""至周末止"等不同描述，这种表述的不一致，在一定程度上也说明了分期与断限的"难点"所在，因为"分世别期，最难于断年。前期与后期交接之间，必有若干年岁为过渡转移时代。合于前世，既觉未安，合于后期，更觉不可"③。

---

① 梁启超：《东籍月旦》，载《饮冰室合集·文集之四》，上海中华书局1936年版，第98页。
② 傅斯年：《中国历史分期之研究》，《北京大学日刊》1918年4月17日第4版。
③ 傅斯年：《中国历史分期之研究（续）》，《北京大学日刊》1918年4月22日第4版。

表 1-1　20 世纪上半叶中国历史撰述关于先秦历史的分期（时代）名称、起讫时限

书名	编著者	出版信息	先秦历史的分期（时代）名称		起讫时限	备注
《中国历史》上卷	横阳翼天氏（曾鲲化）	东京东新译社 1903 年版	太古纪：汉族发生时代		自有地球以来至五帝	
《最新中学中国历史教科书》	夏曾佑	上海商务印书馆 1904—1906 年版	上古纪：汉族创国时代		自夏禹至战国	
《中国历史教科书》	陈庆年	上海商务印书馆 1909 年版	上古史	传疑时代	太古三代	"中学堂"和"师范学堂"指定用书
				化成时代	春秋战国	
《中国历史讲义》	沈颐编辑，许国英订补	上海商务印书馆 1922 年版	上古史		秦统一前	师范讲习社师范讲义
《白话本国史》第 1 册	吕思勉	上海商务印书馆 1923 年版	上古期：开化时代		自太古至于战国	
《现代初中教科书·本国史》上册	顾颉刚、王钟麒	上海商务印书馆 1925 年版	上古		周以前①	
《初级本国历史》上册	金兆梓	上海中华书局 1926 年版	上古史		自开国至秦	新中学教科书

① 从《白话本国史》"上古史"的具体内容及"中古史"的时间范围（从秦朝统一起，至唐朝全盛时代止）来看，此处所指的"周以前"，应包含周朝。

续表

书名	编著者	出版信息	秦统一六国前的历史分期（时代）名称		起讫时限	备注
《评注国史读本》第 1 册	李岳瑞编，印水心修订	上海世界书局 1926 年版	上古史		秦统一前	
《中国史》第 1 编	王桐龄	北京文化学社 1927 年版	上古史：汉族萌芽时代	传说时代	唐虞以前	
				唐虞三代时代	由唐尧即位，至西周末年	
				春秋战国时代	由周平王东迁，至秦王政统一六国	
《中国史》	孟世杰	天津百城书局 1931 年版	上古史		自开辟至秦	
《本国史》上册	李云坡	北平文化学社 1931 年版	上古史：中华统一大国的造成时代		至周战止	中等学校教科书
《开明本国史教本》上册	周子同	上海开明书店 1932 年版	上古史：中国文化成长时期		公元前 3 世纪初以前（秦朝以前）	初级中学学生用书
《中华通史》上册	章嵚	上海商务印书馆 1933 年版	上古史	文明孕养时代	黄帝前后	大学丛书
				政治发展时代	夏商周	
				封建解纽时代	春秋战国	

续表

书名	编著者	出版信息	秦统一六国前的历史分期（时代）名称	起迄时限	备注
《本国史》第1册	傅纬平	上海商务印书馆1933年版	上古史	从太古到秦朝统一	复兴初级中学教科书
《高中本国史》上册	余逊	上海世界书局1933年版	上古史	从史前时期至秦以前（公元前3世纪初以前）	高级中学学生用书
《本国史》第1册	梁园东	上海大东书局1934年版	上古史；上古期	上古至战国末（公元前220年以前）	新生活教科书初级中学校用书
《中国通史纲要》上册	黄现璠、刘镛	北平文化学社1934年版	上古史	自上古至战国	
《初中本国史》第1册	姚绍华	上海中华书局1934年版	上古史	从太古至秦之统一	
《本国史》第1编《上古史》	鲍文希	上海万叶书店1935年版	上古	从上古到秦的统一	中学历史科补充适用
《初中本国史》第1册	应功九	南京正中书局1936年版	上古史	从太古到周末	
《建国初中本国史》第1册	应功九	南京正中书局1936年版	上古史	从太古到周末	

续表

书名	编著者	出版信息	秦统一六国前的历史分期（时代）名称	起迄时限	备注
《中国通史》	金兆丰	上海中华书局1937年版	上世	从三皇到秦朝统一	
《高级中学本国史》上册	罗香林	南京正中书局1938年版	史前史与上古史	自太古至战国末年	新课程标准适用
《初中本国史》第1册	朱翙新	上海世界书局1939年版	上古史	秦统一前	初级中学学生用书
《本国史》	吕思勉	重庆商务印书馆1943年版	上古	周以前	高中复习丛书
《高中本国史》上册	杨东莼	上海北新书局1946年版	上古史	自太古到秦一统	
《本国史》第1册	周予同	上海开明书店1947年版	上古史	从太古到秦朝统一	
《开明新编高级本国史》上册	杨东莼	上海开明书店1947年版	上古史	起自传说时代，终于嬴秦统一	
《新编高中本国史》上册	金兆梓	上海中华书局1948年版	上古史	自中华民族之起源至春秋战国	修正课程标准适用

第三,"一时代之内,尚有包含时代焉",即"所谓内包者"。① 有的著作将"上古史"这一大时段,又按特征分为几个小时代(如"传疑时代""化成时代"等),以表示"古史"的不同发展阶段。

到20世纪50年代,王玉哲亦沿用"上古史"的称谓,他的《中国上古史纲》(上海人民出版社1959年版)阐述"中国猿人"至秦统一六国前的中国历史。"文化大革命"后,上海人民出版社建议将该书修订再版。王玉哲初拟书名为《先秦史稿》,后来书稿写到西周时期,出版社建议将其先行出版。关于书名,责任编辑建议命名为"远古史",王玉哲"考虑'远古'一词是个通名,没有具体年代的限制,可以采用",又加了"中华"两字,书名由此确定。② 该书作为"中国断代史系列"之一,于2000年正式出版。③

1999年,由白寿彝总主编的《中国通史》(全套12卷22册)全部出版。该书除第1卷《导论》外,第2—12卷分别以"远古时代""上古时代""中古时代""近代"为名区分中国历史的不同阶段。其中,第2卷"远古时代,从考古资料探索原始社会的状况",第3卷"上古时代,主要论述有文字记载以来到秦灭六国时的历史"④。对于第3卷的命名,白寿彝特意指出,此卷"从历史发展顺序上看,这约略相当于一般历史著述中所说的奴隶制时代。但在这个时代,奴隶制并不是唯一的社会形态。我们用'上古时代'的提法,可能更妥当些"⑤。

二 "特征分期法"中的"古史"

即使"三段分期法"及由此延伸的"四段分期法"或"五段分期

---

① 章嵚:《中华通史》上册,上海商务印书馆1933年版,第93页。
② 王玉哲:《中华远古史》,上海人民出版社2000年版,"自序"第11页。
③ 上海人民出版社出版的"中国断代史系列"丛书,对秦统一六国前的中国历史的记述,还包括《殷商史》(胡厚宣、胡振宇)、《西周史》(杨宽)、《春秋史》(顾德融、朱顺龙)、《战国史》(杨宽)。如果以时间断限而论,《殷商史》《西周史》与《中华远古史》所述时间范围有重复之处。
④ 白寿彝:《题记》,载白寿彝主编《中国通史》第1卷《导论》,上海人民出版社1989年版,第1页。
⑤ 白寿彝:《题记》,载徐喜辰等主编《中国通史》第3卷《上古时代》上册,上海人民出版社1994年版,第1页。

法"在 20 世纪以来（尤其是在 20 世纪上半叶）的中国历史撰述中被广泛使用，但也有学者对此种分法提出了不同意见。

1923 年，尚在北京大学求学的萧一山，于北京《国风日报》的《学汇》副刊上连载《史学之研究》一文，其中提到之前学者关于中国历史分期的标准，有"种族盛衰""文化变迁""政治沿革"，并且"今日新史学兴，或将有以经济趋势为标准者矣"，他认为"吾国历史，多依朝代为分割，从未有因社会之风尚时势之潮流，而以时代为区分者也。此由历史者皆成于各朝，仅为分析之编纂，而未有统系之叙述故也"。[①] 而撰写清史时，萧一山以"种族盛衰"为标准，将中国历史划分为上古、中古、近古、近世、现代五期，其中上古期为"汉族成育时代。自太古至秦一统之间"。[②] 但在《中国通史讲演大纲》[③] 第 2 讲"历史时期之区别"中，萧一山关于中国历史分期的观点有所变化。他说，上古、中古、近古、近世等名称，"是否有当于会通之义，姑不具论"，他试着"以文化政治二者之表里盛衰为纲，而参以历史之本身的精神为辅，略区中国史为九期"，其中秦统一六国前的中国历史可分三期，即神话时代（自天地开辟以迄于有史以前，亦称史前时代）、传疑时代（自黄帝以迄于有夏，亦称启蒙时代）和化成时代（自殷商以迄于战国末期，亦称文郁时代）。[④] 然而，到了 20 世纪 40 年代，萧一山又以黄帝、秦朝为界，将中国历史分为三大段，并参照考古学对早期人类历史分期所用的名称，而冠之于中国历史的发展阶段。他认为："黄帝以前是石器时代，黄帝以后直到春秋战国，便为铜器时代"，第三期是"秦汉以后以至清末鸦片战争"。[⑤]

萧一山《中国通史讲演大纲》和《历史问题》采用的分期方法，可

[①] 萧一山：《史学之研究（续）》，《学汇》第 285 期，1923 年 8 月 22 日。
[②] 萧一山：《清代史稿（续）》，《学汇》第 240 期，1923 年 7 月 5 日。
[③] 《中国通史讲演大纲》是萧一山于 1925—1926 年在清华学校的授课讲义，当时并未正式出版，仅于 1926 年印铅印本。北京首都图书馆有藏，一函两册，馆藏号：丙二 3142。有关该讲义的编纂缘起及内容旨趣，参见拙文《萧一山〈中国通史讲演大纲〉述论》，《学术研究》2019 年第 10 期。
[④] 萧一山：《中国通史讲演大纲》，铅印本，1926 年，第 18 页。
[⑤] 萧一山：《历史问题》，《革命与战争》第 8 期，1941 年 10 月。

算作"特征分期法"。此种分法,是"用某一个特征,作某一个历史的时代"①。缪凤林的通史著作《中国通史纲要》和《中国通史要略》是采用此方法的代表。"东西史家,论次史迹,每就其蝉联蜕化之际,略分三世,以便寻绎。晚近编纂课本讲义者,皆取其法",但缪凤林认为当时流行的中国历史"三段分期法"仍存在许多不妥之处。② 在他看来,秦统一六国前的中国历史亦可分成三个时代,即传疑时代、封建时代和列国时代。缪凤林认为这是根据"古今民族、文化、政治、社会各种变迁之荦荦大者"而加以分期。③ 但当时也有观点指出,他实际上重点关注的仍然是"民族"之变迁,"缪君将吾国历史划分为十时代……皆以民族之消长而划分。此第就叙事之便利,似无其它重大意义"④。

上文提到,有的著作将"上古史"也按特征分为传疑时代、化成时代等几个小时代,但其前提须遵循于"四段分期法"或"五段分期法"的整体框架,这与萧一山、缪凤林采用"特征分期法"直接将中国历史划分为若干时代是有所不同的。但从另一角度而言,"四段分期法"或"五段分期法"框架下的"上古史"之中的传疑时代、化成时代,与"特征分期法"下的传疑时代、化成时代,呈现出来的时代特点又有一致的地方。李则纲曾提到,"特征分期法"是"抛弃了'四分''五分'的办法。这种方法的使用,当然是进步的,不过要真能显示历史的特征",像缪凤林所划分的时代,自"列国时代"以下,"似乎还有待讨论的地方"。⑤ 在时间断限方面,不管是"三段分期法",还是"特征分期法",大多数都将秦统一前后作为分期的"节点",认为秦统一前后是中国历史上的"大变局"。王夫之曾指出,从春秋末年至秦统一六国,为"古今一大变革之会"⑥。缪凤林《中国通史纲要》认为"春秋战国为天地一大变

---

① 李则纲:《历史教本划分时代之检讨》,《教与学》第 1 卷第 4 期,1935 年 10 月。
② 缪凤林:《中国通史纲要》第 1 册,南京钟山书局 1932 年版,第 65—67 页。
③ 缪凤林:《中国通史要略》第 1 册,上海商务印书馆 1946 年版,第 5 页。
④ 愚:《图书介绍:中国通史要略》,《图书季刊》新第 5 卷第 2、3 期合刊,1944 年 6—9 月。
⑤ 李则纲:《历史教本划分时代之检讨》,《教与学》第 1 卷第 4 期,1935 年 10 月。
⑥ (清)王夫之:《读通鉴论·叙论四》,中华书局 1975 年版,第 2549 页。

局，亦为由封建至统一必经之阶段"①。章嵚《中华通史》等历史著作均持类似观点。②这说明不同的分期方法也有一致的分界点，后来吕思勉就指出"分期之法，各家不同，而划周以前为一期，则殆无二致"③。

1932年秋，周谷城开始在上海暨南大学史地系讲授中国通史，并着手撰写《中国通史》。1939年，周谷城《中国通史》由上海开明书店出版的。该书也采用"特征分期法"将中国历史划分为几个不同的时代。书中以"历史完形论"作为"导论"，指出历史事实之间存在有机关联和必然规律。周谷城将中国历史划分为五个时代，即游徙部族定居时代（周平王东迁洛邑以前，即前770年以前，中国民族初步形成）、私有田产制生成时代（自周平王元年至新莽元年，即前770年至公元9年，社会关系发生剧变）、封建势力结晶时代（自新莽元年至北宋建隆元年，即9年至960年，由内乱到种族战争）、封建势力持续时代（自北宋初至鸦片之战，即960年至1840年，种族战争愈演愈烈）、资本主义萌芽时代（鸦片战争以后到该书写作时，即1840年至20世纪30年代，工国农国相摩相荡）。如此而言，在周谷城眼里，秦统一六国前的中国历史的时代特点是游徙部族定居、中国民族初步形成，以及私有田产制不断生成、社会关系逐渐发生剧变。考察"封建势力"的产生、孕育、鼎盛、衰落，是周谷城的历史分期观点的关键所在，因此他并未将秦统一前后的历史作为中国历史发展进程中的重要"转折点"。当时有观点指出，该书"持论偏于唯物，是不同于一班之史论者也"④。但需要注意的是，如果以"五种社会形态"相参照，此时周谷城的历史分期观点之中，并无"奴隶社会"这一历史发展阶段。⑤

---

① 缪凤林：《中国通史纲要》第1册，南京钟山书局1932年版，第322页。
② 章嵚：《中华通史》上册，上海商务印书馆1933年版，第385页。
③ 吕思勉：《先秦史》，上海开明书店1947年版，第1页。
④ 进：《图书介绍：中国通史》，《图书季刊》新第2卷第1期，1940年3月。
⑤ 周谷城于1955年、1957年对其《中国通史》加以修订、再版，开始全面采用"五种社会形态说"，并提出"东汉封建说"，参见氏著《中国通史》上册，新知识出版社1955年版；《中国通史》上册，上海人民出版社1957年版。

三 "断代史"中的"先秦史"

上文提及,中国古代史家倾向于以"一朝一代"撰写历史。在近代的历史撰述中,也有一部分史家仍采用此种撰写模式。由吕瑞廷、赵澂璧合编的《新体中国历史》,于1907—1911年凡行十三版,后经赵玉森重订,于1912年又加以出版。该书不采用"分期"方法,而是直接以"太古史—三代史—秦汉三国史……"的朝代更迭记述中国历史的发展演变。

1922年,武学书馆出版的李泰棻《中国史纲》,也采用此种方法叙述中国历史。李泰棻认为,既然历史"不能以年数定,又不能以世纪定",因此"强分时期,殊难有当","中外史家,或三分,或四分,或五分,要其所持为理由者,不过社会或政治上之重大变动。然考之史中,每先社会改变,而政治始随之。社会为其因,政治为其果。欲觅一社会政治同时之变动,殊不易得,而中史尤难。故本编不分时期,而册数分装,但以朝代终了为界限焉"[①]。该书"本论"除第1章"未有文字以前之略史"外,其余各章分别以三皇、五帝、夏、商、西周、春秋、战国等"朝代终了为界限"叙述中国历史。当然,"旧时的断代,以一姓兴亡作标准,殊不合宜"[②]。在近代史学发展的语境下,中国历史撰述中的"断代史"不是简单地以一朝一代的兴亡及政权更迭为标准,而是要进一步考虑民族的融合与消长、学术思想的盛衰、社会风俗的变迁等。

李泰棻《中国史纲》是以"断代史"的方式撰写通史,也有史家直接以"断代史"的视角,撰写"先秦史"。吕思勉于20世纪40年代出版的《先秦史》(1941年初版,1947年再版),可看作是这种撰写方式的代表作,该书也是当时少有的以"先秦史"为名的著作之一。吕思勉《白话本国史》等通史撰述曾采用"三段分期方法",而他的《先秦史》是一部独立的断代史。他在《先秦史》一书的"总论"指出,"今之治国

---

① 李泰棻:《中国史纲》第1卷,武学书馆1922年版,第58页。
② 梁启超:《中国历史研究法补编》,载《饮冰室合集·专集之九十九》,上海中华书局1936年版,第35页。

史者,其分期多用上古、中古、近世、现代等名目,私心颇不谓然。以凡诸称名,意义均贵确实,而此等名目,则其义殊为混淆也……然其分期,当自审史事而为之,并当自立名目,而不必强效他人,则审矣。言周以前之史,而率约定俗成之义,以求称名,自以先秦二字为最当,今故径称是编为《先秦史》"①。吕思勉觉得"上古"等历史分期名称,含义十分模糊,与其用"上古"等"名目"划分中国历史,还不如直接采用"约定俗成"之名,阐述中国历史进程。他的《先秦史》先记述开辟传说、三皇五帝、夏殷西周、春秋战国之事迹,再分专章叙述先秦时期的民族疆域、社会组织、农工商业、衣食住行、政治制度、宗教学术之情形。吕思勉生前,曾有撰写完整的中国断代史系列著作的计划,可惜除了《先秦史》,他只完成了《秦汉史》《两晋南北朝史》和《隋唐五代史》三种。

同样在20世纪40年代,黎东方的《先秦史》作为"复兴丛书"先后由重庆商务印书馆(1944年)、上海商务印书馆(1946年)出版。该书分卷上"远古"、卷中"春秋"、卷下"战国"三部分,其中卷上"远古"分别按中国之旧石器与新石器、三皇、五帝、大禹、夏朝、商朝、西周的顺序记述。吕思勉、黎东方各自的《先秦史》都出版于20世纪40年代并不是偶然的,这与当时高校通史讲授体系亦有关联。大致从那时开始,"断代"讲授基本上成为大学通史讲授的通行方法,以取代先前的"分期"讲授之法。② 与此相呼应,通史著作也逐渐以系列"断代史"的模式加以编撰、出版。

1949年以后,亦有以"先秦史"为名,作为通论性断代史著作,加以出版。1958年4月,东北师范大学印发了该校中国古代史教学小组编写的《先秦史》。1981年4月,辽宁大学历史系印发了崔春华编著的《中国古代史》第1分册《先秦史》。稍后,王明阁、詹子庆分别编著的

---

① 吕思勉:《先秦史》,上海开明书店1947年版,第3页。
② 尚小明:《由"分期"史到"断代"史——民国时期大学"中国通史"讲授体系之演变》,《史学集刊》2011年第1期。

《先秦史》，也正式出版。① 1987年，张传玺考虑到翦伯赞原先所著《中国史纲》第2卷的校定本已改为《秦汉史》加以出版，因此他后将翦著《中国史纲》第1卷加以校定，改题为《先秦史》，由北京大学出版社出版。② 1993—1996年，邱树森、陈振江主编的《新编中国通史》陆续出版，该书并未采用此前较为通行的"五种社会形态说"来编写中国历史。编者在"前言"中指出"中国历史的发展脉络与王朝的更替密切相关。记住王朝的更迭，有助于学生掌握中国社会形态的演变和发展。所以，本书干脆用朝代名称作为编名、章名，目的就在于此"③。《新编中国通史》第1册共分三编，分别以"先秦""秦汉""三国两晋南北朝"命名。

1994年年初，国家教委高教司提出编写新的中国历史教材的任务，由张岂之担任主编。次年春，张岂之组织编写人员就新编中国通史的体裁、体例、卷数等问题加以讨论。关于分卷，张岂之认为可以将新编中国通史分为六卷，即先秦卷、秦汉魏晋南北朝卷、隋唐辽宋金卷、元明清卷、晚清民国卷、中华人民共和国卷。各卷"在叙述中，既要科学地揭示中国社会的发展过程，又要准确地揭示历代各种管理制度的利弊，让新的中国历史与当代人们所面临的各种重大问题相联系，更好地发挥历史的借鉴作用"④。该书定名为《中国历史》，作为"面向21世纪课程教材"，于2001年7月由高等教育出版社正式出版，其《先秦卷》版权页上的"内容简介"还标明，该卷"在内容方面，重点写中华民族的形成、中华古文明的交流和融合、国家行政管理制度的发端、中华学术文化的起源；在体例方面，放弃了以社会形态为题分编分章的做法，尽量以中国先秦历史的概念术语作编和章节题目"。整体而言，这一时期出版的《先秦史》著作，主要是出于教学的需要而加以编写，因此对先秦时

---

① 王明阁编著：《先秦史》，黑龙江人民出版社1983年版；詹子庆编著：《先秦史》，辽宁人民出版社1984年版。
② 翦伯赞：《先秦史》，北京大学出版社1990年版。
③ 邱树森、陈振江主编：《新编中国通史》第1册，福建人民出版社1993年版，"前言"第1页。
④ 方光华：《从以往中国历史教材谈新教材的编著》，《华夏文化》1995年第1期。

期历史的叙述，也基本上是在整个中国古代史的教学体系之内进行的。

四 "五种社会形态"中的"古史"

"既从'史'的方面去研究我国的社会，首先触到的自是分期问题"①。历史分期问题同样是马克思主义史家在撰写中国历史之前所面临的重要问题。

俄国十月革命"迫使俄国以外的历史学家开始认真地对待马克思主义对历史所作的解释"②，马克思主义开始在中国传播。随着新文化运动的开展，李大钊等先进知识分子，用共产主义思想武装自己，在介绍和传播唯物史观方面做了很多开创工作。1924年5月，李大钊的《史学要论》（署名"李守常"）出版，这是中国第一部以唯物史观为指导探究史学基本理论问题的著作。此后出版的蔡和森《社会进化史》（上海民智书局1924年版）、张伯简《社会进化简史》（广州国光书店1925年版）以唯物史观为指导阐述社会发展史。陈翰笙等人也撰写、编译了人类进化史著作。③然而这类著作侧重阐明人类发展史具有普遍性，以阐发恩格斯等人研究成果为主，所举史实主要源于欧洲诸民族或美洲原始居民，虽对中国材料偶有涉及，但对中国社会发展情形未作具体论述，因此书名未冠以"中国"二字。

具体以唯物史观为指导研究和撰写中国古史，则始于郭沫若。1928年，郭沫若发表《中国社会的历史的发展阶段》一文。④此文首次运用唯物史观社会形态理论，并根据甲骨卜辞等新材料将中国"古史"划分为原始共产制（西周以前）、奴隶制（西周）、封建制（春秋以后）三阶段。此文后作为"导论"收入郭沫若于1930年出版的《中国古代社会研究》一书之中。该书出版后多次重印、再版。"作时的目的原无心作为本

---

① 董家遵：《中国奴隶社会史》，中国社会学社广州分社1948年版，第1页。
② ［英］巴勒克拉夫：《当代史学主要趋势》，杨豫译，上海译文出版社1987年版，第32页。
③ 陈翰笙：《人类的历史》，上海北新书局1927年版；王子云编译：《社会进化史》，上海昆仑书店1930年版。
④ 作于1928年10月28日，载是年《思想月刊》第4期，署名"杜顽庶"。

书之导论,以其性质相近,故收于此。"① 从全书内容来看,"导论"确实起了提纲挈领的作用,明确表达了郭沫若关于中国古史发展阶段的基本观点。虽然郭沫若后来对古史分期的观点有所改变,但他仍认为,从原始社会到奴隶社会再到封建社会的理论符合中国历史发展规律。

郭沫若在《中国古代社会研究》一书中多次强调分析中国古代社会情形的"路径",他认为:"本书的叙述每多草率粗躁的地方,作者自己亦不能认为满足。然而大概的规模路径自信是没有错误,希望更有时间更有自由的同志继续作详细的探求。"② 后来,张荫麟评价此书的贡献尤其在于"例示研究古史的一条大道",可以"建设中国古代社会演化的历程"。③ 因此说,用"唯物史观"的基本方法分析中国古代社会情形,郭沫若具有开创之功。在共同遵循马克思主义社会形态理论的基础上,吕振羽、范文澜、翦伯赞等人与郭沫若在古史分期上有较大分歧,他们的古史撰述亦各有特色。

1933 年,吕振羽经李达推荐,至中国大学经济系执教,讲授"唯物论和辩证法""社会发展史"等课程。同年 6 月,他撰成授课讲义《中国上古及中世经济史》,提出殷商为"奴隶社会",西周为"封建社会"。④ 在此基础上,吕振羽又于 1934 年 6 月出版了《史前期中国社会研究》。该书把中国历史划分为几个连续发展的阶段:传说中之"尧舜禹"的时代,为"中国女性中心的氏族社会时代";传说中之"启"的时代,为"中国史由女系本位转入男系本位的时代";殷代为"中国史的奴隶制社会的时代";周代为"中国史的初期封建社会时代";由秦代到鸦片战争前为"变种的封建社会时代";鸦片战争以后又变为"半殖民地半封建社会时代"。吕振羽虽然认同郭沫若分析中国古代社会情形时所用的基本方

---

① 郭沫若:《中国古代社会研究》,上海群益出版社 1947 年版,"解题"第 1 页。
② 郭沫若:《中国古代社会研究》,上海群益出版社 1947 年版,"解题"第 2 页。
③ 素痴(张荫麟):《评郭沫若〈中国古代社会研究〉》,《文学副刊》第 208 期,《大公报》(天津)1932 年 1 月 4 日第 8 版。另,关于《中国古代社会研究》一书在中国马克思主义史学发展史上的学术贡献,可参见张越《"例示研究古史的一条大道"——再论郭沫若〈中国古代社会研究〉》,《中共党史研究》2017 年第 5 期。
④ 吕振羽:《中国上古及中世经济史》,载《吕振羽全集》第 2 卷,人民出版社 2014 年版,第 16—24 页。

法，但对他的个别结论持商榷态度。《史前期中国社会研究》一书出版后，颇受学术界关注，"销场甚佳"，第1版很快售罄。① 翦伯赞后来指出，"吕振羽对于在中国先阶级社会史的研究上，是尽了一个开辟的任务"②。1936年11月，吕振羽《殷周时代的中国社会》由上海不二书店出版。继《史前期中国社会研究》一书之后，该书是吕振羽计划撰写的《中国社会史纲》第2分册，书中分两部分"殷代——种族国家的奴隶制"和"两周——初期封建制"进行阐述。不过，《中国社会史纲》第3、第4分册未能及时完成，撰写完整的中国社会通史亦成为吕振羽当时的心愿。1939年，吕振羽到重庆从事历史研究、抗日统一战线等工作，得以有机会开始编写中国通史。侯外庐说："振羽的到来，政治上，我们多了一位知己，学术上，就象添了一支兵马。"③ 次年，吕振羽撰写了《本国史研究提纲》，指出用历史唯物论来研究中国历史是"近十余年来才开始的"，"然至今还没有产生一部正确的社会通史"。④ 此种形势，是吕振羽立志撰写中国通史的一个促进因素，他的《本国史研究提纲》对如何撰写整部中国通史作了宏观构想和探讨。在重庆期间，吕振羽"遵照周恩来对国统区青年进行爱国主义教育，写一本简明历史读本的指示，开始了对《简明中国通史》上册的撰写"⑤，1941年2月完稿，5月在香港生活书店出版，1945年9月在生活书店出版抗战胜利后第1版，同年11月又在北平生活书店出版。该书共分七章，除第1章"绪论"外，第2—7章分别为"图腾制度时期""氏族制度时期""殷代的奴隶所有者国家""西周——初期封建制度的成立""诸侯称霸的春秋时期"""七雄'

---

① 谌小岑：《读〈史前期中国社会研究〉》，《读书生活》第1卷第2期，1934年11月。
② 翦伯赞：《历史哲学教程》，长沙生活书店1938年版，第274页。
③ 侯外庐：《韧的追求》，生活·读书·新知三联书店1985年版，第110页。
④ 吕振羽：《本国史研究提纲（上）》，《读书月报》第2卷第4期，1940年6月。
⑤ 《吕振羽全集》编委会：《前言》，载《吕振羽全集》第1卷，人民出版社2014年版，第10页。

并峙的战国时期"。① 吕振羽从研究经济史、社会史入手,分析中国古代社会的一般发展规律,再运用于他的中国通史撰写之中。他希望"把中国史作为一个发展的过程在把握"②,《简明中国通史》一书就集中反映了他关于中国历史分期的观点。

"七七事变"后,范文澜积极从事抗日救亡活动。1939 年,他加入中国共产党,后赴延安。次年 1 月,他担任马列学院历史研究室主任。当时的延安是解放区政治中心,抗日战争已进入相持阶段,局势较为平稳。中共中央正准备在全党开展整风运动。在此之前,毛泽东多次号召全党要密切联系革命实际,认真学习中国历史。③ 范文澜受党中央委托,主持撰写一部中国通史读本,以便使广大干部和更多读者了解中国历史发展概况。1939 年 12 月,毛泽东发表《中国革命和中国共产党》,强调中国封建制度"自周秦以来一直延续了三千年左右"④。次年 2 月,陕甘宁边区第一个大型理论与实践相结合的杂志《中国文化》在延安创刊,毛泽东发表《新民主主义的政治与新民主主义的文化》(后在延安《解放》杂志刊载时,改题为《新民主主义论》),亦沿用此观点,即"自周秦以来,中国是一个封建社会"⑤。这些对中国历史分期的整体概括,成为范文澜后来编写中国通史的基本遵循。稍后范文澜发表了《关于上古历史阶段的商榷》一文,着重探讨了中国上古史如何划分的问题。他充分肯

---

① 该书"是为一般自学青年及中学与大学一二年级学生而写的","原先拟分为原始公社制、奴隶制、初期封建制、专制主义的封建制、半殖民半封建制各篇;旋为迁就读者传统的历史观念,改成年代记的叙述法。但从内容上去看,阶段的脉络仍是很明白的",见吕振羽《简明中国通史》,北平生活书店 1945 年版,"序"第 1 页。

② 吕振羽:《简明中国通史》,北平生活书店 1945 年版,"序"第 1—2 页。

③ 例如 1938 年毛泽东在中共六届六中全会上强调"学习我们的历史遗产……我们是马克思主义的历史主义者,我们不应当割断历史",见《中国共产党在民族战争中的地位》,载《毛泽东选集》第 2 卷,人民出版社 1991 年版,第 533—534 页。又,1941 年,叶蠖生论及抗战以来史学界状况,指出毛泽东这一号召"被全国唯物史观历史学者们所热烈地响应着,他们分头从事于历史各部门的工作","中国历史的整理"部门取得的成果包括范文澜《中国通史简编》、吕振羽《本国史研究提纲》等,见氏著《抗战以来的历史学》,《中国文化》第 3 卷第 2、3 期合刊,1941 年 8 月。

④ 毛泽东:《中国革命和中国共产党》,载《毛泽东选集》第 2 卷,人民出版社 1991 年版,第 623 页。

⑤ 毛泽东:《新民主主义论》,载《毛泽东选集》第 2 卷,人民出版社 1991 年版,第 664 页。

定了郭沫若用唯物史观探究中国古史所做的贡献，但也指出郭沫若所主张的"殷代是氏族社会，西周是奴隶社会"值得商榷。在范文澜看来"西周是封建社会"，并认为根据《联共（布）党史简明教程》指示的奴隶社会基本条件，可判定殷代是奴隶社会。① 范文澜的"西周封建论"由此确立。随后他将自己对中国上古历史阶段的基本认识，具体落实在中国通史的编纂体系之中，他在《中国文化》上先期发表了《中国通史简编》部分章节。1941年，《中国通史简编》上册（内容自上古至五代）在延安出版，署名"中国历史研究会"，卷首有范文澜写的序言。实则该书"由范文澜独力写成，学术界也公认为他的代表作"②。该书出版后多次重印或修订再版，流传甚广，不仅影响了其他人的通史撰述对中国历史发展阶段的划分③，亦深刻影响了国人的历史认知④。

翦伯赞也是持"西周封建论"的代表人物。他的《历史哲学教程》指出，要依据"中国历史发展之本质的变革"划分中国历史，因为"一部廿四史，都是各自孤立的断代的王朝史"，而上古史、中古史的划分方法"只是依据历史之渐次性增减的进化观念，而不是依据于历史上划时代的飞跃性"⑤。1940年春，翦伯赞自湘入蜀，后至重庆。在重庆期间，他"日读古史"，因"古史去今日已远，而范围又至广大，大有吾人驰骋之余地"⑥。1943年12月，翦伯赞《中国史论集》由重庆文风书局出版，收入他1940—1943年所作的论文20篇，包括《论夏族的起源与史前之鄂尔多斯》《诸夏的分布与鼎鬲文化》《殷族与史前渤海系诸氏族的关系》《论中国的母系氏族社会》等，阐述了他对氏族社会特征、史前民族起源等问题的认识。1944年4月，他的《中国史纲》第1卷由五十年代出版

---

① 范文澜：《关于上古历史阶段的商榷》，《中国文化》第1卷第3期，1940年5月。
② 蔡美彪：《范文澜著〈中国通史简编〉的前前后后》，《河北学刊》1999年第2期。
③ 许立群：《中国史话》，上海文华出版社1948年版；陈怀白：《中国通史讲话》，山东新华书店1948年版。
④ 刘大年指出"《中国通史简编》累计印数达好几百万册，在将近四十年的时间里，成了我们一部主要的历史读物"，见氏著《范文澜同志的科学成就——〈范文澜历史论文选集〉序》，《近代史研究》1979年第1期。
⑤ 翦伯赞：《历史哲学教程》，长沙生活书店1938年版，第257页。
⑥ 翦伯赞：《中国史论集》，重庆文风书局1943年版，"序"第1页。

社出版。该书"所论述的范围,是秦以前的中国古史",他认为郭沫若《中国古代社会研究》使中国古史"由秦汉上溯于殷周之世",但他也承认"中国史前的古史,直至今日,尚处于极幼稚的阶段",因此他想把殷周及其以前的古史显出它本来的面目。① 此书将秦以前的中国历史分为原始社会(包括前氏族社会、氏族社会)、奴隶社会(古代社会)和初期封建社会,并且指出西周到战国是初期封建社会。该书"侧重氏族社会之演变与封建制度之形成,及农业经济之发展与私有财产制度之产生……推陈出新,为研究上古史者辟一新途径"②。时在重庆的翦伯赞,有机会致力于中国历史编写工作,也与彼时重庆地区的学术生态有关。"皖南事变"后,周恩来部署在重庆的中共党员和进步知识分子,一部分转移到解放区或其他地方,另一部分留在重庆,按照"勤业、勤学、勤交友"方针继续开展学术研究与交流活动。③ 当时重庆学术气氛非常浓厚,翦伯赞与侯外庐、胡绳等人一起多次参加读书活动,周恩来也通过参加读书会"对当时重庆革命的理论和学术研究,进行了直接而具体的领导"④。

与吕振羽的经历相同,吴泽在 20 世纪三四十年代,亦有从研究中国社会史转向撰写通史的经历,并且也持"西周封建论"。1935 年 7 月,吴泽撰写了《中国古代社会形式发展之鸟瞰》,详细论述了中国"先阶级社会"中的"原始社会"与"氏族共产社会"⑤。他的《中国原始社会史》《殷代奴隶制社会史》主要阐述了史前原始社会及殷代奴隶社会的经济构造、社会组织、家族形态及意识形态。1945 年 7 月,吴泽《中国历史简编》由重庆峨嵋出版社出版,此书至 1947 年 9 月已出版至第 5 版。该书将"中国社会形态的发展阶段"加以细分,认为史前为原始公社制社会、殷代为奴隶社会、两周至鸦片战争时期为封建社会。吴泽对中国历史发

---

① 翦伯赞:《中国史纲》第 1 卷,五十年代出版社 1944 年版,"序"第 1、5、6 页。
② 容媛:《评〈中国史纲〉第一卷》,《燕京学报》第 31 期,1946 年 12 月。
③ 张传玺:《翦伯赞传略》,载《翦伯赞全集》第 1 卷,河北教育出版社 2008 年版,第 12—13 页。
④ 侯外庐:《韧的追求》,生活·读书·新知三联书店 1985 年版,第 123 页。
⑤ 吴泽:《中国古代社会形式发展之鸟瞰》,《现代评坛》第 1 卷第 23 期,1936 年 8 月;第 1 卷第 24 期,1936 年 9 月。

展阶段的划分，受吕振羽影响较大，他在书中亦流露出对吕著的推崇。此外，专门阐述"中国社会发展史"的张军光也指出"正确的研究历史，分析历史，必需以时代的经济基础为前提；时代的划分，亦须依社会的生产力和生产关系"①。他认为郭沫若《中国古代社会研究》将中国历史的开始时期定在殷商的说法"似乎较近情理"，但也指出郭沫若把商代社会认定为氏族社会的"论证并不丰富"；关于中国封建社会的建立，他判断"实在开始于周代"②。

中华人民共和国成立以后，中国马克思主义史学逐渐在史学界居于主导地位，以唯物史观为主导思想的中国历史学得以进一步发展。20世纪50年代初期，因社会环境趋于稳定，马克思主义史家有机会开始修订、再版其通史著述。

1951年，范文澜在一个用《中国通史简编》做学习材料的机关里发表讲话，检讨该书的"非历史主义的观点""在叙述方法上缺乏分析，头绪紊乱"等不足。③ 1953年8月，《中国通史简编》修订本第1编由人民出版社出版（实为第2版，因1949年9月人民出版社已出第1版），1955年3月、1964年8月又分别出版第3、4版。不过，与延安版《中国通史简编》上册相比，《中国通史简编》修订本第1编第2、3、4版只是在有些地方的材料分析、观点论证、语言描述等方面有所不同，而范文澜关于中国历史分期的观点，并未改变。换句话说，该书展开论述的宏观框架，并未更改。

与范文澜类似，吕振羽的通史著作也有修订，且其历史分期观点未作变更。1955年6月，吕振羽的《简明中国通史》由人民出版社出版新1版。他指出"本书此次修订再版，主要订正引文和年月等（原用公元后年月的月份均照《两千年中西历对照表》改为阳历）"④。在具体的章节名称方面，吕振羽将原书的第2章"图腾制度时期"、第3章"氏族制度时期"的名称分别改成了"原始公社制前期"和"原始公社制后期"。

---

① 张军光：《中国社会发展史纲》，上海中华书局1935年版，"自序"第4页。
② 张军光：《中国社会发展史纲》，上海中华书局1935年版，第13—15、44页。
③ 范文澜：《关于〈中国通史简编〉》，《新建设》第4卷第2期，1951年5月。
④ 吕振羽：《简明中国通史》，人民出版社1955年版，"完稿序"第2页。

另外，1959年吕振羽在中共中央高级党校讲授中国历史，其记录稿于1961年9月作为"毛泽东著作研究班内部资料"印发，后经整理于20世纪80年代正式出版。该"讲稿"对中国历史的阶段划分，与《简明中国通史》一致。①

20世纪50年代中后期，由郭沫若开始主编的《中国史稿》值得一提。郭沫若曾有一个"雄心"，即"想写一部完整的《中国古代史》"，但他又意识到"像编教科书那样的古典风味，我自己是很缺乏的"。② 巧合的是，后来一项编写中国历史教材的任务落在了他的肩上。1955年，毛泽东向郭沫若提出希望编写一部县团级干部阅读的中国历史读本。次年，此事开始实施，郭沫若担任总召集人。编写工作从1958年年底开始，并曾印发初稿，供史学工作者和有关单位讨论，再加以修改。1962年6月，郭沫若主编的《中国史稿》第1册（原始社会和奴隶社会部分）正式出版。关于古史分期问题，该书基本上采用了郭沫若的观点，"便是以商周为奴隶社会，而以春秋战国之交为奴隶社会向封建社会的转折点，换句话说，便是东周后半期中国历史已开始进入封建时代"③。1976年7月，该书修订后再版，仍然明确指出书中采用"战国封建论"。④ 1961年，全国高等学校文科教材编选计划会议建议把此书初稿作为大专院校历史系试用教材。早在1956年7月，高等教育部曾在北京召开综合大学文史教学大纲审订会，后公布了综合大学历史专业四五年制适用的《中国史教学大纲》。此"大纲"明确规定："关于我国奴隶社会的上下限问题，目前史学界正在展开自由的论辩，还没有比较一致的结论。本大纲对于奴隶社会和封建社会的分期，采用了郭沫若同志的见解，断限在春秋战国之交。不同学派或持有不同见解的教师，可以另行编制大纲。"⑤

---

① 吕振羽：《中国历史讲稿》（记录稿），内部资料，1961年印；吕振羽：《中国历史讲稿》，人民出版社1984年版。

② 郭沫若：《中国古代社会研究》，上海群益出版社1947年版，第356页。

③ 郭沫若：《前言》，载郭沫若主编《中国史稿》第1册，人民出版社1962年版，第2页。

④ 《中国史稿》编写组：《前言》，载郭沫若主编《中国史稿》第1册，人民出版社1976年版，第7—8页。

⑤ 中华人民共和国高等教育部审订：《中国史教学大纲》，高等教育出版社1956年版，第3—4页。

随后有的高校在编写中国历史教材或制订教学大纲涉及历史分期问题时，就明确采用郭沫若的"战国封建论"。华东师范大学当时所编的中国历史教材便"依照1956年所订的教学大纲，采用郭老学说，把中国封建社会暂定为从战国时开始"，并且一些函授教材亦"照此编写"。① 河北北京师范学院历史系的《中国古代及中世纪史教学大纲》也强调"关于中国社会历史的分期问题，奴隶社会的下限，我们采取郭沫若同志的意见，即定为春秋战国之交，绝对年代为公元前475年"②。作为高校历史系教材，《中国史稿》第1册于1976年修订重版后，在20世纪70年代末直至90年代末，对有关高校的中国通史或中国古代史教材编写影响较大，颇具"示范"意义。这一时期的中国通史与中国古代史教材，大多采用郭沫若的古史分期观点。③ 甚至有的中学教师进修教材及历史通俗读物，亦采用此种观点。④

在古史分期问题上，除"西周封建论""战国封建论"之外，值得注意的是，有学者提出"魏晋封建论"。1955年1月，尚钺主编的《中国历史纲要》由人民出版社出版，该书原系中国人民大学中国通史课程的讲义，记述了从原始社会到鸦片战争以前的中国历史。与郭沫若、范文澜等人的古史分期观点不同的是，尚钺认为中国封建社会开始于魏晋之际。该书出版之时，古史分期问题在当时学术界颇受关注，因此存在的争议也较大。尚钺以一种比较谨慎的态度处理此问题。《中国历史纲要》一书前三章（记述了从原始社会到南北朝时期的中国历史）的具体章节都未使用"奴隶社会"和"封建社会"的称谓，到记述隋唐及其以下的中国历史时，才开始使用"封建"或"封建社会"的称谓。"文化大革

---

① 姚舜钦、张若玫、简修炜编：《中国古代及中世纪史讲义》第1册，华东师范大学出版社1958年版，"编者的话"。

② 《中国古代及中世纪史教学大纲》，载河北北京师范学院历史系编《河北北京师范学院历史系各科教学大纲初稿》，高等教育出版社1959年版，第88页。

③ 南京大学历史系中国古代史组编：《中国古代史》第1册《先秦》，1979年印；刘泽华等编著：《中国古代史》上册，人民出版社1979年版；朱绍侯主编：《中国古代史》上册，福建人民出版社1982年版；苏智良主编：《中国简史》，苏州大学出版社1998年版。

④ 余怀邦编著：《中国通史纪要歌》，重庆出版社1985年版；张仁忠：《中国古代史通俗讲话》上册，农村读物出版社1986年版。

命"结束后，人民出版社提议将此书重印。借此机会，尚钺组织人力对该书进行了修订。稍感不足的是，从具体章节名称来看，该书并没有显示出清晰的历史分期。尚钺只是将"魏晋封建论"的观点，融入《中国历史纲要》一书的具体论述之中。尚钺因授课之需，曾独立编写了"中国通史讲义"。他逝世后，该讲义经后人整理，以《尚氏中国古代通史》为名，由高等教育出版社于1991年5月出版。该书共分五大部分，即"原始时代""早期奴隶制度的形成与发展——西周到春秋战国""中国奴隶制的崩解与封建制度的形成——秦两汉到南北朝""封建制度的发展——隋唐五代""封建主义最高阶段与资本主义的萌芽——宋、元、明、清"，由此清晰地划分了中国古代历史的各个发展阶段，并体现了尚钺在古史分期问题上的基本观点。

从总体上看，用原始社会、奴隶社会及封建社会等概括中国古史不同社会形态，在当时是宏观阐述中国历史发展进程的全新模式，以既有理论结合于中国古史的实际状况"建构"对中国历史的整体解释体系，是马克思主义史学古史研究的独到之处。对中国"古史"的编纂，吕振羽、吴泽都打算撰写系统的中国社会通史，后来又出版了中国通史撰述；而范文澜、翦伯赞则主要在其"通史"框架内阐述中国古史。郭沫若、范文澜、翦伯赞等人，秉持学术研究的立场，以科学的态度，从不同角度探究中国历史的发展阶段，对中国古史问题有不同的解释，而不是局限于一说。虽然对殷代社会性质、封建社会上限等问题，中国马克思主义史家之间持不同观点，但他们对中国历史的分期有共同旨趣。

其一，与同期其他史家的历史撰述相比，他们承认中国古代存在原始社会和奴隶社会。社会史论战期间，"动力派"和"新生命派"阵营的人，对郭沫若、吕振羽的学术观点多有批判，他们认为奴隶社会只是古希腊罗马的特例，在中国是"空白"的。这一争论实质上关乎马克思主义社会形态理论能否解释中国历史发展进程这一大问题。关于社会史论战，固然有过激烈交锋，但落实在中国历史（或社会史）书写层面，系统完善的著作尚不多见，时人已注意到"社会史论战虽然展开得很久了，而美丽的果实，终于不曾结熟"①。这也可解释为何吕振羽等人致力于编纂中国社会发展史或中国通史。延安和重庆的马克思主义史家，即使身处不同的政治场合，他们的历史撰述也反映了共同学术指向。郭沫若认为范文澜《中国通史简编》和翦伯赞《中国史纲》"在两个场合下，作者都能从中国历史材料中引出确定的历史趋势，使材料本身系统化，说明中国社会从原始共产主义通过奴隶制度，再通过封建制的经济形式达到它的现在的状态"②。

其二，研究历史（特别是古史）是为了认清现实、预测未来。郭沫若曾呼吁"对于未来社会的待望逼迫着我们不能不生出清算过往社会的要求"③。1927年大革命失败后，关于中国革命性质问题及"中国向何处去"，在中国国内甚至共产国际都引起激烈论争。社会史大论战的爆发很大程度上即源于此。抗日战争以后，鉴于国内外时局，民族国家前途问题成为学理层面上不得不思考的内容，史学家"不能不从更深远处来研究中国的历史和实际，由这里来追寻解决中国问题的线索"④。20世纪三四十年代，国共双方都试图掌握对中国历史解释体系的"发言权"。因为谁掌握了发言权，谁就可能影响人们对于"现实"乃至"未来"的理解。虽然中国马克思主义史家各自学术经历、古史观点有所不同，但他们都需面对共同时代主题，当时革命形势需要马克思主义史学家重构中国古史的基本内容和脉络。1941年5月19日，毛泽东在延安干部会议上强调"不要割断历史"，"不但要懂得中国的今天，还要懂得中国的昨天和前天"⑤。中国古史好比中国的"前天"，阐释古史有助于理解中国的"今天"，并为中共革命道路发展提供借鉴，进而在这一宏观历史脉络中准确理解民族和国家的发展前途。因此《中国通史简编》的出版，被毛泽东认为是"我们党在延安又做了一件大事"，这表明"中国共产党对于自己

---

① 张军光：《中国社会发展史纲》，上海中华书局1935年版，"自序"第1页。
② 郭沫若：《战时中国历史研究》，《中国学术》第1卷第1期，1946年8月。
③ 郭沫若：《中国古代社会研究》，上海群益出版社1947年版，"自序"第1页。
④ 胡绳：《近五年间中国历史研究的成绩》，《新文化》第2卷第5期，1946年9月。
⑤ 毛泽东：《改造我们的学习》，载《毛泽东选集》第3卷，人民出版社1991年版，第801页。

国家几千年的历史有了发言权,也拿出了科学的著作"①。范文澜也意识到"中国共产党担负着创造新中国的伟大任务……中国历史的研究,正是我们党当仁不让的工作之一"②。范著"说的虽都是过去,但也可以说,都说的是现在"③。有观点评价翦著"不但填补了历史的空白,也同时启示了光明的前程"④。建构中国"古史",于马克思主义史家而言,既是一个关键的学术课题,也是一个重要的政治话题。以唯物史观探究中国历史发展规律,也是新民主主义革命的政治和社会的需要,中国马克思主义史家自觉承担了这一使命。

总之,历史事件本来是连续发展、前后相接的,由此而言,任何历史分期,更多的是为了研究或写作的便利,但凡分期,都未免会割断历史本来的联系。不同史家"惟以权宜之法,就其事变之著大而有影响于社会者,各以己意约举而分之,以便读者。虽曰武断,亦不得已"⑤。至于采用何种分期标准,成为史家对中国历史进行分期之前不可不考虑的问题。有观点提出:"社会的发展虽是联绵不断,但仍有显明的阶段可寻,虽是犬牙相错,但仍能作出一条界线,关于这一点,没有什么问题的。成为问题的,是用什么作划分社会发展时期的标准。"⑥ 在种种历史著作之中,"各人的观点不同,根据其观点来划分的时期也就不一样",概言之,"仍不免'仁者见仁,智者见智',尚不能成为定论"。⑦ 历史分期也可反映史家的历史观。但是,如上所述,即使是持相同史观的人,对中国历史的分期有时也有很大不同。20 世纪 40 年代末,吴玉章《中国历史教程绪论》便指出:"研究历史的方法,必须以马克思的唯物史观来

---

① 佟冬:《我的历史》,载北京图书馆《文献》丛刊编辑部、吉林省图书馆学会会刊编辑部编《中国当代社会科学家》第 4 辑,书目文献出版社 1983 年版,第 84 页。

② 范文澜:《中国通史简编之一:原始公社到中央集权的封建制度底成立》,《中国文化》第 2 卷第 3 期,1940 年 11 月。

③ 白寿彝:《评〈中国通史简编〉》,《文讯月刊》第 7 卷第 3 期,1947 年 9 月。

④ 蒋锺:《读翦著〈中国史纲〉第一卷后》,《历史社会季刊》创刊号,1947 年 3 月。

⑤ 梁启超:《中国史叙论》,载《饮冰室合集·文集之六》,上海中华书局 1936 年版,第 11 页。

⑥ 季子:《中国古代社会史的研究——兼评中外作者对此问题的意见》,《中山文化教育馆季刊》创刊号,1934 年 8 月。

⑦ 杨东莼:《开明新编高级本国史》上册,上海开明书店 1947 年版,第 15 页。

研究。"① 然而，当他谈及中国历史分期问题时，并未采用"五种社会形态"的叙述模式，而是仍将中国几千年的历史事迹分为上古史（从太古到周朝末年）、中古史（自秦统一天下到五代末年）、近古史（自宋平定天下到鸦片战争止）和近代史（自鸦片战争以来）。

第二节 "古代"的含义与"古代史"的不同界说

言及"古"，人们常会联想到"今"。"古为今之对称"②，"古"与"今"的时间范围是相对的，尤其是涉及"古"与"今"之间的时间界限时。一般而言，20世纪以来的学术界言及"古代"时，大多是指与"近代"相对的一个时间概念，因此"古代"的下限，也即"近代"的上限。不过，在不同中国历史撰述之中，"古代"一词的内涵及"古代史"所指的时间范围又有不同。

1894年，市村瓒次郎在《中国史要》一书中，将中国历史分为"古代史""上世史""中世史""近世史"和"今代史"五段，其中"古代史"的时间范围是从远古到秦统一六国。此处"古代史"所指的时间范围，基本上等同于后来出现的中国历史撰述中"上古史"的时间范围。即使以朝代更迭的模式记述中国历史的著作，有的也将这一时间范围作为"古代史"来记述。1905年，江西《安福汇报》第2卷第7期登载了"蒙学中国历史教科书目录"及部分章节内容，其中前三篇为"中国之古代""秦汉三国时代""晋及南北朝"，而"中国之古代"又分"唐虞三代""春秋战国"加以记述。后来即便像胡适撰写"中国哲学史"这类著作时，也将其划分为几个不同时代，即古代哲学（自老子至韩非）、中世哲学（自汉至北宋）、近世哲学（北宋以后）。③ 换言之，胡适所言的"古代"，基本上是指汉代以前的中国历史。1946年，徐进（徐喜辰）出

---

① 吴玉章：《中国历史教程绪论》，华北大学1949年版，"几点声明"第2页。
② 章嶔：《中华通史》上册，上海商务印书馆1933年版，第149页。
③ 胡适：《中国哲学史大纲》卷上，上海商务印书馆1928年版，第6—10页。

版《中国通史》，该书共分四编，即古代史、中古史、近古史、近代史，其中"古代史"从中国历史的"序幕"一直记述到秦统一六国。① 20世纪40年代中后期，顾颉刚在《当代中国史学》一书中对此前一百多年间的史料观念变化、史学研究成绩等加以系统评述，他在论述"断代史研究的成绩"时，将秦统一以前的中国历史直接称为"古代史"，他指出，"中国历史的断代，普通都分为：古代史、秦汉史、魏晋南北朝史……"② 他在该书中又设专章论述"古代史"研究的成绩，在具体行文中，有时也将"古代史"与"古史"互用。当时胡绳也撰文梳理了1941—1945年的历史研究成果，他指出可分成"先秦的古代史""封建专制主义时代的中古史"和"近百年的现代史"三部分来总结"这五年间历史研究的丰美的果实"。在古代史方面，他历数了郭沫若、吕振羽、翦伯赞、范文澜等人的古史撰述。③ 胡绳此处所指的"古代史"，也指一般意义上的"先秦史"。当然，对于"上古史"的时间范围界定不同，与此相对应的"古代史"的范围也就不同。例如，罗香林在20世纪30年代中后期出版了《高级中学本国史》，他在书中指出自太古至战国末年为"上古时期"，然而在具体行文中，他又将这一时期分为"史前史"（唐虞以前）和"上古史"（夏、商、周时期）两大段加以叙述。后来该书更名为《中国通史》在中国台湾再版，关于"史前史"的时间范围并未改变，但在目录中，将夏、商、周三代的"上古史"更名为"古代史"。④ 因此，更名后的"古代史"，实际上就等于"三代史"（包括东周时期）。

刘师培所著《中国历史教科书》由国学保存会于1905—1906年出版，该书记述了自上古至西周的中国历史，其中对"古代"时间范围的界定，值得注意。书中有"古代之地理""古代之政治"等称谓，刘师培

---

① 徐进：《中国通史》第1编《中国古代史》，国民图书公司1946年版。
② 顾颉刚：《当代中国史学》，胜利出版公司1947年版，第88—89页。
③ 胡绳：《近五年间中国历史研究的成绩》，《新文化》第2卷第5期，1946年9月。
④ 罗香林：《高级中学本国史》上册，南京正中书局1938年版；罗香林：《中国通史》上册，台北正中书局1977年版。

特意指出,"凡所谓'古代'者,由上古起,至殷代止"①。刘师培之所以用"古代"一词表达西周以前的中国历史,是因为他认为周代之制,多与古代不同。与市村瓒次郎的"古代史"及当时较为流行的"上古史"的时间范围相比,刘师培缩短了"古代史"的时间范围。

实际上落实在具体的历史撰述之中,"古代"是一个比较模糊的概念,不同史家自有各自言说。20世纪30年代中期,李则纲考察了二三十年代的历史教本中划分时代的问题,然后指出:"所谓'古代'二字,实暗示人们一个邃深悠远的意味,令人见之,颇有荒渺难稽之感……我们认为史家所以要把全部历史,分截数段,就是想把历史行程里的特征,在每个阶段里指示出来。如果像我们现行为历史教本,所分的阶段,大半是'上古'、'中古'、'近古'等,一个'古',两个'古',三个还是'古',这些'古'的里面,能告诉我们一些什么呢?而且'古'的范围,亦至无定。"② 正是由于"古代"指示出一个游移不定的范围,李则纲甚至怀疑,在历史教本当中要不要使用这种涵义模糊的概念。在历史撰述之中,对于关键性词汇涵义的界定,能否确定一个一致的标准,也成为时人讨论的话题。

从20世纪40年代开始,以"五种社会形态说"撰写中国通史的著作逐渐出现。该类著作中,有的以"古代社会"("古代史")特指"奴隶社会"这一历史发展阶段。翦伯赞于1944年出版的《中国史纲》第1卷,其中第3编以"古代社会"为名,指的是殷代奴隶社会。20世纪80年代末,张传玺将该书加以校订后,改名为《先秦史》,由北京大学出版社出版,其中第3编标题改为"奴隶社会"。饶有趣味的是,2008年河北教育出版社出版的《翦伯赞全集》,其中《中国史纲》第1卷《史前史、殷周史》第3编标题又改为"古代社会(奴隶社会)",虽然该书中"古代社会"所表述的时间范围并未变更,但由"全集"中所收的《中国史纲》来看,直接在章节名称中就反映出翦伯赞的"古代社会=奴隶社会"

---

① 刘师培:《中国历史教科书》,载《刘申叔先生遗书》第69册,宁武南氏校印,1936年,第12页。

② 李则纲:《历史教本划分时代之检讨》,《教与学》第1卷第4期,1935年10月。

这一基本观点。

侯外庐与翦伯赞的行文表述类似，也使用"古代社会"这一称谓代指奴隶制社会。所不同的是，二人关于奴隶制社会下限的认识。虽然当时侯外庐并未撰写中国通史，但他出版了《中国古代社会史》一书，对上自殷商、下迄周秦的中国社会进行了深入剖析。在侯外庐看来，所谓"古代社会"包含"古典的古代"和"亚细亚的古代"。因为侯外庐"断定'古代'是有不同路径的，在文献上言，即所谓'古典的古代'、'亚细亚的古代'，都指奴隶社会"①。

20世纪50年代，张政烺在北大讲授先秦史。由1952年讲义来看②，他将"先秦史"分三部分进行讲授，即原始共产社会、古代社会、封建社会（西周春秋——初期封建社会的形成；战国——初期封建社会的发展及其转向）。此处的"古代社会"，即指"奴隶社会"。因为张政烺在此采用"西周封建论"，并且他将夏代归入"原始共产社会"之中，所以"古代社会"又特指有商一朝。1959年的讲义③，他仍分三部分进行讲授，即原始社会、奴隶社会、封建社会。显然，在词汇使用方面，此时已将"古代社会"更改为"奴隶社会"，并且从时间范围来看，这里的"奴隶社会"指的是夏王朝、商王朝及西周春秋时期。关于封建社会的起点，张政烺从"西周封建论"改为"战国封建论"，并且指出"中国封建社会"的时间范围是公元前475年到公元1840年。张政烺1952年、1959年的先秦史讲义，后经整理，收入《张政烺文集·古史讲义》之中。该书"出版说明"提到，"五十年代时北大历史系的中国通史课程，系教研室共同讨论授课提纲，体现了当时主流史学观点。因此，讲义中的一些学术观点和表述，带有一定的时代烙印"④。这两份讲义中表述细节的

---

① 侯外庐：《中国古代社会史》，上海新知书店1948年版，"自序"第2页。
② 张政烺：《先秦史讲义》（1952年讲授），载《张政烺文集·古史讲义》，中华书局2012年版。
③ 张政烺：《先秦史讲义》（1959年讲授），载《张政烺文集·古史讲义》，中华书局2012年版。
④ 中华书局编辑部：《〈张政烺文集〉出版说明》，载《张政烺文集·古史讲义》，中华书局2012年版，第3页。

变化，从"古代社会"更名为"奴隶社会"，从"西周封建论"（范文澜等人持此观点）改为"战国封建论"（郭沫若是此观点的代表人物），也多少反映了20世纪50年代史学界对古史分期问题的讨论及时人的不同看法。

周谷城曾于20世纪30年代末出版了《中国通史》，至50年代中期，他又将此书加以修订、再版。1955年12月，《中国通史》上册由上海新知识出版社出版，该书第1篇为"古代中国：从人与自然的斗争到阶级的尖锐对立"，时间范围是"由商以前到西汉末"，这一时期是"并立诸族演成统一帝国之过程"。① 此书第2—4篇依次为"中世前期""中世后期""近代中国"，所采用的称谓，受上述"三段分期法"的影响，但时间范围与"三段分期法"有明显的不同。1957年8月，《中国通史》上册再次修订后，改由上海人民出版社出版，此版第1篇的名称直接改成了"古代史"。周谷城之所以提出此观点，主要基于两方面的考虑：第一，他以"历史即斗争过程"的视角分析"古代史"的发展历程，认为"古代史"就是"整个中国古代史的发展过程，就是奴隶同奴隶主的阶级斗争过程"②。而关于"古代史"的下限究竟应该定在何时，周谷城也是从封建剥削的角度加以论证。因此他所指的"古代史"下限，也即封建制社会的上限。此观点后来逐渐演变成通常所谓的"东汉封建说"。与翦伯赞、侯外庐所使用的称谓类似，周谷城所指的"古代"主要也指奴隶制社会这一历史发展阶段，但在具体时间的起讫范围上，涉及对封建制社会上限等问题的认识，因此三人所指的奴隶制社会的时间范围均不相同。第二，他将"古代中国"置于"古代世界"的整体背景之下加以考察，认为古代中国与世界上其他文明古国的发展进程相似。周谷城后来回忆自己的这项研究，认为从"全局"与"部分"的关系加以审视，他之前所得的观点也是正确的。他说："我把秦汉当作奴隶社会的高潮，是工商业奴隶主的时代，把我所理解的世界古代史一对比，我的讲法似较近真。我认为全局决定部分，我国的古代不会与世界

---

① 周谷城：《中国通史》上册，新知识出版社1955年版，第21页。
② 周谷城：《中国通史》上册，上海人民出版社1957年版，第29页。

的古代相差很远。"①

与周谷城的处理方法相似，何兹全也将"古代史"下限与封建社会的起点联系在一起。只不过何兹全认为封建社会始于汉魏之际，因此他将"古代史"的下限定于东汉末年。1952年院系调整后，北京师范大学和辅仁大学合并，两校历史系也合并成一个系。在具体的教研组设置方面，中国史由远古到鸦片战争前一段，分设两个教研组，远古到唐中叶为第一教研组，由何兹全任主任。1956年12月，由杨钊编写的《中国古代及中世纪史讲义·远古至战国》作为"内部交流"讲义开始印发。次年5月，何兹全编写的《中国古代及中世纪史讲义·秦汉至唐中叶》由北京师范大学出版社出版。讲义中将远古至东汉末年之间的历史统称为"古代的中国"，将三国至唐中叶之间的历史称为"中世纪初期的中国"。之所以如此称法是"因为当时对中国古代史下限划到何时，中世纪何时开始，分期问题还没解决，于是就混称之为'中国古代及中世纪'"，但"汉魏之际封建说"已蕴含其中。②

既然中国历史分期问题在当时没有解决，因此中国古代史和中世纪史的起讫时间也就无法明确。关于此点，在彼时的历史学专门研究机构命名时亦有体现，可兹参照。1953年，有关方面开始考虑在中国科学院设置研究中国古代历史的专门机构。9月28日，时任中国科学院副院长竺可桢在日记中记载1954年中国科学院预算经费，其中提及古代史、中古史两个"新机构"③。10月3日，中国科学院召开第31次院务常务会议，会议讨论在近代史研究所（已于1950年5月成立）之外，"筹建研究古代史的第一历史研究所和研究中古史的第二历史研究所"④。关于此次会议，竺可桢亦有记载："筹备中古上古历史所……以南北朝前为第一

---

① 吕涛、周骏羽编：《周谷城传略》，山西人民出版社1988年版，第41页。
② 何兹全：《中国古代及中世纪史讲义·自序》，载《何兹全文集》第4卷，中华书局2006年版，第1693—1694页。
③ 《竺可桢全集》第13卷《日记》，1953年9月28日，上海科技教育出版社2007年版，第252页。
④ 薛攀皋、季楚卿编：《中国科学院史事汇要》（1953年），中国科学院院史文物资料征集委员会办公室，1996年印，第138页。

第一章 分期与断限:20世纪中国历史撰述中的"古史"表述　　51

所,隋唐以后为第二所。第一所郭老主持,二所陈寅恪。"① 12月3日,中国科学院召开院务常务会议,其中一项会议日程是讨论"历史所人选"问题,"上古史所长郭院长兼,尹达为副。中古史陈寅恪为所长,向达和侯外庐为副。刘大年为近代史副所长"②。彼时一些京外学者对中国科学院增设古代历史研究机构亦表示关注。时在上海的顾颉刚很快得知此消息,并在10月7日日记记载:"北京中国科学院将添设古代史研究所与中古史研究所。中古史聘陈寅恪先生主之,古代史将招予。"③ 时在长沙的杨树达自是年10月以来即牵挂此事,"心疑其容有变化",后经确认,"得此事乃确定无疑矣","科学院成立上古史研究所,郭自兼所长,当请余入所从事研究,不日即成事实云"。④ 这说明在当时的会议讨论和学人认知观念中,"古代史"(或"上古史")、"中古史"这些称谓仍有存在。1954年,中国科学院新组建的历史研究所第一所、第二所正式成立,原先的近代史研究所则改名为历史研究所第三所。第一所"主要研究对象为中国原始社会、奴隶社会和魏晋南北朝以前封建社会的历史",第二所"主要研究隋唐以后到1840年以前中国封建社会历史"。⑤ 然而,从机构名称来看,第一所、第二所并未冠以"古代史""中古史"的称谓。会议讨论可以有不同观点或词汇表述,但机构命名是相当谨慎的。中国科学院历史研究所不以"古代史""中古史"等命名,而是用"第一所""第二所"代之,或许有一定深意,这也从一个侧面反映出中国历史分期问题的复杂性。

北京师范大学使用的"中国古代及中世纪史讲义",在遵循历史三段分期法的前提下,具体内容基本是以朝代更迭展开阐述,即第1编"古代的中国(上)"(第1章"远古的史迹和传说"、第2章"传说中的

---

① 《竺可桢全集》第13卷《日记》,1953年10月3日,上海科技教育出版社2007年版,第256页。
② 《竺可桢全集》第13卷《日记》,1953年12月3日,上海科技教育出版社2007年版,第332页。
③ 《顾颉刚全集·顾颉刚日记》卷七,1953年10月7日,中华书局2010年版,第453页。
④ 杨树达:《积微翁回忆录》,上海古籍出版社1986年版,第377页。
⑤ 《中国社会科学院历史研究所(1954—1994)》,1994年印,第1页。

夏"、第3章"商"、第4章"西周和春秋时期"),以及第2编"古代的中国(下)"(第1章"战国时期"、第2章"秦和西汉盛世"等)。然而,另有一些学校的授课讲义名称虽看似仍使用历史三段分期法,但具体章节名称使用的是"原始社会"等社会形态名称。1958年11月,华东师范大学函授教材《中国古代及中世纪史讲义》第1册出版。该书共三编内容,即第1编"原始社会"(第1章"从原始群到氏族公社的发生"、第2章"氏族公社制度的发展和解体")、第2编"中国奴隶社会"(第1章"中国奴隶制国家的产生"、第2章"奴隶制的商王朝"、第3章"西周"、第4章"春秋时期各国的形势"、第5章"西周春秋的文化")、第3编"中国封建社会"(第1章"春秋后期和战国时代封建制度的发生"、第2章"战国时期"、第3章"战国的思想和文化"、第4章"秦代中央集权封建帝国的兴亡")。① 彼时河北北京师范学院历史系也制订了《中国古代及中世纪史教学大纲》。此处的"中国古代及中世纪史"指远古至1840年这段中国历史。该大纲"基本上打乱了王朝体系,依据社会性质的改变……划分编、章",如此做法,主要是"易于体现社会发展规律和明确推动历史前进的真正动力"。授课内容也包括"中国原始社会""中国奴隶社会"和"中国封建社会"三编,但具体分为第1章"中国原始社会"、第2章"奴隶制的发生,国家政权的形成"、第3章"奴隶制的发展"、第4章"奴隶制的衰落"、第5章"中国封建制度的逐渐形成和专制主义中央集权的确立"等。②

20世纪90年代初,何兹全又出版了《中国古代社会》一书。他不同意郭沫若、范文澜等人的古史分期观点,认为"春秋战国之际是中国以部落为基础的早期国家进入古代社会的时期"。他在此处所指的"古代社会","就是一般常说的奴隶社会"。这是借用了马克思的提法。他提到,马克思在《政治经济学批判》序言当中"所说的古代的生产方式就是我们今天常说的奴隶制生产方式,但他就用了个'古代的'而没有用'奴

---

① 姚舜钦、张若玫、简修炜编:《中国古代及中世纪史讲义》第1册,华东师范大学出版社1958年版。

② 《中国古代及中世纪史教学大纲》,载河北北京师范学院历史系编《河北北京师范学院历史系各科教学大纲初稿》,高等教育出版社1959年版,第87—91页。

隶的'。我认为马克思用的好"。①

按照以往的观点,在多种中国近现代史论著中,大多将1840年鸦片战争作为中国近代史的"开端"②,因此鸦片战争以前的中国历史,均被视为"古代史"。此种观点,可看作是广义的"中国古代史"。

20世纪50年代中期,在中国史学会的主持下,翦伯赞、邵循正、胡华编写了《中国历史概要》,该书于1956年2月由人民出版社出版。此书分为"古代的中国""近代的中国""现代的中国"三部分,其中"古代的中国"包括原始社会、奴隶社会、封建社会,时间范围从远古一直到鸦片战争前。将鸦片战争作为"中国古代史"下限的时间点,涉及对中国近代社会性质的认识,"近代中国"与"古代中国"的最根本的不同之处在于两者的社会性质不同。而将鸦片战争作为"中国古代史"下限的观点,在20世纪下半叶的中国通史(中国古代史)著作中较为流行。

综上,阐释中国历史撰述中的"古史"表述问题时,首先面对的就是历史分期问题。"由于时间是历史的素材,历史首先是连续的",但它也被许多变化所左右,因此长久以来不同学者"试图标记以及定义这些变化,并且在连续性中将它们分割成诸多的切面"。③ 历史分期是一个极其复杂而又见仁见智的课题。有的是以进化史观为指导,有的是以唯物史观等其他历史观为指导,所得分期结果自然有所不同,因此对"古史"也会有不同的称谓表述,由此反映出不同学者对古史的各自认识。但相异之中,也有共性,这也表明时人对古史基本特点的整体认知。使用"古史"一词,不应以今日通行的"古代史"概念统称,而应返回到具体的历史情形和文本语境中。例如,学术界常言的郭沫若"古史研究",主要是指郭沫若对殷周历史的研究,而不是对先秦历史或广义的中国古代

---

① 何兹全:《中国古代社会》,河南人民出版社1991年版,第117页。
② 近年学术界关于中国近代史"开端"问题也有一些新的讨论,参见沈渭滨《论辛亥革命与东南地区社会结构的变迁——兼论中国近代史的开端》,《复旦学报》2002年第2期;王明前《中国近代史开端1861年说——近代史分期框架下的太平天国起义》,《福建论坛》2006年第11期;柳岳武《略论中国近代史之开端》,《中州学刊》2017年第7期。
③ [法]雅克·勒高夫:《我们必须给历史分期吗?》,杨嘉彦译,华东师范大学出版社2018年版,"前言"第2页。

史的研究。又如,"古史分期"又有广狭二义,有时指对整个中国古代史的分期,有时又指奴隶社会与封建社会间的分期。因此应结合具体的语境,对"古史"一词加以使用。

第三节　中国"信史"开端之争

所谓"信史",即可以相信或可以征信的历史。时间(或年代)是构成历史的重要因素。梁启超认为"纪年"是历史的符号,"于记录考证所最不可缺之具也"①。王桐龄曾指出,历史有三要素,即种族、区域、年代。弄清"年代"问题,对于叙述中国历史颇为重要。② 关于中国"古史"的年代问题,尤其是"古史"的起点问题,"是一个久经讨论而不能解决的问题,就纵的方面说,各时代有各时代的不同,就横的方面说,各派别有各派别的差异"③。从记载的历史的角度而言,中国古史记载年代最早者,为司马迁《史记》。《史记·十二诸侯年表》纪年始于共和元年,即公元前841年。从"共和元年"开始,中国历史有了明确的、延续不断的纪年。然而,对于客观历史本身,可信的中国历史究竟始于何时,20世纪的中国历史撰述中涉及这一问题时,又有多种不同的观点。

一　始于黄帝

《史记·五帝本纪》记载了远古传说中黄帝、颛顼、帝喾、尧、舜的事迹。后人参考此说,认为中国"信史"始于黄帝。1901年,梁启超发表《中国史叙论》,即以黄帝作为中国无史、有史时代的界限。

1903年,曾鲲化以优异的成绩考取了留日官费生资格,东渡日本深造。不久他以笔名"横阳翼天氏",编辑出版了《中国历史》。该书目录之前冠以"中国历史内容重点",其中论及"组织之要素"时提到"人类创造社会之时代,虽经西洋地质学家、考古学家,专心研究,然尚未

---

① 梁启超:《中国史叙论》,载《饮冰室合集·文集之六》,上海中华书局1936年版,第7页。
② 王桐龄:《中国史》第1编,北京文化学社1927年版,第141页。
③ 周荫棠:《中国古史的构成》,《遗族校刊》第3卷第2期,1936年4月。

得确实证据。今遵司马迁特例,记始于创酋长政治之黄帝,其神农、伏羲、燧人、有巢等以前之事实,就口碑传说,录其大概"①。曾鲲化认为从文明进化的角度而言,黄帝为中国历史"开幕之第一伟人"②。

沈颐在1913年编辑出版了《中国历史讲义》,此书后经许国英订补,于20世纪20年代初由上海商务印书馆再次出版发行。该书述及中国历史之"时代"时指出,中国历史自太古至于清朝灭亡"其间有史可征者,凡历时五千余年,而黄帝以前不与焉。盖草昧之世,年代久长,事迹幽渺,欲求信史,势所不能。自有文字,而史事乃稍稍可征也",作者在书中"更就黄帝以来历朝传统之绪,为帝统传授图",即"黄帝—少昊—颛顼—帝喾—帝挚—唐—虞—夏—商—周—东周……"③ 其他同类著作,也有将文字的产生作为"信史"开始出现的标志。④

1926年,萧一山编写的《中国通史讲演大纲》在清华校内印发。萧一山以黄帝时期为界,将殷商以前的历史分为神话时代、传疑时代两个阶段,与他对中国"信史"开端的认识有关。关于中国"信史"的开端,"异说纷纭,莫衷一是","近年以来,大禹非人之说,又复飚然而起,虽疑案莫定,而罅漏可诋",萧一山秉持"多闻阙疑",称"夏禹"以前的中国历史为"传疑时代","然必谓夏禹以前为绝不可信,吾不敢知也"⑤。因此萧一山将中国"信史"的开端定于"炎黄之际",更确切地说是定于黄帝时期。孟世杰、章嵚等人的著作也持类似观点。⑥

由范文澜编写的《中国通史简编》上册,1941年在延安出版以后,各个解放区多有翻印。该书将黄帝至夏禹的社会时代,作为"原始公社时代"加以叙述,并指出"中国比较有系统的历史,可以承认从黄帝开始","中国历史,应该从黄帝开始。关于黄帝以前的传说,有的出自后

---

① 横阳翼天氏(曾鲲化):《中国历史》上卷,东京东新译社1903年版,"中国历史内容重点"第2页。
② 横阳翼天氏(曾鲲化):《中国历史》上卷,东京东新译社1903年版,第40—41页。
③ 沈颐编辑,许国英订补:《中国历史讲义》,上海商务印书馆1922年版,第9页。
④ 李岳瑞编,印水心修订:《评注国史读本》第1册,上海世界书局1926年版。
⑤ 萧一山:《中国通史讲演大纲》,铅印本,1926年,第20页。
⑥ 孟世杰:《中国史》,天津百城书局1931年版;章嵚:《中华通史》上册,上海商务印书馆1933年版;鲍文希:《本国史》第1编《上古史》,上海万叶书店1935年版。

世推想，有的出自异族传说的残余，比较似乎史料的，从黄帝一系起"①。

1947年9月，杨东莼《开明新编高级本国史》出版。书中将传说时代至秦统一六国划作"上古史时期"，"在这时期中，不仅所谓三皇五帝的年代已不可考，即夏、商的年代，典籍所载，也不一致。关于上古史年代的考证，在今天已成为专家的研究对象，不是我们所能顾及的"，即便如此，杨东莼依然指出"本国史具有最悠久的时间，却是事实；所以即使黄帝的年代的正确性尚有疑问，也不妨以黄帝元年（西元前二六九七）为本国史纪年之始"。②虽然杨东莼认识到黄帝的年代还无法确定，但是从"历史事实"的角度考虑，暂且可以将黄帝元年作为中国历史纪年的起点。

二 始于唐虞

认为中国"信史"开始于黄帝时期的学者，从另外一个角度而言，他们也认同中国传统古史体系中的"五帝系统"。不过，另有学者认为"五帝系统"也不可信，因此他们将中国"信史"的开端下移，定于唐虞时期。

20世纪20年代，缪凤林先后在沈阳东北大学、南京中央大学讲授国史，在授课期间又编写了国史教本。1932年9月，他的《中国通史纲要》第1册由南京钟山书局出版。他意识到"中国古代历年，虽难确计，而其久远，至少在数万年以上"③，但"数万年"的时间概念，仍然只是估计出来的数字，因此他论及"遗存与古史"之关系时，又认为"遗存年岁，虽略与有史时代衔接，然与太古传说，则多枘凿，盖唐虞以前无信史故也"④。到20世纪40年代，缪凤林出版《中国通史要略》时，又明确指出"孔子订书，始于唐虞，今略师其意，次唐虞以降为信史，而其

---

① 范文澜：《中国通史简编》，上海新知书店1947年版，第8、15页。另，关于"比较似乎史料的"一语，范文澜后改为"比较可以述说的"，见中国历史研究会编《中国通史简编》上册，华北新华书店1948年版，第22页。

② 杨东莼：《开明新编高级本国史》上册，上海开明书店1947年版，第15页。

③ 缪凤林：《中国通史纲要》第1册，南京钟山书局1932年版，第30页。

④ 缪凤林：《中国通史纲要》第1册，南京钟山书局1932年版，第138—139页。

前则概曰传疑"①。另外，李云坡在30年代初出版的中等学校教科书《本国史》，基本上也主张中国"信史"始于唐虞。他说："中国古史，自尧舜以前，严格来讲，只可谓之有传说而无信史，故只得归之于史前时期。"②

1933年秋，钱穆开始在北京大学担任"中国通史"讲习，并编写授课讲义。卢沟桥事变之后，北大开始南迁。钱穆后来又至昆明西南联合大学讲授国史，并撰成《国史大纲》。钱穆认为"上古史为全部历史之起点，应须求一明了之知解"，结合当时的考古发现以及对神话传说的审订，他主张"现在讲比较可靠的古史，姑从虞、夏起"，因为"《尚书》始于尧、舜，《论语》道古亦仅及尧、舜，《史记》乃上溯黄帝。此从孔子与六经，实已不失为谨严之态度矣"③。可见钱穆既认为古史传说系统中的"三皇五帝"并不可靠，又根据《尚书》《论语》等古书，主张虞、夏时代的事迹可以纳入"可靠的古史"之中。

三 始于夏禹

李泰棻认为五帝时期"绝非信史"，因此他在《中国史纲》一书的章节名称中，将此一时期的内容命名为"所谓五帝"加以记述。李泰棻指出"荒古之事，真相难明。三皇五帝，厥名为谁？三五之说，究何以起？由今观之，同属揣测"④。他后来将《中国史纲》之中"所谓五帝"这一章加以修订，又单独发表，文末再次提到为何以"所谓五帝"作为文章名称。他说："吾辈作史……在事实上应尊《史记》。故以下各节，将分述黄帝至舜之史迹。然仅可作战国以来学者之古史观（春秋资料至少），绝非信史，故云'所谓五帝'。"⑤ 李泰棻指出黄帝至舜之史迹"绝非信史"，他的《中国史纲》一书记述到"大禹"时，明确提到"国史上尧舜以前，事多荒渺。尧舜时，渐有可稽，然亦未可尽信。中国之有信史，

---

① 缪凤林：《中国通史要略》第1册，上海商务印书馆1946年版，第12页。
② 李云坡：《本国史》上册，北平文化学社1931年版，第9页。
③ 钱穆：《国史大纲》上册，上海国立编译馆1947年版，第1、6页。
④ 李泰棻：《中国史纲》第1卷，武学书馆1922年版，第89页。
⑤ 李泰棻：《所谓五帝》，《朔风》第12期，1939年10月。

盖自禹始。且自禹时,洪水平,蛮苗服,为上古一大结局"①。后来张震南《国史通略》也表达了相似看法。虽然张震南提到"中国,亚洲之古国也。自黄帝作书契以来,已历四千余年,由黄帝而上,则洪荒邈冥,莫定年代,而但有后人传闻之粗迹",但同时他也指出三皇之传说,"其中事实,常杂神怪……若竟作历史观,诚为失据",因此他认为"三代之世,史事甚明","史迹之粲然可信者,必自夏禹始"。②

大禹是否真实存在,以及是否可以作为中国"信史"的开端,成为当时关注"古史"问题的不同学者争论的话题之一。一方面,1923年,顾颉刚提出"层累地造成的中国古史"说,并引发古史论战。重新审视古史传说系统和传世文献的可信度,是"古史辨派"关注的重要内容。顾颉刚等人对传统古史系统中大禹的真实存在产生怀疑,甚至认为大禹是中国古史系统中"胡乱伪造"出来的。另一方面,王国维相信禹的真实性,他的《古史新证》首先就讨论禹的问题。他认为禹是中国古史上古帝之一,并引春秋时期的铜器加以证明,指出"春秋之世,东西二大国无不信禹为古之帝王,且先汤而有天下也"③。

四 始于商朝

也有学者将中国"信史"的开端继续下移,从"写的历史"的角度,认为中国"信史"始于商朝。持此一观点的学者,主要依据的是出土文字材料及相关的考证成果。

郭沫若《中国古代社会研究》便指出,"要论中国的历史先要弄明白中国的真正的历史时代究竟是从那儿开幕。这点如不弄明了,简直等于是海中捞月一样了",对于中国历史时代起点的解释,"《尚书》是开始于唐、虞,《史记》是开始于黄帝,但这些都是靠不住的",根据最新考古学的知识,"可以断言的是:商代才是中国历史的真正的起头"④!

白进彩1933年出版的《高中中国史》也明确指出"商代为我国历史

---

① 李泰棻:《中国史纲》第1卷,武学书馆1922年版,第107页。
② 张震南:《国史通略》,上海中华书局1930年版,第1、10页。
③ 王国维:《古史新证》,清华大学出版社1994年版,第6页。
④ 郭沫若:《中国古代社会研究》,上海群益出版社1947年版,第9—10页。

之开始期"。他说:"我国历史,究始于何时,向无定说。清光绪初年,河南安阳县地中发现龟甲兽骨,所刻之卜词甚多,经诸学者之研究,证明此为商代文字。因殷人尚鬼,每事必卜,龟甲兽骨之卜词,皆系殷室王朝占卜之遗物也。卜词虽简,但亦足证明中国在殷代时已有极完备之文字,极工整之书法,并有极精美之刻划矣。而在卜词内,尤足考见当时之人物典礼制度,此为代表商代文化之实物,亦系古史研究上之一大发现也。荒远无考之古史,赖是而知商代已有真正之历史记载,则商代为我国历史之开始期,信非诬矣。"[1]

张荫麟《中国史纲》也值得注意。他的"这部中国史的着眼点在社会组织的变迁,思想和文物的创辟,以及伟大人物的性格和活动。这些项目,要到有文字记录传后的时代,才可得确考",因此他不想叙述"天地剖判"或"混沌初开"的传说、星云凝结和地球形成的学说,也不想追溯介乎猿猴与人之间的"北京人"的生活情形、石器文化在中国境内的分布状况,"严格的说,照现在所知,我国最初有文字记录的时代乃是商朝,亦称殷商,略当于公元前十八世纪中叶至十二世纪中叶",所以该书"即以商朝为出发点"。张荫麟同时指出,"商朝所替换的朝代是夏。关于夏朝,我们所知远更模糊",例如夏朝有没有文字,有没有铜器,其农业发展到什么程度,其政治组织与商朝的异同如何?根据现有的材料,这些问题"都无法回答";如果再从夏朝往上追溯,"则见历史的线索迷失于荒唐的神话和理想化的传说中,不可析辨了"[2]。陈恭禄、金兆梓等人也有类似看法。[3]

20世纪40年代末,陈怀白编著《中国通史讲话》,该书由山东省政府教育厅审定,作为"中学课本及青年自修读物"。书中谈及"中国文化的开始"时,提到"中国的历史可以说是从商代开始,因为在这时我们才有正式的历史的记载。有着悠久历史的中国文化,也是商代开始的"。[4]

---

[1] 白进彩:《高中中国史》上册,北平文化学社1933年版,第23页。
[2] 张荫麟:《中国史纲》,重庆青年书店1941年版,第1—2、13、15页。
[3] 陈恭禄:《中国史》第1册,长沙商务印书馆1940年版;金兆梓:《中国史纲》,上海中华书局1945年版;周予同:《本国史》第1册,上海开明书店1947年版。
[4] 陈怀白:《中国通史讲话》,山东新华书店1948年版,第16页。

吴玉章也有同样的认识。他提到"中国在有确实的文字史料以前——也就是在有信史以前,还有一个很长的神话式传说时期",但是他也认为这些神话式传说时期并不可靠,"从商代起才算中国有真正的历史,商代以前底古书记载只能看作神话传说式的记载"。①

时人之所以有上述认识,并不是意味着殷代以前没有信史,而是根据已有资料,将中国可信历史的开端暂时定于殷代。20世纪30年代,就有观点指出,从"世系"的角度考虑,"在中国古史上,始有世系并且确而有证的,莫如殷商一代",根据石器、陶器、甲骨、钟鼎等资料,从文字学、地质学、考古学、经济学、政治学、社会学等各方面看,"殷代已是中国的信史了,它以前不是没有历史,不是没有史料,可是我们都还弄不清楚,到它才有具体的记载,才有直接的史料,才有'写的历史'之可能"。②

五　始于春秋

由顾颉刚等人发起的"疑古"运动,对中国古史的怀疑,"所疑"内容甚多,包括对古书本身,对上古帝王,甚至对整个古史系统的怀疑。种种"所疑",很快引起学术界的不同声音,但是"古史辨"运动的兴起,对知识界更直接、更具刺激性的影响在于,中国的"信史"由此缩短。以此为参照,历史叙述中以春秋时期作为中国"信史"的开端。

顾颉刚疑古观点的提出,受前人(刘知幾、郑樵、崔述、康有为等)疑古辨伪思想的影响,也受时人胡适的影响较大。1917年,胡适回国任北京大学教授。他讲授中国哲学史时,便抛开孔子、老子之前一半政史、一半神话的记载,以及《汉书·艺文志》中诸子出于王官论的论述,直接从老子、孔子所在春秋时代讲起。在此之前,陈汉章讲授中国哲学史,从伏羲画卦讲起,讲了一年才讲到商末。胡适认为,"以现在中国考古学的程度看来,我们对于东周以前的中国古史,只可存一个怀疑的态度"③。

---

① 吴玉章:《中国历史教程绪论》,华北大学1949年版,第65页。
② 周荫棠:《中国信史之蠡测》,《遗族校刊》第4卷第3期,1937年5月。
③ 胡适:《中国哲学史大纲》卷上,上海商务印书馆1928年版,第23页。

第一章　分期与断限：20世纪中国历史撰述中的"古史"表述　　61

胡适这种"截断众流"之讲法，使顾颉刚受到极大震动。在经学丧失权威性之后，中国古史已不再是神圣教条，作为年轻学子的顾颉刚，不满足于之前的授课方式，而需要一种科学的史学方法，将历史贯穿起来。他感觉到，讲历史不能只对过去的材料信以为真，而应有自己辨析的过程。外加五四新文化运动的时代熏陶，顾颉刚逐渐表明了自己的疑古观点。

1920年12月15日，顾颉刚致信胡适，表达他自己想根据伪书所造成的历史事实而列一个表，他谈到这个表"很重要"，"中国号称有四千年（有的说五千年）的历史，大家从《纲鉴》上得来的知识，一闭目就有一个完备的三皇五帝的统系，三皇五帝又各有各的事实，这里边真不知藏垢纳污到怎样！若能仔细的同他考一考，教他们焕然消释这个观念，从四千年的历史跌到两千年的历史，这真是一大改造呢！"① 1921年1月28日，胡适致信顾颉刚，谈及他对中国古史的看法，主张"现在先把古史缩短二三千年，从《诗》三百篇做起"，等将来有更多、可信的古史材料时，再将中国古史向上追溯。② 同年6月9日，顾颉刚又致信王伯祥，述及整理中国历史的看法，他认为"照我们现在的观察，东周以上只好说无史。现在所谓很灿烂的古史，所谓很有荣誉的四千年的历史，自三皇以至夏商，整整齐齐的统系和年岁，精密的考来，都是伪书的结晶"，这样可以使"中国历史界起一大革命"。③ 后来顾颉刚在胡适的介绍下，应上海商务印书馆之约，与王伯祥合作编写初中教材《本国史》。该书上册于1923年9月初版，书中虽然没有明确言及中国"信史"开始于何时，但是对上古历史的叙述，已将"三皇五帝"的系统推翻，甚至认为尧舜时代的事迹亦不可靠。从上述顾颉刚相关信函内容以及编纂历史教科书的实践活动来看，以东周时代作为不可信的与可信的中国上古历史

---

①　顾颉刚：《告拟作〈伪书考〉跋文书》，载顾颉刚编著《古史辨》第1册，上海古籍出版社1982年版，第13—14页。

②　胡适：《自述古史观书》，载顾颉刚编著《古史辨》第1册，上海古籍出版社1982年版，第22页。

③　顾颉刚：《自述整理中国历史意见书》，载顾颉刚编著《古史辨》第1册，上海古籍出版社1982年版，第35—36页。

的分界点，这样可信的中国古史就再次"缩短"，只剩2500多年。与此同时，对撰写中国历史而言，如果用顾颉刚的话来表述，这确实是"一大改造"，也是"一大革命"。

顾颉刚后来在《古史辨》第1册《自序》又谈及这次编写中国历史教科书的感受。他说："中国的历史，普通都知道有五千年……但把伪史和依据了伪书而成立的伪史除去，实在只有二千余年，只算得打了一个'对折'。想到这里，不由得不激起了我的推翻伪史的壮志"，"编纂教科书也要使得它成为一家著述。我想了许多法子，要把这部教科书做成一部活的历史，使得读书的人确能认识全部历史的整个的活动，得到真实的历史观念和研究兴味。上古史方面怎样办呢？三皇五帝的系统，当然是推翻的了"。①"三皇五帝"的古史系统被推翻、尧舜禹时代的真实性被质疑，对中国古史编纂者提出了一个严峻的问题，即"可信"的中国古史应从何时写起。

王桐龄的观点与当时胡适、顾颉刚等人的"古史观"，有相似之处。他从准确的历史纪年考虑，认为中国"信史"应该始于春秋时期。20世纪20年代初，王桐龄出版了《新著东洋史》，该书"序论"第4章"中国史概略"中指出"中国确史，始于春秋"②。后来王桐龄撰写《中国史》，认为中国上古时期的传说时代"尚无文字，所遗史事，皆得之先民口碑"，唐虞三代"虽有文字，但书籍存者太少，年代不确实，事迹不联络"，而春秋战国时期"书籍甚多，有正确之史书以传述事迹"③。王桐龄甚至认为，"春秋以前之年代，史书言言人殊，苦无精确证据"，比如商之传国，见于《竹书纪年》《左传》《汉书》《通鉴前编》等，就有多种不同观点，因此他推论"有商一代之年代，史书所载，犹互相出入如此，其他唐虞夏概可知矣。故欲论中国史上年代之确数，自当以春秋以后为断"。④

---

① 顾颉刚：《自序》，载顾颉刚编著《古史辨》第1册，上海古籍出版社1982年版，第42—43、51页。
② 王桐龄：《新著东洋史》上册，上海商务印书馆1923年版，第27页。
③ 王桐龄：《中国史》第1编，北京文化学社1927年版，第154—155页。
④ 王桐龄：《中国史》第1编，北京文化学社1927年版，第141页。

更有甚者，邓之诚编写《中国通史讲义》时，则直接记述秦统一六国以后的中国历史，该书出版时更名为《中华二千年史》，"其所以造端于秦者，以秦以前六经即史，至说经偏于考据，聚讼纷纭，莫衷一是。若论远古，则杨朱所谓三皇之事，若存若亡，五帝之事，若明若暗；经传所传，宋人尚有故意翻案者，求证于金石甲骨，所得既渺，毋宁付之阙如"①。20世纪30年代中期，有学者在评论"疑古的动向"时，依然指出"从四千年的历史，跌到二千年，要从三皇跌到东周，已经是大胆的改造了，最近疑古的思潮，日渐扩大，杂志中所见的单言双句，古史已渐渐地有从春秋起的趋向"②。

以上所述关于中国"信史"开端问题的几种不同认识③，以及相关争论，可在一定程度上反映不同史家的"古史观"。如果从"信"与"疑"的视角出发，不管是"拉长"还是"缩短"中国的"古史"，可能他们所编纂出来的"古史"，与客观本身的中国上古历史相比，仍有一定距离。一方面"未免太过，把中国历史拉长了一点"，另一方面"未免不及，把中国历史缩短了一点"，然而"过与不及，太长和太短，都不能代表真正的事实"。④ 甚至有学者，对中国"信史"开端问题，持两种看法。⑤ 究竟哪种看法更为确切，他自己都难以判断。

时人之所以对中国"信史"的起点有不同看法，一个直接原因是对"古史"材料的认识及态度不同。例如关于文字的起源，是采用传说中黄帝史官仓颉造字的观点，还是根据殷墟甲骨文字所反映的历史事实，当采用不同"古史"材料作为出发点时，分析中国"信史"起点的问题所得出的结论也就不同。即使根据殷墟甲骨文字确定了商朝的"信史"地

---

① 邓之诚：《中华二千年史》卷一，上海商务印书馆1935年版，"叙录"第4页。
② 周荫棠：《中国疑古的动向》，《遗族校刊》第3卷第3期，1936年7月。
③ 在清末民国初年的中国历史教科书中，有的也以有巢氏、燧人氏等作为中国可信历史的起点，参见刘超《历史书写与认同建构：清末民国时期中国历史教科书研究》，社会科学文献出版社2016年版，第261—263页。
④ 周荫棠：《中国伪史的检举》，《遗族校刊》第4卷第1期，1936年10月。
⑤ 黎东方认为，"倘就有年代可稽的时候来计算"，那中国信史"可以断自唐虞，或断自大禹"，因此"中国足资征信的历史"，可以说开始于唐尧或大禹，见氏著《中国历史通论·远古篇》，重庆商务印书馆1944年版，第3页。

位，而由商朝上溯至夏朝时，如何判定夏朝的历史，很多学人又生发新的疑问。翦伯赞曾提到，根据不同的材料，可以将中国"古史"上溯至不同的起点。①

当然，除了史料本身之外，采用何种方法分析这一问题也至关重要，因为"欲断定中国信史的开始，是要根据科学的方法，古籍的审定，和实物的发现三个条件，这是谁也不能否认的"②。吕思勉《先秦史》探讨"古史材料"时也提到，所谓"科学"者，"与前此之学问"的不同之处在于"方法较密而已"，"方法愈密，则其使用材料愈善而已"③。"古籍"和"实物"都可纳入"古史"材料的范围，但具体考辨和解释这些材料时，"科学的方法"亦必不可少。关于中国"信史"开端于何时，当时学者各执一词、并无定论，但基本上还是将"信史"的开端定于"三皇五帝"传说系统至有文字可考的殷商区间段内。

20 世纪后半叶的中国历史撰述中，史家对于中国上古历史起点的认识，主要从两个方面入手：一方面，根据考古发现的远古遗存，考察中国开始有人类活动的历史；另一方面，根据地下发掘的材料以及相关的典籍记载，考辨确有年代可考的朝代历史。关于前者，随着考古工作的进展，学者们对于早期人类活动历史的认识不断"上溯"。关于后者，有年代可考的朝代定于商朝。而对夏朝的认识，"考古工作者为了探索夏的真相，正在进行工作"，对于历史编纂者而言，"迄今为止，我们所知道的，还只是传说中的夏"。④ 1983 年 5 月，中国考古学会第 4 次年会在郑州召开，其中一项会议议题为"夏文化的探索和商文化的研究"。夏鼐认为"'探索'这一词，表示这个问题在考古学上仍是一个探索性的问题"⑤。1994 年，白寿彝总主编的《中国通史》第 3 卷《上古时代》出版，该书在"综述"部分，分别叙述了"传说中的夏代"和"夏文化的

---

① 翦伯赞：《中国史纲》第 1 卷，五十年代出版社 1944 年版，"序"第 3—4 页。
② 周荫棠：《中国信史之蠡测》，《遗族校刊》第 4 卷第 3 期，1937 年 5 月。
③ 吕思勉：《先秦史》，上海开明书店 1947 年版，第 4 页。
④ 白寿彝主编：《中国通史纲要》，上海人民出版社 1980 年版，第 14 页。
⑤ 夏鼐：《在中国考古学会第四次年会开幕式上的讲话》，载《夏鼐文集》第 1 册，社会科学文献出版社 2017 年版，第 437 页。

探索",而对于具体的朝代事迹,则从"商殷时期"开始记述。事实上,有关夏朝一代的很多问题,长时间内仍为国内外学术界所争论,相关讨论甚至一直持续至今,[①] 不同领域的学者都希望能够早日揭开夏朝"神秘的面纱"。

[①] 参见 Li Min, *Social Memory and State Formation in Early China*, Cambridge: Cambridge University Press, 2018;孙庆伟《鼏宅禹迹:夏代信史的考古学重建》,生活·读书·新知三联书店2018年版;朱凤瀚《夏文化考古学探索六十年的启示》,《历史研究》2019年第1期。

第 二 章

20 世纪"古史"撰述对神话、传说的"处置"方式

作为中国传统学术资源的古籍所记载的神话、传说,面对西方社会思潮与观念的冲击,在中国近代史学的范畴内,需要寻找新的学术定位。如何对丰富的、流传已久的神话、传说加以重新诠释,并应用于古史书写之中,是摆在中国近代史家(尤其是古史学者)面前的一项重要课题。相较于对中国神话、传说内容本身的研究,探讨在中国史学近代转型的过程中,中国历史撰述是如何"处置"神话、传说材料的,又是如何建构起中国古史的新型叙述模式的,仍有一定意义。

第一节 中国"古史"撰述中的"传疑时期"

中国古代文化体系之中,并没有"神话"一词,该词是一外来词。但中国古代社会之中是有"神话"概念的,且这些概念反映了中华民族历史的古老悠久等特定含义,与今天所表述的意义大致相同。[①] 留日学生蒋观云 1903 年在《新民丛报》第 36 号发表的《神话、历史养成之人物》一文,被看作是"神话"这一术语的最早引进。[②] 也有观点指出,孙福保翻译的《非尼西亚国史(日本经济杂志本)》(载 1897 年《实学报》)是

[①] 高有鹏:《中国近代神话传说研究与民族文化问题》,《中国人民大学学报》2012 年第 1 期。

[②] 马昌仪选编:《中国神话学百年文论选》上册,陕西师范大学出版社 2013 年版,第 1 页。

更早使用"神话"的汉语文献,但孙福保的译文,主要是将"神话"一词用于介绍外来文化,并未将此术语应用于中国历史文化的内容。①

将"神话"一词具体运用于本土文化,始于章太炎和梁启超的著述。章太炎《清儒》《哀清史》《订文》等文均使用了"神话"一词。梁启超《新史学》用"神话"介绍了古希腊文明的多样性②,并在《雅典小史》当中提到"太古之事,不可深考,据其神话,希腊人最尊鬼神历史,名荷马以前为神话时代"③。稍后梁启超论及中国历史上的国语问题时指出"未有文字以前,神话皆托诸口碑,故十口相传为古也"④。章太炎和梁启超都将中国上古历史与神话联系起来,强调中国古史的神话性质,二人共同塑造了"古史"与"神话"的关联。在具体的中国历史撰述中,夏曾佑则进一步强化了"古史"与神话、传说之间的区别和联系,并特别指出神话、传说与"信史"之间的对立。

夏曾佑《最新中学中国历史教科书》将整个"太古三代"视为"传疑时代",并且在这一大时段之内,他又将"炎黄之际"作为分界点。书中第1篇"上古史"开篇就谈到"讨论历史,几无事不与宗教相涉,古史尤甚",上古神话"纯乎宗教家言,不可援以考实"。⑤ 该书依次记录了包牺氏、女娲氏、神农氏的事迹,然后在"神话之原因"一节中指出:

> 综观伏羲、女娲、神农,三世之纪载,则有一理可明。大凡人类初生,由野番以成部落,养生之事,次第而备,而其造文字,必在生事略备之后。其初,族之古事,但凭口舌之传,其后乃绘以为画,再后则画变为字。字者,画之精者也。故一群之中,既有文字,其第一种书,必为纪载其族之古事,必言天地如何开辟,古人如何

---

① 谭佳:《神话与古史:中国现代学术的建构与认同》,社会科学文献出版社2016年版,第49—50页。
② 梁启超:《新史学》,载《饮冰室合集·文集之九》,上海中华书局1936年版,第16页。
③ 梁启超:《雅典小史》,载《饮冰室合集·专集之十六》,上海中华书局1936年版,第2页。
④ 梁启超:《国文语原解》,载《饮冰室合集·文集之二十》,上海中华书局1936年版,第41—42页。
⑤ 夏曾佑:《中国古代史》,上海商务印书馆1935年版,第2、7页。

创制，往往年代杳邈，神人杂糅，不可以理求也。然既为其族至古之书，则其族之性情、风俗、法律、政治，莫不出乎其间。而此等书，常为其俗之所尊信。胥文明野蛮之种族，莫不然也。中国自黄帝以上，包牺、女娲、神农诸帝，其人之形貌、事业、年寿，皆在半人半神之间，皆神话也。故言中国信史者，必自炎黄之际始。①

夏曾佑指出中国神话的"宗教性"，并且划分出"传疑时代"的时间范围以及"信史"的起点，从这一角度而言，他可以看作是20世纪初怀疑中国传统古史体系的先驱者。他将历史与神话、传说的界限加以区分，冲破了中国历史撰述开篇称"盘古开天""三皇五帝"的神话传说叙述模式，建立起了中国上古历史的新型叙述方式。

夏曾佑这部历史教科书的出版，在当时可谓令人耳目一新。他以进化论和因果关系为指导，对中国历史的发展演进历程作了别开生面的阐述。这不仅是他的个人才能和学识的体现，更重要的是，反映了中西文化交流、西方进化论传入中国的时代背景。夏著虽然完成于20世纪初，但是他的思想观点的酝酿和形成是在1897年前后。当时他在天津同严复一起创办《国闻报》，由于二人交往频繁，他有充分的时间接触严复所讲解的《天演论》等观点。夏曾佑得知达尔文进化理论，整个世界，从生物界到社会组织，都是一步步从低级到高级发展前进的，这套知识体系是中国传统学术界闻所未闻的。他的思想因此受到很大的冲击和震动，感觉自己的眼前打开了一片新天地。20世纪初，夏曾佑以新理念解释中国历史，编写成近代史上第一部用进化观念作指导的中国通史撰述。他编写中国历史教科书，不仅是个人兴趣所在，更受时代环境、文化背景乃至整个社会进程的影响。夏著后于20世纪30年代改为大学用书，可见此书具有长久的学术生命力和影响力。钱穆后来评价此书"第一篇第一章太古三代。关于此方面之见解，自革命以来，经过极剧烈之变化，而夏书写此一段以神话为主眼，故使三十年后读者，乃不觉其陈腐，若尚有一读之价值，亦缘近人疑古，本从清代今文经学之流派，而夏氏亦信

---

① 夏曾佑：《中国古代史》，上海商务印书馆1935年版，第11页。

今文经说故也"①。钱穆认为他从此书中"得益亦甚大"②，对他编写《国史大纲》有所助益。经过辛亥革命，特别是五四运动的洗礼，虽然学术界对中国古史的认识大为改变，但钱穆仍然认为夏著关于中国古史的阐释有学术价值。顾颉刚在1958年对夏著也给予很高评价，他说"外国的神话既经传入中国，读古书的人只要稍微转移一点角度，就必然会在比较资料里得到启发，再从古代记载里搜索出若干在二三千年前普遍流行的神话"，夏曾佑是"第一个做这工作的人"，夏书中的观点"从现在看来固然很平常，但在当时的思想界上则无异于霹雳一声的革命爆发，使人们陡然认识了我国的古代史是具有宗教性的，其中有不少神话的成分，而中国的神话和别国的神话也有其共同性，所以春秋以前的传统历史只能当作'传疑时代'看，不能因为它载在儒家的经典里而无条件地接受"。③ 以"疑古"著称的顾颉刚，对夏曾佑所做的先驱工作给予了充分的肯定。

夏曾佑将中国"古史"分出"传疑时期"的做法，也影响了此后同类的中国历史撰述。萧一山在清华的中国通史讲义，便将"自黄帝以迄于有夏"称为"传疑时代"，并将"自天地开辟以迄于有史以前"称为"神话时代"。当界定"神话时代"的概念时，萧一山还专门引用了夏曾佑书中的观点。④ 虽然关于"传疑时代"的时间范围，萧一山与夏曾佑持不同的看法，但他们二人都将黄帝时期作为分界点，其中暗含了他们关于中国"信史"开端的认识。针对当时顾颉刚提出的"疑古"学说，萧一山表明了自己关于中国"信史"起于何时的看法。⑤

---

① 公沙（钱穆）：《评夏曾佑〈中国古代史〉》，《图书副刊》第20期，《大公报》（天津）1934年3月31日第11版。

② 钱穆：《八十忆双亲　师友杂忆》，生活·读书·新知三联书店2008年版，第87页。

③ 顾颉刚：《〈中国古代神话研究〉序》，《博览群书》1993年第11期。按，《中国古代神话研究》一书作者为程憬，顾颉刚的序文作于1958年5月，后经顾潮整理予以发表。

④ 萧一山：《中国通史讲演大纲》，铅印本，1926年，第19—20页。萧一山指出："元气濛鸿，萌芽兹始，相传盘古氏之后，天皇氏兄弟十三人，各一万八千岁，地皇氏兄弟十一人，各一万八千岁，人皇氏兄弟九人，合四万五千八百年，即'九头纪'也。……夏氏曾佑曰'中国自黄帝以上，包牺、女娲、神农诸帝，其人之形貌、事业、年寿，皆在半人半神之间，皆神话也。'是之谓'神话时代'。"

⑤ 萧一山：《中国通史讲演大纲》，铅印本，1926年，第20页。

与萧一山做法类似的是,王桐龄将中国"古史"区分出"传说时代"。他认为唐虞以前可以称为"传说时代",而且春秋以前的确切历史年代也只能"以疑传疑"。他指出,"神权政治时代,多在有史以前,其时代之传说,史家名为神话。神话者,国民思想之反映。神话自身之为物虽非历史,而其中实含有历史性质,故欲研究一国有史以前之事迹,则其国之神话尚焉。……黄帝以前之史迹,只能作为神话观,未可执以为真也"。他还借鉴顾颉刚"层累地造成的中国古史"说,强调"愈后出之史学家,愈能考据前代之事迹,此亦我辈怀疑未释者也",并且解释了"三皇五帝,概为架空理想的人物,未必实有其人。顾后世史学家凿凿言之"的具体原因。①

此外,印水心修订的《评注国史读本》强调黄帝之前的中国古史"仅凭故老之传说而已",因此可将其称之为"传疑时期","此时期之人民……往往多神怪之迹,今人以为无可理解者,而古史则艳称之,故又称为神话时期"。②章嵚的《中华通史》也将黄帝以前视为"传疑时期",并且分为"黄帝纪元以前传疑论之一(盘古及三皇)"和"黄帝纪元以前传疑论之二(十纪之称号及禅通纪以上之异闻)"两部分内容加以具体阐述。③甚至到20世纪40年代中期,杨东莼出版的《高中本国史》仍持与印水心、章嵚相同的观点。④缪凤林在20世纪三四十年代出版的《中国通史纲要》和《中国通史要略》,也认为唐虞以前多是"太古传说",枘凿甚多,因此称为"传疑时代"。

上引夏曾佑等人的历史撰述,论及中国古史的神话、传说时,基本上都指出中国古史存在"传疑时期"。神话、传说在近代史家看来,与"信史"是有相当大的距离的,甚至是没有信史的价值。所不同的是,上述史家对于"传疑时代"时间范围的认识并不一致,这也可以反映他们对于中国传统古史体系的"怀疑"程度,因为他们各自都有关于古史的"疑"与"信"的标准。即便如此,他们在解释造成神话、传说的原因

---

① 王桐龄:《中国史》第1编,北京文化学社1927年版,第167、190、193页。
② 李岳瑞编,印水心修订:《评注国史读本》第1册,上海世界书局1926年版,第1页。
③ 章嵚:《中华通史》上册,上海商务印书馆1933年版,第149—156页。
④ 杨东莼:《高中本国史》上册,上海北新书局1946年版,第12—13页。

时，判断的标准也都立足于建立"信史"，由此而产生了关于中国"信史"开端的不同观点，在此基础上把中国历史划分成几个不同发展时段，或者将中国历史分为"史前时期"和"历史时期"，进而编写中国通史或历史教科书。

夏曾佑等人论述中国神话、传说故事时，还将其他国家神话故事加以比较，这在一定程度上反映了时人的神话比较观念。古史的"传疑时期"，"不惟我国有之，世界各国历史，殆无不经过此一阶段"[①]。夏曾佑谈到"女娲"时指出"黄土抟人，与巴比伦之神话合"[②]。盘古开天辟地、女娲抟土造人等神话故事，"其荒诞不经，与犹太《创世记》中所言上帝创造亚当、夏娃及物类之事，如出一辙"，由此可见"古人思考之力，对于天地人物之成因，俱作如是解也"[③]。有关上古帝王的神话，王桐龄以为这些"与希腊、印度、日本等国古代神话颇近似矣"[④]。关于天地开辟之观念，萧一山提到"此种推测，东西洋人，大略相同"[⑤]。关于上古洪水的记载，顾颉刚认为"洪水的故事，不但在中国史上是绝大的浩劫；在西洋史上，也有挪亚方舟避水的记载。大概先民突然受到这样深刻的苦痛，都以为天降之灾"[⑥]，王桐龄也强调"洪水传说，东西文野民族，如出一辙"[⑦]。将东西方神话、传说故事加以比较，一个重要原因在于，这种"处置"方法可以论证东西方国家在上古阶段经历过相似的发展阶段，由此阐明上古人类历史发展阶段的"公例"。正如周予同所言，"人群进化的初期，没有文字记载的历史，只有口耳相传的神话与传说。这是世界万国的公例，中国自然也不能除外"[⑧]。

中国近代史家将中国神话、传说故事与其他国家的相互比附，不仅

[①] 李岳瑞编，印水心修订：《评注国史读本》第1册，上海世界书局1926年版，第1页。
[②] 夏曾佑：《中国古代史》，上海商务印书馆1935年版，第9页。
[③] 李岳瑞编，印水心修订：《评注国史读本》第1册，上海世界书局1926年版，第2页。
[④] 王桐龄：《中国史》第1编，北京文化学社1927年版，第194页。
[⑤] 萧一山：《中国通史讲演大纲》，铅印本，1926年，第27页。
[⑥] 顾颉刚、王锺麒：《现代初中教科书·本国史》上册，上海商务印书馆1925年版，第26页。
[⑦] 王桐龄：《中国史》第1编，北京文化学社1927年版，第208页。
[⑧] 周予同：《开明本国史教本》上册，上海开明书店1932年版，第19页。

仅是想寻找世界各国的"公例",他们还想通过考察这些神话、传说材料,探究其可信的成分,由此进一步认识和阐明"传疑时期"的中国古史。王桐龄就认为中西方关于上古洪水的记载"如出一辙",从另一个角度而言,这也"可见太古实有其事,非尽属乌有子虚矣",因为"吾人所推测,前世界之末期,地球表面曾起一大变化,大陆多震裂,沉为洋海,一时有生物同归于殄灭。最终之人类,乃奔避于世界最高处,是为帕米尔高原。迟之几千万年,地球表面之水,渐收敛为大洋,新大陆逐渐浮出,遂成为现世界"①。王桐龄此种推测是否妥当暂且不论,但是他的这种分析方式至少反映出他试图透过神话、传说的故事寻找中国上古社会真实的"史影"。

第二节 "演进的事实":神话、传说所反映的社会进化次序

19世纪末,西方社会科学开始在中国传播。在各种社会科学观念当中,进化学说在中国比较流行。严复翻译了《天演论》,又促进了进化学说在知识界的传布。进化学说很大程度上改变了人们的历史观念。因为进化史观强调历史的不同发展阶段不是循环的,也不是退步的,而是一步一步向前发展的,由此对中国上古三代的"黄金世界"观念造成了巨大冲击。梁启超在20世纪初指出,"达尔文者,实举十九世纪以后之思想,彻底而一新之者也。是故凡人类智识所能见之现象,无一不可以进化之大理贯通之"②。何炳松在20世纪20年代初提到,"溯自达尔文(Darwin)人类进化之说兴,历史之观念大变……自十九世纪以来,社会科学,日新月异,而要以进化二字为宗"③。后来顾颉刚在阐述20世纪前半叶中国史学变化时亦强调,"到了新史观输入以后,人们才知道历史是

---

① 王桐龄:《中国史》第1编,北京文化学社1927年,第208页。
② 梁启超:《论学术之势力左右世界》,载《饮冰室合集·文集之六》,上海中华书局1936年版,第114页。
③ 何炳松:《发刊辞》,《史地丛刊》第1期,1920年6月。

进化的，后世的文明远过于古代，这整个改变了国人对于历史的观念"①。顾颉刚所说的"新史观"指的是进化史观。可见历史蕴含进化之事迹逐渐成为中国近代史家的共识。

国人以进化史观为指导研究和编写中国历史，是进化史观影响和改变人们历史认知的直接反映。从20世纪初以来，"以进化论的观点撰写历史是最时髦的口号，当时声明自己是以进化观念写史，或是在著作中表现出某种进化观念的史著不少，即使思想保守人士也不例外"②。1900年，章太炎写成《中国通史略例》，探讨撰写中国通史的新型方案。他提出编写中国通史的目的之一在于"扬搉大端，令知古今进化之轨"③。稍后，梁启超《新史学》以"进化"眼光从三个层面对历史学的内容和性质加以界定。他甚至认为"吾中国所以数千年无良史者，以其于进化之现象，见之未明也"④。因此以进化观念审视和编写中国历史便显得尤为重要。梁启超建构的"新史学"理论体系之中，进化观念是其重要的思想资源。梁启超倡导"新史学"主张后不久，夏曾佑《最新中学中国历史教科书》即以进化史观为指导，探讨皇室、少数民族、社会的发展变迁，"总以发明今日社会之原为主"⑤。在中国历史教科书编纂史上，与夏曾佑《最新中学中国历史教科书》出版时间相近、又同样产生重要影响的是刘师培《中国历史教科书》。刘师培撰写的《中国历史教科书》对进化史观也加以运用。他的书"所编各课，其用意则与旧史稍殊。其注意之处，约有数端"，其中包括"社会进化之阶级"，书中"于征引中国典籍外，复参考西籍，兼及宗教、社会之书，庶人群进化之理可以稍

---

① 顾颉刚：《当代中国史学》，胜利出版公司1947年版，第3页。
② 王汎森：《近代中国的线性历史观——以社会进化论为中心的讨论》，《新史学》（台北）第19卷第2期，2008年6月。
③ 章炳麟：《訄书》第五十九《哀清史附中国通史略例》，古典文学出版社1958年版，第160页。
④ 梁启超：《新史学》，载《饮冰室合集·文集之九》，上海中华书局1936年版，第8页。
⑤ 夏曾佑：《中国古代史》，上海商务印书馆1935年版，"凡例"第2页。

明"①。夏曾佑、刘师培的历史教科书,反映了他们"改造国史的精神"②。将进化史观贯彻于新型中国通史的写作之中,是改造国史的重要步骤,也是中国近代史学相较于古代史学所表现的新课题之一。

所谓改造国史,不仅表现在指导思想、体裁体例方面,同时也体现在具体的叙述内容和阐述体系方面。由于进化史观的引入,20世纪初开始出现的中国历史撰述,在审视神话、传说材料时,也表现出新的眼光和处理方法。章太炎《中国通史略例》提到,"所谓史学进化者,非谓其霸清尘翳而已,已既能破,亦将能立。后世经说,古义既失其真,凡百典常莫知所始,徒欲屏绝神话,而无新理以救彻之"③。史学进化的观念不仅在于"破",亦在于"立",对于古史神话,应该以"新理"加以检视。顾颉刚后来认为,"古史传说的怀疑,各种史实的新解释,都是史观革命的表演"④。新史观不仅促使中国近代史家对古史传说产生怀疑,但是又不能仅仅停留于怀疑层面,而是在怀疑之后,又对古史神话、传说重新加以诠释。

曾鲲化《中国历史》谈及"太古开化"时,指出"太古以前,榛榛狉狉……及有巢燧人作,创巢居,教火食,始揭开化之幕。至伏羲崛兴,渐由游牧时代,变为土著时代,于是始上开化之初级"⑤,揭示出太古人类由"游牧时代"到"土著时代"的转变,有巢、燧人、伏羲反映了这两个阶段的时代特征。夏曾佑《最新中学中国历史教科书》将上古社会的进化阶段阐述得更为清晰。他将中国历史划分为三大时代、七小时代,"每时代中于其特别之事加详,而于普通之事从略",其中"古代则详于神话"⑥。在夏曾佑看来,神话传说虽然荒渺不可信,但论及上古时代时,还是要对神话传说加以叙述的,关键在于,以什么样的眼光和标准审视

---

① 刘师培:《中国历史教科书》,载《刘申叔先生遗书》第69册,宁武南氏校印,1936年,"凡例"第1页。
② 齐思和:《近百年来中国史学的发展》,《燕京社会科学》第2卷,1949年10月。
③ 章炳麟:《訄书》第五十九《哀清史附中国通史略例》,古典文学出版社1958年版,第161页。
④ 顾颉刚:《当代中国史学》,胜利出版公司1947年版,第3页。
⑤ 横阳翼天氏(曾鲲化):《中国历史》上卷,东京东新译社1903年版,第46—47页。
⑥ 夏曾佑:《中国古代史》,上海商务印书馆1935年版,"凡例"第1页。

之。他尝试运用社会学原理对之加以分析，由此勾勒先民活动的发展历程。夏曾佑认为，"凡今日文明之国，其初必由渔猎社会，以进入游牧社会"，而后"又由游牧社会，以进入耕稼社会"，不同社会状况的转变都是"社会一大进"，并且"天下万国，其进化之级，莫不由此，而期有长短"①。20世纪40年代末，齐思和评价夏曾佑的著作是"第一部有名的新式通史"②。所谓"新式"，一方面表现在体裁方面，同时也表现在思想和观点方面。在中国近代史学转型之际，夏曾佑以"进化"的眼光审视包牺、神农等上古神话人物，认为有关这些神话人物的记载反映了中国上古社会从"渔猎社会"至"游牧社会"再至"耕稼社会"的进化次序，这确实体现了他的古史撰述的新意。这种处置方法，使得《史记》缺而不载、长期笼罩在神秘色彩下的黄帝以前的中国古史显示出进化发展的不同阶段。以进化史观为指导编纂中国古史，可以更好地考察中国古史的发展历程，以与上古帝王递嬗谱系的古史书写模式有着本质区别。

随着新文化运动的展开，"科学"一词逐渐深入人心。所谓"科学"，不仅包括科学方法，还包括科学观念，后者对中国知识界影响更为深远。在历史学领域，是否运用科学的历史观是衡量史学著作是否具有科学性的重要标准。进化史观在五四时期被绝大多数中国史家所接受，用于历史教学、历史研究以及史书撰写等领域。进化史观对于中国古史撰述的影响也是十分突出的。

1923年9月，吕思勉《白话本国史》出版。该书后被顾颉刚赞誉为"为通史写作开一个新的纪元"③。吕思勉在书中"序例"强调"现在读史，自然和从前眼光不同；总得在社会进化方面着想"④。书中开篇阐述"历史的定义"，用"进化"的概念范畴对"历史"加以界定，这是此书的一大特点。他说："历史是各种学问都有的。但是从前的人，研究学问的方法粗，常把许多现象，混合在一起。后来的人，知道这种法子是不行，就把宇宙间的现象，分析做若干部分，各人研究其一部分，就各部

---

① 夏曾佑：《中国古代史》，上海商务印书馆1935年版，第10—11页。
② 齐思和：《近百年来中国史学的发展》，《燕京社会科学》第2卷，1949年10月。
③ 顾颉刚：《当代中国史学》，胜利出版社1947年版，第85页。
④ 吕思勉：《白话本国史》第1册，上海商务印书馆1923年版，"序例"第2页。

分研究所得,再行想法子合拢起来。这个便唤做'科学'。研究社会进化现象的一部分,就唤做'历史学'。"所以当研究史学问题时,吕思勉主张"把所存的材料,用种种科学的眼光,去研究他,以便说明社会进化的现象"。① "科学的眼光"和"社会进化现象"可以关联在一起,是因为运用"科学的眼光"可以探究"社会进化现象"。具体到中国上古社会,吕思勉认为"三皇五帝的事迹,散见在古书里的很多,关于社会状况的也不少,但是苦于没有一个条理系统,而且不尽可靠",在这种情况下,他以《白虎通》关于三皇的记载和《易·系辞》关于伏羲以后的创作为例,说明"这时代社会进化的状况,却是很明白的",也就是从"渔猎时代"到"游牧时代"再到"耕稼时代"依次演进的情形。② 因此吕思勉直接将书中第3章"三皇五帝"的第1小节标题命名为"三皇五帝时代社会进化的状况",他想通过古史传说记载,参照西方社会学著作,考察三皇五帝时代的社会进化次序。吕思勉在记述了"黄帝和蚩尤的战争"与"尧舜的禅让"之后,又指出"世界究竟是'进化'的,后世总比古人好",他甚至强调"一部历史,都要用这种眼光看"。③

在吕思勉编写、出版《白话本国史》之际④,顾颉刚已开始怀疑中国传统古史体系。诚然,顾颉刚疑古学说的提出有诸多复杂因素,包括他受晚清疑古风气的影响、民俗学知识的启示、五四时期学术"求真"理念的刺激等,用他自己所说的"我所以有这种主张之故,原是由于我的时势,我的个性,我的境遇的凑合而来"⑤,但是进化史观无疑对顾颉刚疑古学说的提出也产生了重要影响。受胡适的影响,顾颉刚用进化观念

---

① 吕思勉:《白话本国史》第1册,上海商务印书馆1923年版,第1、9页。
② 吕思勉:《白话本国史》第1册,上海商务印书馆1923年版,第10—12页。
③ 吕思勉:《白话本国史》第1册,上海商务印书馆1923年版,第23页。另,吕思勉后来还从方法论层面,强化了他对社会学方法以及进化观念的认同。他说:"现在要想研究历史,其第一个条件,就是对于各种科学,先得要有一个常识……治史学第一要留意的,就是社会学了……明白了社会进化的法则,然后对于每一事件,都能知其在进化的长途中所具有的意义",见氏著《历史研究法》,永祥印书馆1948年版,第60—61页。
④ 此书"序例"作于1920年12月16日,至1922年全书初稿完成。
⑤ 顾颉刚:《自序》,载顾颉刚编著《古史辨》第1册,上海古籍出版社1982年版,第4页。

第二章　20世纪"古史"撰述对神话、传说的"处置"方式　　77

审视历史，特别是审视古史传说系统，他认为自己"辨论古史的主要观点，在于传说的经历"①。顾颉刚"层累地造成的中国古史"说提出不久，胡适便评价此见解"重在每一种传说的'经历'与演进。这是用历史演进的见解来观察历史上的传说"，"其实古史上的故事没有一件不曾经过这样的演进，也没有一件不可用这个历史演进的（evolutionary）方法去研究"。②顾颉刚用胡适所说的"故事"的眼光观察古史，也是立足于进化观念的。后来有研究者指出，历史研究中的"故事眼光"成为贯通20世纪二三十年代"疑古"和"释古"的一条道路。③"层累地造成的中国古史"说本身也包含着历史进步的思想，历史间的因果关系亦蕴含其中。除了提出疑古学说外，顾颉刚在他编写的历史教科书之中阐释中国上古社会情形时也运用了进化史观。

顾颉刚、王锺麒编写的《现代初中教科书·本国史》开篇表明历史的定义，即"历史"是"一切事物进化的过程"。该书强调，历史需要研究的"只是人类有社会组织以来的历史，同时在这经历的过程上，找寻一些变化演进的事实"，因此"那些由口碑衍为记载的书本，竟占历史的主要部分了"，并指出："其实生物进化的公例，自达尔文创说以来，神话的传疑当然可以消释了"，虽然"太古时代的景象，只凭相传的口碑，附会的记载，所谓鸿荒之世，一切太古的传说，只好看作神话，决不能取为可靠的史乘。所以竟可说那时是无史时代"，然而"社会的进化确有一定的历程，从狩猎时代进为畜牧时代，又进为耕稼时代，一般人的生活便逐渐安定些……大概古代传说的帝王，都只可说是文化史上几个重要变迁的象征。近人说，伏羲氏代表游牧时代，神农氏代表耕稼时代，黄帝代表政治组织的时代：每一个时代也许有千年之长久。这种见解，最为近理……这些理想人物，也许并无其人，只是当时社会背景里的一

---

①　顾颉刚：《答柳翼谋先生》，载顾颉刚编著《古史辨》第1册，上海古籍出版社1982年版，第223页。
②　胡适：《古史讨论的读后感》，《读书杂志》第18期，1924年2月。
③　王东杰：《"故事"与"古史"：贯通20世纪二三十年代"疑古"和"释古"的一条道路》，《近代史研究》2009年第2期。

种精神"。① 顾颉刚当时已经意识到古史论辩与编写历史教科书之间的"张力"与"冲突"。他说:"我一面编辑《中学用本国史教科书》,一面又在《读书杂志》上大力发挥推翻古史中神话传说的文章,两者不相冲突吗?唉,这个冲突是不可避免的!"为此,他征求编辑部里面史地部主任朱经农的意见。朱经农建议顾颉刚不要被这个问题困扰,"只要写得隐晦些就是了",于是顾颉刚"不提'盘古',对'三皇、五帝'只略叙其事,加上'所谓'二字,表示并不真实"。② 虽然顾颉刚的疑古学说对三皇五帝的古史统系大加怀疑,但是他依然认为"社会的进化确有一定的历程",伏羲、神农、黄帝代表不同社会发展阶段的见解"最为近理"。因此,顾颉刚提醒人们"应当承认那时确有此等由无至有,由简至繁的事实",但是"不能完全相信这班半神体的圣人"。③ 顾颉刚这一经历也恰好说明,古史争鸣与古史书写之间存在一定"距离",甚至存在"不一致"之处。即使中国古史的神话、传说材料存在诸多不可靠的成分,但是依然可以从中找寻"变化演进的事实",从而对神话、传说材料予以新的解释,并落实到古史书写之中。

20世纪三四十年代出版的历史撰述,大多数史家也采取吕思勉、顾颉刚的做法,用"进化"的观念审视上古神话传说内容,探讨神话传说材料的价值。孟世杰《中国史》第1章第1节探讨"人类历史的年限",其中论及"神话史料之价值"。他说:"有史时代的前一半,有二三千年;记载这一段历史的书,都是后人追记古人传说,无非谈神说鬼",但是"吾人可以从中推得那时代人类的生活状况,总比毫无历史,强得许多"。④ 如果能从神话传说中推论古人的生活状况,这正是神话史料的价值所在。孟世杰认为,神话传说记载可以佐证"中国社会生活发达之程

---

① 顾颉刚、王锺麒:《现代初中教科书·本国史》上册,上海商务印书馆1925年版,第1、4—5、9、18、23—24页。

② 顾颉刚:《我是怎样编写〈古史辨〉的?》,载顾颉刚编著《古史辨》第1册,上海古籍出版社1982年版,第18页。

③ 顾颉刚、王锺麒:《现代初中教科书·本国史》上册,上海商务印书馆1925年版,第25页。

④ 孟世杰:《中国史》,天津百城书局1931年版,第13—14页。

序"。他说："社会学家考察人类社会进化，必先为渔猎时代，次为畜牧时代，次为农业时代。今证以我国传说，亦伏羲在前，神农在后，程序俱合。故有巢、燧人、伏羲、神农，亦可为上古时代社会进化次序之表征，不必过于拘泥其人之有无。"[1] 正是因为"不必过于拘泥其人之有无"，才能够将眼光转向演进的事迹，考察"上古时代社会进化次序"。陆东平、朱翊新编著的《高中本国史》也采用类似的做法，对于上古传说的帝王，不拘泥于人物之有无。他们认为对于古史传说应该区别对待，其中既有"不可信"的成分，当然也有"可信"的成分。他们同样将"科学"与"进化"联系起来考察"古史"，因为"用科学的方法，按进化的公例，才能辨明这些古事，那种可信与那种不可信"[2]。

周予同《开明本国史教本》谈及"神话传说的功用与解释"时，提到古籍之中关于"从盘古到尧舜"的史料，"自然含有不少的神话与传说的成分；它可信赖的程度，也因时代的愈古而愈减。然而神话、传说是初民思想的反映，自身虽不是历史，却很可以由这里了解我们民族进化的象迹的次第与时间的久暂。所以从盘古到黄帝，不必争辩于人物的有无，而当认为上古时代社会生活依次改进的表征"，总之，"这些神话与传说显示着我们先民文化的生长与它的悠远，那是无须怀疑的"。[3] 周予同是想揭示神话传说当中不可信的成分，以及"无须怀疑"的部分。即使论及夏、商的史迹，他仍认为这些史迹"不免含有传说的色彩"，但是"在政治方面，有两种重要现象是无疑地表显着"，其一"神权政治的发达"，其二"君位世袭制度的形成"，同时他强调"先民社会，智识幼稚，统治者每每利用神权以为统治的手段。这是人类社会之不可免的阶段，而夏、商两朝正是中国演化到这一阶段之明显的代表"。[4] 缪凤林《中国通史纲要》同样指出有巢、燧人、庖羲、神农诸名"实为古初进化阶段之象征，其姓氏、年世虽不可考，而古初社会之情况，反可由是窥见

---

[1] 孟世杰：《中国史》，天津百城书局1931年版，第18—19页。
[2] 陆东平、朱翊新：《高中本国史》上册，上海世界书局1931年版，第103页。
[3] 周予同：《开明本国史教本》上册，上海开明书店1932年版，第20—22页。
[4] 周予同：《开明本国史教本》上册，上海开明书店1932年版，第26页。

焉"①。他后来出版的《中国通史要略》亦持此种观点。除上述著述外，20世纪三四十年代出版的历史著作仍有一大部分持类似的观点。②

　　上述史家以进化的眼光考察神话、传说材料，他们立论的基本前提是以"进化"入于史义。20世纪初，曾鲲化便指出近世以来达尔文、斯宾塞等人阐发天演公理、叙述社会进化，因此他认为"历史学之精神，亦以此为根据地"③。吕思勉、顾颉刚以"进化"观念对"历史"及"历史学"加以界定的观点，已如前述。20世纪30年代初，孟世杰指出"历史是一种记述人类社会进化的学问"，凡"道德智识的进化"等都属于"历史的范围"。④ 周予同亦认为"历史是研究人类社会演化的过程与一切事物迁异的现象的学科"，研究历史应该重点观察"社会的进化"。⑤ 正是以"进化"入于史义，在处理神话、传说材料等具体问题时，他们才会用"进化"的观念审视这些材料。"神人杂糅"的"神话"被重新检视，被看作是广义历史的一部分。不仅"历史"可以分为广义的和狭义的，"史料"本身也有广义和狭义之分。吕思勉曾对神话、传说的史料价值以及顾颉刚等人对这些资料的运用做过评论。他说："讲起古史的材料来，实当分为广义、狭义。广义的材料，是凡神话、传说等一切荒唐之言，都该包括进去的。狭义的材料，则当以史官所记，和士大夫所传，所谓雅驯之言为限。论确实性，后者自然要大些，然亦只是五十步之于百步而已……狭义的材料，也是要用种种的新方法，去剥落其中不可信的部分的。而广义的材料，其中也有许多很宝贵的，有待于搜求洗炼。"吕思勉认为顾颉刚的疑古学说虽然有"近于怪诞"的观点，但是也有"发明"之处。⑥ 神话、传说材料既然可以纳入广义的历史材料范围之内，那么这些神话、传说经过"搜求洗炼"，也可以在一定程度上反映历史真

---

① 缪凤林：《中国通史纲要》第1册，南京钟山书局1932年版，第188页。
② 韦休：《中国史话》第1册，上海商务印书馆1931年版；鲍文希：《本国史》第1编《上古史》，上海万叶书店1935年版；黎东方：《先秦史》，重庆商务印书馆1944年版；金兆梓：《新编高中本国史》上册，上海中华书局1948年版。
③ 横阳翼天氏（曾鲲化）：《中国历史》上卷，东京东新译社1903年版，第3页。
④ 孟世杰：《中国史》，天津百城书局1931年版，第1页。
⑤ 周予同：《开明本国史教本》上册，上海开明书店1932年版，第1—2页。
⑥ 吕思勉：《从章太炎说到康长素梁任公》，《月刊》第1卷第3期，1946年1月。

实的面貌。

"进化"的概念重点强调的内容在于"公理公例"。"善为史者，必研究人群进化之现象"，进而"求其公理公例之所在"。①吕思勉亦主张治史之根本在于"观众事之会通以求其公例"②。人类的活动有多方面表现，并且"活动的发展，也有一定的公例"③；上古时期"年代既不可考，事迹更难实验"，但"可依进化的公例，推定传说有相当的可信"④。从中国神话、传说材料所考见的渔猎时代—牧畜时代—农业时代的进化演进次序，符合整个人类社会进化的"公例"。在此基础上，亦可以确定中国古史的"悠远"与"极长"，由此进一步增强国人的民族自信心。"'古史极长'的新时间观使得'古''今'的时间距离无限拉大"，由此促使中国"古代"被重新发现与诠释；"历史极长"这一客观现象，"经过进化思维的洗礼，都对古史的书写造成巨大的震荡"。⑤

以社会进化的眼光对中国古史的神话、传说材料进行阐释，其意义在于：一方面怀疑三皇五帝等上古人物的具体存在，另一方面又肯定其中所揭示出的象征意义。相较于中国古代史家重视古史"人物"的"功绩"以及世系递嬗，近代史家则采用注重"事迹"的整体观点，强调古史"演进的事实"，由此探寻上古社会的进化次序，以建立对中国古史的新颖解释。近代史家不但"不以圣贤看待古人"，选题上"也有一种从重'人'到重'事'的变化"⑥。梁启超在20世纪初就强调"夫所贵乎史者……能述一群人所以休养生息同体进化之状"⑦。"人群"与"社会"等概念引至历史撰述之中，单个具体的上古帝王不再是古史撰述的中心，

---

① 梁启超：《新史学》，载《饮冰室合集·文集之九》，上海中华书局1936年版，第10页。
② 吕思勉：《沈阳高师中国历史讲义绪论》，载《吕思勉全集》第11卷《论学丛稿（上）》，上海古籍出版社2016年版，第204页。
③ 何祖泽：《初中本国史》上册，上海新亚书局1932年版，第1页。
④ 傅纬平：《本国史》第1册，上海商务印书馆1933年版，第83页。
⑤ 王汎森：《近代中国的线性历史观——以社会进化论为中心的讨论》，《新史学》（台北）第19卷第2期，2008年6月。
⑥ 王汎森：《民国的新史学及其批评者》，载罗志田主编《20世纪的中国：学术与社会·史学卷》上册，山东人民出版社2001年版，第70页。
⑦ 梁启超：《新史学》，载《饮冰室合集·文集之九》，上海中华书局1936年版，第3页。

由古帝王所反映的时代演进特征则成为古史叙述的主体。

第三节　由神话、传说所见中国原始社会之"史影"

除了进化史观外，影响20世纪中国古史阐释体系的另一重要史学观念即唯物史观。郭沫若《中国古代社会研究》率先将唯物史观应用于中国历史研究及编纂领域。

郭沫若明言"人类社会的发展是以经济基础的发展为前提，这已经是成了众所周知的事实了"。对于神话、传说材料，一方面，郭沫若指出"我们中国的历史素来是没有科学的叙述，一般的人多半据古代的神话传说以为正史，这是最大的错误，最大的不合理"，神话、传说不能看作是"中国历史之开幕时期"的材料；另一方面，他又认为"黄帝以来的五帝和三王祖先的诞生传说都是'感天而生，知有母而不知有父'，那正表明是一个野合的杂交时代或者血族群婚的母系社会"，尧舜时代还是一个"实行亚血族群婚"的社会。① 不过，《中国古代社会研究》重点探讨殷周时期中国社会的经济结构、家庭组织、宗教信仰等实际情况，未对殷代以前的社会具体分析。此后，吕振羽、翦伯赞、范文澜等人又用唯物史观考察中国上古神话、传说材料，用社会经济形态学说揭示神话、传说材料所反映的社会发展阶段。

受晚清以来疑古思潮的影响，特别是20世纪20年代顾颉刚等提出的疑古学说的刺激，"现下研究中国史的，大抵都只肯从殷代开始；对殷以前的那个悠久的传说时代，都很小心的不去过问"，吕振羽对这种研究现状表示不满，他认为如果将此问题长期搁置不问，"似乎太不妥当"。即使考虑"殷代的可靠史料，也还是很不够"的实际情况，吕振羽依然认为应该"对这悠久的传说时代，作一次探险的尝试。或者可以因此而引起大家对这一问题的研究"，这是他"徒行探险的第一个愿望"。② 关于

---

① 郭沫若：《中国古代社会研究》，上海群益出版社1947年版，第3、9、11、134页。
② 吕振羽：《史前期中国社会研究》，北平人文书店1934年版，第32—33页。

中国史上所谓"三皇五帝"以及"三代"的夏代部分,"还不能确定其传说中之人物的有无",但是"以他们和一些有历史之正确意义的传说结合在一起",可以暂时"以之代表其神话传说的时代"。关于新石器时代以前的时代,吕振羽主张"在各种古籍中所保留着的神话传说式的记载,不仅能正确的暗示着一个时代的历史意义,并且还相当丰富",他说:

> 那些散见于各种记载中的神话传说的来源,我们虽不敢完全确定,但它们能代表历史上一个时代的真际意义,是我们敢于确定的。人们虽或不免有造谣的特长,但以绝无社会科学智识的古人,"无中生有"的制造,如若全无根据,断不能造得那样合于历史的真际事实。所以我们从他们那些谰言连篇的废话中,抽出真际可靠的部分来,我认为这是历史研究上的一个必要工作。①

由此出发,吕振羽"根据目前能有的材料研究的结果",认为神话传说所指示出的时代特征,与摩尔根和恩格斯对古代社会的研究所得出的结果暗合,即(1)"传说中之'尧舜禹'的时代,正是中国母系氏族社会发展完成的时代";(2)"传说中之'启'的时代,是古代中国社会的一大变革期=由男系代替母系社会的一大变革期";(3)"传说中之所谓'桀'的时代"可以反映"由氏族到市区的转变的形迹"。②《史前期中国社会研究》一书的第4至第7章主要依据神话、传说材料考察史前期中国社会情形,具体章节目次如下:

第四章 神话传说所暗示之野蛮时代的中国社会形态
　　A 从原始群团到氏族社会之诸特征的存在(一)
　　B 从原始群团到氏族社会之诸特征的存在(二)
　　C 图腾制度存在的形迹
第五章 传说中之"尧舜禹"的时代——母系氏族社会

---

① 吕振羽:《史前期中国社会研究》,北平人文书店1934年版,第81—82页。
② 吕振羽:《史前期中国社会研究》,北平人文书店1934年版,第33—35页。

  A 母系制度存在的依据

  B 对偶婚存在的形迹

  C 部族联合的民主制度

  D 适应于这一传说时代之社会下层基础

第六章 传说中的夏代＝男系本位的氏族社会

  A 社会一大变革期的到来＝由母系氏族社会到男系氏族社会的转变

  B 完成这一变革期之物质的基础

  C 转变后的酋长选举制

  D 转变后的家系制度和传说中之"夏少康"的问题

第七章 神话传说所暗示由氏族到市区之转变的形迹

  A 古代市区存在的传说

  B 扩大土地占领欲的战争

  吕振羽如此布置章节、展开论述的目的在于"把不同时代的结合在一起的又穿上了一件神秘外衣的神话传说各还原主,并以指明中国人也同样经过这么一个时代"①。他还解释了神话、传说产生的原因以及由此导致的结果。对于传说中的"人物名",亦可从"氏族"名称的角度加以解释。吕振羽以为"传说时代的人物名,多系氏族或部落名称,这些人物及与这些人物结合的历史事象,每表现着错乱混淆",然而这正是"传说的本色",由于"后人根据远古的传说,一一拿去和一个传说的人物相结合而发生的结果",史学家"所注重者,则在那些传说能说明一个历史时代的轮廓"②。吕振羽对神话、传说材料的"处置"方式在当时确有开创意义,即使对他的观点有批评意见的王昌宜也承认《史前期中国社会研究》一书"减少了对于古书的怀疑","充分地将摩尔甘所记世界古代历史和中国古代成文记载比勘,而解说了夏禹前后的古史,单就这方法而

---

  ① 吕振羽:《史前期中国社会研究》,北平人文书店1934年版,第133页。
  ② 吕振羽:《简明中国通史》,北平生活书店1945年版,第55页。

论，我以为研究中国远古历史的好方法"。① 吕振羽关于中国史前期社会研究的重要贡献在于，他肯定中国在有明确文字记载的历史之前经历了母系和父系氏族社会，并未将神话、传说材料排除在史料范围之外，而是认为透过神话、传说材料可以探寻氏族社会的"史影"。后来有观点指出，《史前期中国社会研究》"是我国运用马克思主义来研究中国古代神话传说的第一部书"，后人研究中国历史，"在古代神话传说方面，是沿着吕先生所开辟的道路前进的"。②《史前期中国社会研究》一书对史料的处理，受王国维"二重证据法"的影响，但是吕振羽并未停留在"二重证据法"的互证上，而是"以马克思社会经济形态理论为指导，分析了尧舜禹时代的家庭婚姻形态和社会结构，得出了神话传说所反映的史前时代是原始社会的结论"。③

吕振羽曾说："关于中国史前史的研究，从后代文字上的取材，无论出自真书或伪书，都只有神话传说的价值；既一律当作神话传说看，当然便没有真伪之别了。"吴泽赞同此种看待古籍记载的观点。他认为要重视古籍当中关于神话、传说的记载，但是"不是'滥用'古书，无条件的运用神话传说"。他不同意"古史辨派"把"神话传说人物如神农、伏羲、尧、舜、禹等，在实验主义考据观点上当作……'乌有'概念，一笔取消，否认了传说人物尧、舜、禹，从而否认了附着在尧舜禹等传说人物身上的一切社会经济的传说记载"，反之，他更愿意"把'神农''伏羲''尧舜禹'等'莫须有'的传说人物来划分原始社会经济的时代"，因为"每一个传说人物虽是神化的，但是附着这些人物上的种种传说，确是各自反映着在原始社会中某一时空间或某一阶段的一定的社会物质生活、制度、思想与观点的（当然在这些传说中也有后代人的社会意识附杂者，是要除外的）"。对于上古时期的具体"人物"，此种方法，并不意味着"将根据于那些'天才''杰出人物'的传说记载来找寻社会发展规律"，而是"从社会历史自身中去寻找社会历史规律的"。吴泽

---

① 王昌宜：《评吕振羽的中国奴隶社会论》，《思想月刊》第 1 卷第 2 期，1937 年 3 月。
② 荣孟源：《悼念吕振羽先生》，《史学集刊》1983 年第 4 期。
③ 林甘泉：《吕振羽与中国社会经济形态研究》，《史学史研究》2000 年第 4 期。

甚至认为"把神话传说式的古籍记载,作活的生动的有机研究,一部中国原始社会历史体系的整理,不是不可能的"。① 在史前原始社会的经济构造层面,吴泽将传说各时代与蒙昧、野蛮各期相对应,分别为:有巢时代的巢居生活、燧人时代的捕鱼生活、伏羲时代的狩猎经济相当于蒙昧下、中、上期,神农时代、尧舜禹时代、夏代相当于野蛮下、中、上期。

针对神话、传说在中国传统史学之中的角色,翦伯赞指出"关于中国历史之先阶级社会时代(氏族社会前及氏族社会时代),以往的历史家,大概都根据一些神话传说,加入自己的幻想,假设一些帝王:如'三皇''五帝',把这一原始氏族社会描写成为所谓'王道盛世'","这显然地,不是依据当时具体的历史事实,而是当时的历史家把自己所处的封建社会的经济基础上所反映出来的政治形态,观念地去加于原始世界"。翦伯赞也承认,在处理神话、传说材料时,"古史辨派"在"摧毁无稽的历史神话这一点上"也是"有其相当功绩的"。② 对于神话、传说,翦伯赞表明自己的态度。他说:"我并不是否定神话与传说;反之,我以为神话与传说,决非好事者之凭空谎造,而皆有其一定的历史根据,换言之他们都是历史上之一个突出的片段之纪录,不过传之既久,由于言语异音,文字异形,便难免讹伪百出。"整体而言,"神话仍能保留一部分原始的内容",所以如果"把神话人物当作一定历史时代的特征看","则仍不失为古史的资料之一",相反,如果"把神话人物当作一个古帝先王看","则无异是白昼见鬼"。他的《中国史纲》第1卷"虽不敢说,已经把殷周及其以前的古史,从神话的霉锈中洗刷出来,但至少他已使这一段古史,显出了他本来的面目",一言以蔽之,即"从神的历史还原为人的历史"。③ 翦伯赞也将传说各时代与蒙昧、野蛮各时期相对比,并

---

① 吴泽:《中国原始社会史》,桂林文化供应社1943年版,第4—5、11页。
② 翦伯赞:《历史哲学教程》,长沙生活书店1938年版,第260—263页。
③ 翦伯赞:《中国史纲》第1卷,五十年代出版社1944年版,"序"第5—6页。另,《中国史纲》第1卷后列入"新中国大学丛书"出版(生活书店1946年7月初版,1947年5月第3版),书前简介提到"数千年来,秦以前的古史是一种漂浮于神话与传说中扑朔迷离的阴影,历代学者,对于这古史的论著也只是捕风捉影传神画怪。这本书却使这一段古史显出了他的本来面目——从神的历史还原为人的历史"。

从经济层面阐释前氏族社会、氏族社会的发展情形。他提到，大约在距今9000年乃至1万年前的时代，中国的历史从蒙昧时代进入了野蛮时代，"过去的氏族制以前的社会，到现在便发展为氏族社会"，这一时代"在中国历史上，正是传说中之'神农''黄帝''尧''舜''禹'以至'夏代'之全时期"。[1] 他还利用神话传说材料，从家族婚姻、宗教信仰等层面对中国"氏族社会"加以考察。

范文澜同样期望"刷去荒诞的神话"，探寻比较真实的中国原始社会史。他说："关于远古（黄帝以前）传说，如果刷去荒诞的神话，以及带有后代色彩的追叙。其中比较近乎事实的材料，还保存相当数量，从这些材料中看出那时候人类的生活概况。"另外，黄帝及其后裔的传说也可说明"中国古史的基干"。[2] 尧舜禹的传说，亦可反映中国上古社会存在着的"禅让"制度。同在延安的尹达认为可以在一定限度内将神话、传说材料作为探究中国原始社会史的资料。他指出："中国的古史向来有不少神话似的传说；它们固然不尽可靠，但，其中还是隐约的影射着一些过去的史实……从中国古代传说里勾稽中国原始社会的史料，自然是一个比较妥善的办法。"因为古代的传说"并不是毫无史实凭藉的谰言，并不是荒唐无稽的神话，其中一定会影射着不少的具体事实，一定会有其不可缺少的史实作为素地。"这是尹达对于"中国古代传说的一个总的估计"。当然，他也意识到自己应该做一个"把握着真正科学的方法论的学者"。由于受时代的限制，神话、传说本身存在着缺陷，因此他并不是"一味信赖""毫无选择"地将传说记载作为"研究中国原始社会的材料"。他认为应该"具体地了解传说的时代，在使用它们时，一定要将它们放置在其所形成的社会里去看，具体地分析其所含有的时代因素；严防为这些后代因素所迷惑"。[3] 如果"检讨一下中国古代的传说"，从中会发现"许多宝贵的材料"，比如"古代传说里告诉了我们，五帝的诞生都带有一些神秘的色彩，他们似还不知道自己的生父究竟是谁，这可以

---

[1] 翦伯赞：《中国史纲》第1卷，五十年代出版社1944年版，第77页。
[2] 范文澜：《中国通史简编》，上海新知书店1947年版，第5、8页。
[3] 尹达：《中国原始社会》，延安作者出版社1943年版，第109—110、113—114页。

说是母系氏族的有力的证明";"古代传说里,还多少给我们一些氏族会议和选举的材料"①。尹达《中国原始社会》一书透过古代传说,分别从"氏族制以前的社会""氏族社会""在崩溃过程中的氏族社会"三方面考察中国原始社会情形,同时探讨了"中国氏族社会中的图腾崇拜"问题。

翦伯赞曾言,"'历史的怀疑主义',在中国历史科学的领域上,曾经取得了一个短时间的支配作用。他影响到后来的一般新兴历史家不敢从封建社会再前进一步去研究先于封建社会的中国历史,而使得中国古史的研究,停止在神话的阶段,这是中国历史科学向前发展的一个障碍",首先接受这个影响的,便是陶希圣。②郭沫若等中国马克思主义史家承认人类社会的一般发展规律符合中国历史的发展进程,原始社会、奴隶社会、封建社会的不同社会阶段也是中国历史的客观存在。"原始氏族社会这一阶段,在中国历史之曾经存在,又是无可争辩的"③,吕振羽、翦伯赞等人的贡献在于,他们将中国历史的研究与撰写"从封建社会再前进一步",开始阐释中国原始社会情形,并且尝试运用神话、传说材料分析前氏族社会、母系氏族社会、父系氏族社会的经济状况、家庭关系、宗教信仰等,以及氏族社会向阶级社会转变的情形,注重探讨神话、传说材料所反映的时代性、历史性以及社会轮廓。他们批判接受"古史辨派"疑古思想,既对神话、传说所反映的上古帝王事迹表示怀疑,但是又把"史前社会"纳入历史研究和编纂的范围之内。中国古代传说中保存着"一些氏族社会的影子","无论是怎样的传说,多少都是有点实际上的影子的"。④吕振羽、翦伯赞等人并未摒弃神话、传说材料,而是努力从其中探寻中国原始社会的"史影",这成为中国马克思主义史学的古史撰述特色。

唯物史观与进化史观都强调人类历史的发展存在一定的规律,二者

---

① 尹达:《中国原始社会》,延安作者出版社1943年版,第4、7—8页。
② 翦伯赞:《历史哲学教程》,长沙生活书店1938年版,第263—264页。陶希圣的相关言论,参见氏著《中国社会之史的分析》,上海新生命书局1930年版。
③ 翦伯赞:《历史哲学教程》,长沙生活书店1938年版,第265页。
④ 郭沫若:《中国古代社会研究》,上海群益出版社1947年版,第12、133页。

都促使中国学者具有世界性的视野,从宏观方面着眼对中国历史进行整体研究,分析各个阶段的发展状况,并试图进行历史分期,从而进一步探索历史发展的规律和公理。唯物史观亦强调中国上古历史发展过程中存在着"进化"的现象。吕振羽指出"自然,由古代共产社会演进阶级社会,原是一种进化"[①]。范文澜说:"古书凡记载大发明,都称为圣人,所谓某氏某人,实际上是说某些发明,而这些发明,正表示人类进化的某些阶段。"[②] 许立群也指出"传说中的'氏'的顺序,和初期人类进化的次序竟是符合的"[③]。中国马克思主义史家承认"进化"规律,同时又对中国上古历史提出新的解释体系。不管是以进化史观还是以唯物史观为指导考察中国神话、传说材料,目的都在于探究中国上古社会的发展情形和真实面貌,以助于国人进一步认识中国历史的悠久、了解中国上古社会的具体状况。

王国维《古史新证》开篇提到"上古之事,传说与史实混而不分,史实之中固不免有所缘饰,与传说无异,而传说之中,亦往往有史实为之素地"[④]。后来冯友兰在评论史学发展新趋势时也指出"古代传说,虽不可尽信,然吾人颇可因之以窥见古代社会一部分之真相"[⑤]。在"信"与"疑"的评判标准之间,大部分古史编纂者对待神话、传说材料时,基本上采取比较折中的办法,即慎重对待神话、传说,并且采用合理的视角加以考察,这成为当时中国历史撰述中阐述古史问题的一种重要范式。1953年范文澜《中国通史简编》修订本第1编出版之后,北京大学历史系中国古代史教研室召开座谈会对此书展开讨论。关于"史料的运用和解释问题",有观点指出,"作者在修订本中引用了一些考古材料,使本书的原始社会部份增加了一定的说服力。但是作者也引用了一些历史传说来与考古材料相比傅,而这些传说多是秦汉以后才出现的。传说

---

① 吕振羽:《史前期中国社会研究》,北平人文书店1934年版,第192页。
② 范文澜:《中国通史简编》,上海新知书店1947年版,第6页。
③ 许立群:《中国史话》,上海文华出版社1948年版,第6页。
④ 王国维:《古史新证》,清华大学出版社1994年版,第1页。
⑤ 冯友兰:《中国近年研究史学之新趋势》,载氏著《中国哲学史补》,上海商务印书馆1936年版,第93页。

可能具有一定的历史素地,因此它有时有助于历史事实的科学说明,但是如果把传说言之确凿,反而会有损于论断的科学性。我们希望作者更多地从考古学中去寻求解决远古历史问题的资料,在这一基础上再去审慎地采择古代传说的可信部份以求得印证"①。这反映了在 20 世纪 50 年代初的中国马克思主义史学中,对传说和考古材料在历史撰述中的一种态度,其中仍可见疑古学说的影响以及对考古学成果的重视。王玉哲亦认可范著之中引用传说材料的做法,他说:"世界上各民族远古的历史,都杂有神话与传说,固然神话和传说不是历史经过的自身,但其中往往有历史方面的质素。从那里面仔细钻研和整理,可以找出一部分古代历史的真象。所以范先生在本书的原始社会部分里,采用了一些传说和神话,这是完全必要的。"同时他又强调,"我们在利用神话和传说之前,应当先立一个取舍的尺度,不然会大大减低了它的功用,甚至得到相反的效果"。采用神话和传说的标准有三:第一,"所采用的神话或传说最好断自秦代";第二,"可能为史实的传说";第三,"可用以推证真实历史的神话"。② 至 20 世纪 70 年代,郭沫若主编《中国史稿》第 1 册修订本设专节"我国古代传说中的氏族和部落",进行阐述。关于对待古代传说的倾向,该书特别指出:

> 在对待古代传说上,有两种倾向:一种是把传说当作真人真事,进行烦琐考证,结果是治丝愈棼;另一种是对传说材料持全盘否定的态度,他们不懂得氏族制是原始社会发展过程中所共有的制度,因而也不可能正确地对待古代的传说。

显然,该书认为这两种"倾向"都不是对待传说材料的正确态度。到底应该如何正确对待传说材料,该书提供了一种方法。传说有一个共同的特点,即"认为那时的一些血缘氏族和部落集团,都分别出于各自的一

---

① 北京大学历史系中国古代史教研室:《关于范文澜〈中国通史简编〉修订本第一册座谈会的纪录》,《历史研究》1954 年第 2 期。
② 王玉哲:《关于范著〈中国通史简编〉修订本第一册的几点意见》,《历史研究》1954 年第 6 期。

个想象的祖先,而且这种想象的祖先又往往是神话式的人物",所以"传说里的氏族和部落一般都是从神话中引伸出来的",事实上"氏族和部落比关于他们来源的神话要古老得多"。尽管如此,"透过这样的神话,或者把这样的神话仅仅作为氏族和部落的代号,仍然可以从传说材料中理出当时历史的一些头绪来"。[①] 所谓"历史的头绪",亦即"历史的真实"。以"氏族"和"部落"的概念标准考察神话、传说材料,目的仍在于还原上古社会的真实情形。

在撰写中国古史著作时,神话、传说材料依然可用,但应有一定的取舍标准和使用限度,这也成为20世纪后半叶中国历史撰述对待神话、传说材料的基本取向。若与考古学材料相比,即使作为"参照作用"的神话、传说材料,对中国古史的建构价值仍值得重视。当然,任何古史材料都有其优势和局限所在,神话、传说材料亦不例外。任何"孤证"的古史材料都不可能全面反映中国上古社会的真实面貌。中国近代考古学兴起之后,在疑古学说的刺激之下,考古学材料成为论证神话、传说可信性的重要佐证。除证明神话、传说的真实性外,考古学本身也逐渐在中国近代史学的发展进程中建构起一条自成体系的探索古史的重要路径。

---

① 郭沫若主编:《中国史稿》第1册,人民出版社1976年版,第108页。

第三章

考古学的发展与中国历史撰述中的"古史"建构

与历史学相比，中国近代考古学①在20世纪的中国"古史"建构历程中提供了另外一条重要的路径。中国近代考古学诞生于20世纪20年代②，其兴起本身就带有强烈的"史学因素"，并且在当时与疑古思潮、文明起源、中华始祖等问题密切相联。近代考古学在中国产生之后，利用考古学的成果来建设中国"古史"成为当时乃至后来许多学人的重要期待以及努力的方向。20世纪20年代中期，发起"疑古"运动的顾颉刚就已经注意到考古学的成果对古史研究的影响，他说："我知道要建设真实的古史，只有从实物上着手的一条路是大路。我的现在的研究仅仅在破坏伪古史的系统上面致力罢了。我很愿意向这一方面做些工作，使得破坏之后得有新建设，同时也可以用了建设的材料做破坏的工具。"③

---

① 此处所言的考古学，指的是20世纪20年代以安特生的考古工作为起点，并逐渐兴起的重视田野发掘、运用地层学与类型学以及其他科学方法的"中国近代考古学"，以与考订古器物的中国金石学、古器物学相区别。

② 夏鼐认为五四运动促进了近代考古学在中国的兴起，随着20世纪20年代诸项考古活动的展开，"可以说近代考古学在中国已经诞生了"，见氏著《五四运动和中国近代考古学的兴起》，《考古》1979年第3期。王世民"将20世纪整个20年代，定为中国考古学的诞生年代"，见氏著《考古学史与商周铜器研究》，社会科学文献出版社2017年版，第8页。另，关于中国近代考古学的产生过程，可参见王宇信《近代史学学术成果：考古学》，载张岂之主编《中国近代史学学术史》，中国社会科学出版社1996年版；陈洪波《中国科学考古学的兴起：1928—1949年历史语言研究所考古史》，广西师范大学出版社2011年版。

③ 顾颉刚：《自序》，载顾颉刚编著《古史辨》第1册，上海古籍出版社1982年版，第50—51页。

1924年，李玄伯（宗侗）在《古史问题的唯一解决方法》一文中甚至提出，"用载记来证古史，只能得其大概……要想解决古史，唯一的方法，就是考古学。我们若想解决这些问题，还要努力向发掘方面走"[1]。顾颉刚读了这篇文章之后，认为李玄伯提出的方法"确是极正当的方法"，"我们现在研究古史，所有的考古学上的材料只有彝器文字较为完备，其余真是缺得太多。发掘的事，我们应当极端的注重"。[2] 支持顾颉刚疑古一派的傅斯年后来转向古史重建时也意识到考古学的重要性，认为"研究古代史，舍从考古学入手外，没有其他的方法"[3]。郭沫若在20年代末完成的《卜辞中之古代社会》《周金中的社会史观》中也多次强调了"锄头考古学"对研究中国古代社会所能提供的帮助。他说："将来如有学术团体能于小屯举行科学的大规模的掘发，则古器物之出土必且更丰富而可信赖，而地层之研究，人体之研究，如有宫址或墓址存在时则古代建筑之研究，与营葬习惯之研究等等，必更能有益于学术的记述。""真实的要阐明中国的古代社会还须要大规模的作地下的挖掘，就是要仰仗'锄头考古学'的力量，才能得到最后的究竟。"[4]

新史料的发现以及史料观念的变化，是中国近代史学不同于传统史学的一个重要面向。近代考古学兴起之后，旋即受到各方学人重视的一个重要原因，即在于它能够为中国历史撰述特别是古史撰述提供"新材料"，所以"材料"是考古学与历史学发生直接关系的连接点。从近代中国学科建制的角度而言，考古学与历史学之间的关系也非常密切。在20世纪20—40年代，考古学曾长期作为"附属学问"置于历史学学科体系之中。即使自20世纪50年代起，考古学从"学科"意义上开始逐渐"独立"起来，但由于中国历史和中华文明的实际情况，考古学与历史学之间的密切联系也依然存在。虽然考古学与历史学有不同的理论体系、研究对象、研究方法等，然而，二者研究的最终目标有时却有一致的地

---

[1] 李玄伯：《古史问题的唯一解决方法》，《现代评论》第1卷第3期，1924年12月。
[2] 顾颉刚：《论古史研究答李玄伯先生》，《现代评论》第1卷第10期，1925年2月。
[3] 傅斯年：《考古学的新方法》，《史学》（上海）第1期，1930年12月。
[4] 郭沫若：《中国古代社会研究》，上海群益出版社1947年版，第31、101页。

方，即探究、阐明中国古代社会情形（不管是物质层面的，还是精神层面的）。因此，对"古史"问题的研究，考古学者与历史学者有许多共同值得探讨的话题。从"古史"建构历程的角度入手，也是探讨考古学与历史学是如何相互影响、相互作用以及二者各自局限的一个有效"切入点"。[①] 在中国近代考古学发展乃至中国近代学术发展的整体脉络之中，笔者通过考察20世纪的中国"古史"撰述，意在分析和阐明学人对考古学认知的变化、考古学的发掘资料和研究成果对"古史"撰述是如何"渗透"的、史前考古学对中国史前史的"支持"作用体现在哪些方面、考古学建构中国"古史"的路径特点、重建中国远古历史与中国考古学的学术使命之间的关联等问题。

第一节　20世纪初"古史"撰述对考古学知识的"引入"

虽然近代意义的中国考古学产生于20世纪20年代，但是在19世纪末20世纪初，发源于西方的地质学、人类学、古生物学、考古学等"科学"知识，便已作为一种思想资源进入中国知识分子的视野及相关著述。在西方学术的冲击和影响之下，20世纪中国史学发生了几乎可以说是革命性的变化。

19世纪末，西方传教士以及致力于"救亡图强"的中国知识分子将西方的学术文化知识介绍到中国。在对上古历史的认识方面，彼时的地质学类图书丰富了时人对上古史事的理解。中国近代考古学思想的一个来源是西方地质学知识，因此地质学也成为彼时中国知识分子理解古史

---

① 以往学术界更侧重于古史问题本身的研究、争鸣，以及考古学与古史学的理论关系，参见俞伟超《古史的考古学探索》，文物出版社2002年版；陈淳《从考古学理论方法进展谈古史重建》，《历史研究》2018年第6期；刘未《考古学与历史学的整合——从同质互补到异质互动》，《中国史研究》2021年第3期；杨博《探索未知　揭示本源——历史学与考古学研究的融合发展》，《中国史研究》2021年第3期；徐良高《以考古学构建中国上古史》，《中国社会科学》2021年第9期。笔者主要从历史书写（叙述）的视角，参照考古学发展史，注重分析文本和语境，进而考察中国历史撰述中的"古史"建构问题。

第三章 考古学的发展与中国历史撰述中的"古史"建构　　95

的一种思想工具。① 1924 年，顾颉刚提到地质学"因发掘地层而得有铜器时代以前之古物，可助古史学之研究"②，因此他"酷望别种科学的兴起"，希望国内可以"多出许多地质学家，从他们的研究里得到许多上古史料，补正我们的考古学会的研究"③。后来学者言及中国考古学发展史时，也常强调地质学发达对近代考古学兴起产生了重要促进作用。④

　　1900 年，章太炎在《中国通史略例》中介绍西方学术思想时，提到了地质学、考古学知识对治史的帮助。他说："今日治史，不专赖域中典籍。凡皇古异闻、种界实迹，见于洪积石层，足以补旧史所不逮者。"⑤ 章太炎在 1902 年 8 月 8 日《致吴君遂书》又谈到了编写通史的问题，指出"文字语言"和"地中僵石"都可为著史提供重要的材料，他强调"上世草昧，中古帝王之行事，存于传记者已寡，惟文字语言间留其痕迹，此与地中僵石为无形之二种大史"⑥。梁启超在 20 世纪初也有撰写中国通史的计划，他的《中国史叙论》设有"有史以前之时代"一节，指出"今世地质学家"对"洪水之起原，及其经过之年代"，虽然"考据极周密"，然而"莫衷一是"，还未达成共识。同时他认为，欧洲考古学家的"史前三期"（石刀期、铜刀期、铁刀期）的观点，揭示出"进化之一定阶级"，虽然"各期之长短久暂，诸地不同"，但是"其次第则一定也"。他又参照中国既有的神话传说，认为"新旧两石刀期，其所经年代，最为绵远，其时无家畜、无陶器、无农产业，中国当黄帝以前。神农已作耒耜，蚩尤已为弓矢，其已经过石器时代，交入铜器时代之证据

---

　　① 关于晚清时期西方地质学知识在中国的传播情况，以及地质学对中国近代考古学影响的研究，可参见艾素珍《清代出版的地质学译著及特点》，《中国科技史料》1998 年第 1 期；查晓英《地质学与现代考古学知识在中国的传播》，《历史研究》2006 年第 4 期。
　　② 顾潮：《顾颉刚年谱》（增订本），中华书局 2011 年版，第 104 页。
　　③ 顾颉刚：《一九二六始刊词》，《北京大学研究所国学门周刊》第 2 卷第 13 期，1926 年 1 月。
　　④ 李济：《中国地质学对现代中国社会人类科学的影响》，载《李济文集》第 5 卷，上海人民出版社 2006 年版；夏鼐：《五四运动和中国近代考古学的兴起》，《考古》1979 年第 3 期。
　　⑤ 章炳麟：《訄书》第五十九《哀清史附中国通史略例》，古典文学出版社 1958 年版，第 161 页。
　　⑥ 章太炎：《致吴君遂书》，载汤志钧编《章太炎政论选集》上册，中华书局 1977 年版，第 172 页。

甚多"。① 梁启超后在《新史学》中界定"历史"的概念时,提到"石史"一词。所谓"石史",即"地质学家从地底僵石中考求人物进化之迹"。他还指出昔日史家"徒知有史学,而不知史学与他学之关系也",而与"史学"发生密切关系的"他学"之一即"地质学"。② 虽然梁启超计划撰写的中国通史未能完成,但是他有意识地将中国历史区分为有史时代及有史以前之时代,并且用"史前三期说"来阐述中国史前史的做法,影响着后来的中国历史撰述。此外,一些留日学生通过翻译史学概论、史学研究法的著作,也将考古学作为史学的一门辅助学科来看待,认为考古学可为史学研究提供"证据"。③ 在学科章程制定方面,1904年1月颁布的《奏定大学堂章程》,将同样重视"发掘"的人类学和古生物学纳入课程规划之中。该"章程"将大学堂分为八科,其中文学科中国史学门除了应修读"主课"之外,尚须选习"随意科目"。"随意科目"根据学年有所不同,其中第 2 年"应以人类学、公益学、教育学、中国文学为随意科目",第 3 年"应以金石文字学(日本名古文书学)、古生物学(即考究发掘地中所得之物品,如人骨兽骨刀剑砖瓷以及化石之类,可以为史家考证之资者)……为随意科目"。④ 在教学体制向近代新式学制转变的过程中,该"章程"作为当时政府颁布的政策性文件,在课堂教学、讲义编写等方面具有指导意义。而它对人类学、古生物学的重视以及对古生物学内涵的具体界定,也在很大程度上可以反映时人的一些共识。

　　如果说梁启超《中国史叙论》侧重从理论层面尝试着对史前时代进行探讨,那么 20 世纪初期曾鲲化、夏曾佑等人的历史撰述则主要从具体操作层面将西方考古学等知识资源"引入"他们的著作之中。曾鲲化

---

① 梁启超:《中国史叙论》,载《饮冰室合集·文集之六》,上海中华书局 1936 年版,第 9 页。
② 梁启超:《新史学》,载《饮冰室合集·文集之九》,上海中华书局 1936 年版,第 10 页。
③ 参见衮父(汪荣宝)《史学概论》,《译书汇编》第 2 年第 9 期,1902 年 12 月;吴渊民编译《史学通义》,《学报》第 1 年第 1 期,1907 年 2 月。
④ 璩鑫圭、唐良炎编:《中国近代教育史资料汇编·学制演变》,上海教育出版社 2007 年版,第 360 页。

《中国历史》一书中的"中国历史出世辞"指出"现今世界有惊天悸地、骇目眢魂之第一大动物,考古学者迹其远祖,距今四千五百余年"①。他首先讨论了"中国历史内容重点",注意到"人类创造社会之时代"已经西洋地质学家、考古学家"专心研究",只是暂未得出"确实证据"。②此书正文设有"大古开辟之形势"一章,阐述了"地球之发达""人种之发源""历史以前之脑力"等内容。他指出"西哲有言曰:人类者,使用机械之动物也。此固不足以尽人之智识力能,然人类社会进步之基于机器,则有可铁证者。今随机器发达之顺序,分有史以前为三期",即石器时代、铜器时代和铁器时代,并对各时代的特点作了简要介绍。③夏曾佑《最新中学中国历史教科书》第1章"传疑时代"首先论及"世界之初"的人类起源问题。他说:"人类之生,决不能谓其无所始。然言其所始,说各不同,大约分为两派,古言人类之始者为宗教家,今言人类之始者为生物学家。……至于生物学家者,创于此百年以内,最著者英人达尔文(Darwin)之种源论(Origin of Species)。其说本于考察当世之生物,与地层之化石,条分缕析,观其会通,而得物与物相嬗之故。"他已经意识到关于人类起源问题的"古说"与"今说"之间的不同,"由古之说,则人之生为神造;由今之说,则人之生为天演,其学如水火不相容"。④这说明对于中国远古情况的观察,"古人和今人的意图是绝对相反的"⑤。同时夏曾佑将"史前三期说"与中国上古帝王或历史时段相对应,他在记述"黄帝与蚩尤之战"一事时认为"夫蚩尤受金,作兵,伐黄帝,是地质学家所谓铜刀期矣";他又根据《史记·范雎蔡泽列传》"铁剑利而倡优拙"的记载,主张"战国已用铁为兵矣,即西人所谓铜刀期与铁刀期也"。⑥稍后,吕瑞廷、赵澂璧合编的中学教科书《新体中国

---

① 横阳翼天氏(曾鲲化):《中国历史》上卷,东京东新译社1903年版,"中国历史出世辞"第1页。
② 横阳翼天氏(曾鲲化):《中国历史》上卷,东京东新译社1903年版,"中国历史内容重点"第2页。
③ 横阳翼天氏(曾鲲化):《中国历史》上卷,东京东新译社1903年版,第33—36页。
④ 夏曾佑:《中国古代史》,上海商务印书馆1935年版,第1—2页。
⑤ 顾颉刚:《〈中国古代神话研究〉序》,《博览群书》1993年第11期。
⑥ 夏曾佑:《中国古代史》,上海商务印书馆1935年版,第14、180页。

历史》在谈到太古时期的"器物"时，也提及"石器""铜器"之名和"地下掘出"的新器物，书中写道"太古人民使用之器具，多以石器造之。黄帝时始铸造铜器。盖以前皆杂用石器、木器、土器等类，后世由地下掘出之雷斧、雷锤、雷钻等，皆太古人民使用石器之遗物"。①

19世纪末20世纪初，由于列强入侵，当时清政府的统治并不稳定，"古代遗迹得不到妥善的保护，虽有学者初步了解考古学的重要意义，却没有条件进行考古发掘，以致中国的考古学研究暂时仍未兴起"②。因中国近代考古学尚未产生，有计划的考古调查及发掘活动也未展开，所以20世纪初夏曾佑等人的历史撰述中对考古学知识的"引入"，主要仍停留在简单地介绍西方知识资源的层面，并未探讨考古学对古史研究及编纂所能带来的具体帮助。他们主要将考古学等知识与人种起源、器物变化等联系在一起，而在具体的行文中，仍是以中国神话传说系统对太古史或上古史展开叙述。③ 彼时的中国历史撰述对考古学知识的"引入"停留于介绍层面的另一原因在于，时人主要擅长传统经史之学，对于考古学、地质学、古生物学的新兴"科学"，他们也自感学力之不足，难以进行更深层次的探讨。夏曾佑谈到人类起源等问题时，就已经注意到"若欲穷其指归，则自有专门之学在，非本篇所暇及"④。

第二节　民国时期考古学成果对"古史"撰述的"渗透"

一　中国近代考古学的兴起与"古史"材料的扩充

在述及中国近代考古学的兴起后时人对考古学材料的认识之前，有必要先叙述中国考古学的"前身"金石学在民国初年的角色定位，以及

---

① 吕瑞廷、赵澂璧：《新体中国历史》，上海商务印书馆1911年版，第12页。
② 王世民：《考古学史与商周铜器研究》，社会科学文献出版社2017年版，第24页。
③ 例如曾鲲化《中国历史》在阐述完"大古开辟之形势"一章之后，紧接着记述"三皇五帝沿革史"；夏曾佑《最新中学中国历史教科书》阐述了"世界之初"和"中国人种之原"等问题之后，开始记述包牺氏、女娲氏等神话人物。
④ 夏曾佑：《中国古代史》，上海商务印书馆1935年版，第2页。

时人如何看待金石学与史学之关系。

1913年1月公布的《大学规程》指出"历史学门"设有的应习科目有"考古学"等。① 1917年，北京大学设立"史学门"，并在年底公布的《文科大学现行科目修正案》中，将"金石及考古学"列入"中国史学门"的必修科目。② 1919年10月，北大公布的"文本科史学系"课程时间表中，设有"金石学"一课，授课教师为马衡。③ 北大后来又具体说明，"金石学"一课"一年讲完。中国钟鼎彝器甲骨碑版文字，大有裨补史学。此学浩如烟海，提纲挈领，成为有系统之组织，以为史学之补助科学焉"。④ 马衡在北大讲授"金石学"一课之前，曾以"国史编纂处名誉征集员"的身份发布《通史材料征集议》。他认为"史之取材，首资载籍。载籍以外，则有金石遗文及古器物之属"，其中"金石则有专录释文各书及方志。金石门其未见著录，而有关于史事者，宜传拓其文以供参考"。⑤ 北大公布的"史学系课程指导书"中，提到"本国金石学"课程，专为"整理中国史之客观的材料而设，所以补载籍之不足，或订正其谬误者也。金石者，古人之遗文，及一切有意识之作品，赖金石或其他物质以直接流传至今者也。此种材料，虽多属残缺，而皆为最真确最有价值之历史材料"⑥。马衡的授课讲义中，又对"金石""金石学"以及"中国金石学"的定义加以解说："金石者，往古人类之遗文，或一切有意识之作品，赖金石或其他物质以直接流传至于今日者，皆是也。以此种材料作客观的研究以贡献于史学者，谓之金石学。古代人类所遗留之材料，凡与中国史有关者，谓之中国金石学。"⑦ 他在这份讲义中，还

---

① 《教育部公布大学规程令》(1913年1月12日部令第1号)，《教育杂志》第5卷第1号，1913年4月。
② 《文科大学现行科目修正案》，《北京大学日刊》1917年12月29日第2版。
③ 《文本科史学系三二一学年课程时间表》，《北京大学日刊增刊》1919年10月24日第2版。
④ 《北京大学讲授国学之课程并说明书》，《北京大学日刊》1920年10月19日第4版。
⑤ 马衡：《通史材料征集议》，《北京大学日刊》1919年1月11日第5版。
⑥ 《北京大学史学系课程指导书（续）(十四年至十五年度)》，《北京大学日刊》1925年10月12日第2版。
⑦ 马衡：《中国金石学概要》，载氏著《凡将斋金石丛稿》，中华书局1977年版，第1页。

计划探讨"金石学与史学之关系"。① 从当时的北大课程设置以及马衡的授课讲义来看,"金石学"被视为"史学之补助科学",承担着为史学研究提供材料"以贡献于史学者"的作用。

中国金石学始于宋代。"有宋一代,始有专攻此学者,欧阳修《集古录》为金石有专书之始",此后吕大临、赵明诚、洪适等人,各有著述,"郑樵作《通志》,以金石别立一门,侪于二十略之列。而后金石学一科,始成为专门之学,卓然独立,即以物质之名称为其学科之名称矣"②。传统金石学在近代中国学科划分的建制之中,也面临着一种"重塑"。③ 金石学在"贡献"于史学研究的同时,也作为中国固有的传统学术知识,逐渐成为中国近代考古学兴起的思想资源,并被视为中国考古学"前身"。马衡自身的经历即是一例。他虽在北大讲授"金石学"课程,但在"国史编纂处"列入"考古学组"④,并担任研究所国学门"考古学会"的负责人⑤。1923—1924 年度北大公布的"史学系课程指导书"表明要开设"考古学"课程,并解释"考古学一门,为研究史学之重要补助学科,今亦正拟添设。而本国之金石学,亦为考古学之一部,宜先注意学习"。⑥ 这一规定至少提示出,已有人认为"本国之金石学"可算作"考古学"的一部分,而"考古学"又是"研究史学之重要补助学科"。

与 20 世纪初的中国历史撰述对考古学知识的简单介绍相比,20 世纪 20 年代开始出现的历史撰述,考古学的知识明显增多,涉及的内容也开始详细起来。1922 年,李泰棻在《中国史纲》"绪论"中提及与历史学相关的"科学"共十四种,其中包括"考古学"。"考古学关于史者",可分为古土木学、古器物学、古碑石学,这三类有助于史学之研究,能扩充古史材料。李泰棻立论的基础在于,他以"科学"为视角,对"历

---

① 马衡《凡将斋金石丛稿》所收的《中国金石学概要》只有"金石学与史学之关系"一章的存目,内容已缺。
② 马衡:《中国金石学概要》,载氏著《凡将斋金石丛稿》,中华书局 1977 年版,第 2 页。
③ 查晓英:《"金石学"在现代学科体制下的重塑》,《中山大学学报》2008 年第 3 期。
④ 《国史编纂处开会纪事(续)》,《北京大学日刊》1919 年 1 月 25 日第 3 版。
⑤ 《研究所国学门考古学会开会纪事》,《北京大学日刊》1924 年 6 月 12 日第 3 版。
⑥ 《史学系课程指导书(十二年至十三年度)》,《北京大学日刊》1923 年 9 月 29 日第 3 版。

史学"所下的定义：广义的，"凡一切科学，与史学均有关系"；狭义的，他所列出的"考古学""人类学"等，与历史学有紧密关系。① 李泰棻的这种做法，与当时思想领域的学术趋向有关。新文化运动以后，"科学"一词在中国思想界广为流传，研究史学等文科诸学也需要"科学知识"的观念基本成为学术界的共识。所谓"科学"，主要指近代自然科学法则和科学精神。另外，李泰棻还将历史分为"未有文字以先之时代"和"既有文字以后之时代"，认为要采用"直接观察"和"间接观察"两种不同方法分别对这两个时代加以研究，"直接观察，即考古；间接观察，即读书"。② 他的《中国史纲》"本论"第1篇即叙述"未有文字以前之略史"，结合西方考古学知识及中国上古神话传说的文献记载，分别对中国木器（附骨器）、石器、陶器、铜器、铁器时代加以记述。显然，李泰棻在"史前三期说"（石器时代、铜器时代、铁器时代）的基础上，又细分出木器（附骨器）和陶器时代加以阐述。

顾颉刚和王锺麒编写的《现代初中教科书·本国史》强调"古代遗留下来的器物"与"掩没在地层中的僵石"都可成为"历史的好材料"③，由此扩充历史的范围。顾颉刚后于1933年在燕京大学授课并编写的《春秋战国史讲义》当中指出东周以前的古史"简直渺茫极了"，"我们只知道有那几个朝代和若干个人名地名，但都是零零碎碎的，联贯不起来……这原是一件极无奈何的事情。我们真要知道那时的情形，只有从事于考古学，努力向地下发掘遗物……只要我们肯耐烦，这很多的掘出来的东西未必不能供给我们一个抽象的系统"。顾颉刚还将"新石器时代末期的遗物"与"夏代历史"联系起来，他说："这十余年来新石器时代末期的遗物大批发现，或者就是给我们看一部夏的历史吧？"④

李泰棻在"古器物学"中提到"古器物"可采用"掘地"之法获

---

① 李泰棻：《中国史纲》第1卷，武学书馆1922年版，第8—11页。
② 李泰棻：《中国史纲》第1卷，武学书馆1922年版，第21页。
③ 顾颉刚、王锺麒：《现代初中教科书·本国史》上册，上海商务印书馆1925年版，第5页。
④ 顾颉刚：《春秋战国史讲义第一编》，载《顾颉刚全集·顾颉刚古史论文集》卷四，中华书局2010年版，第112、120页。

得,说明他已经开始意识到了由地下出土物"可知当时社会状况"。①1926年出版的《评注国史读本》也提及"历史为过去人类活动之再现;活动既过去,而欲使之再现,非有详确之证据不为功",因此"欲讲上古史,须发掘地层,罗列标本,以为佐证"。② 在既有观念中,中国历史本来就非常悠久,而考古材料让人们意识到中国自有人类以来的历史更为久远。1929年,国民政府教育部颁布《初级中学历史暂行课程标准》,其中规定要在"绪论"部分讲授"中国民族过去的光荣",在"上古史"部分讲授"中国北部石器时代的文化"。③ 孟世杰据此编写了初级中学教本《中国史》。他认为所谓的"光荣"包含一项重要内容,即"近十年来,中国各省,颇有旧石器时代人类遗物发现,证明中国有史以前,已有四五万年文化",此外在周口店"所得之人牙,为五十万年以前人类所遗者",可知"中国之有人类,为更古远"。④

20年代末30年代初,陆东平、朱翊新编著出版了《高中本国史》。作者已经注意到"以前学者"与"现在学者"在考究历史事实时所用材料的不同,"现在学者"不限于"记载史事的史书",并将"发自地层的化石""留于现代的古物"也看作"好材料"。⑤ 周予同也持相似的观点,并强调"从事于考古学来努力于地下发掘"是"今后研究古史"的"一条大道"。⑥ 值得注意的是,周予同"为助学者兴趣计,对于近代新发现的古物"⑦,选择"河南陶器彩纹""亚诺陶器彩纹""仰韶期的遗

---

① 李泰棻:《中国史纲》第1卷,武学书馆1922年版,第10页。
② 李岳瑞编,印水心修订:《评注国史读本》第1册,上海世界书局1926年版,"例言"第1页。
③ 《初级中学历史暂行课程标准》,《湖南教育》第13期,1929年11月。
④ 孟世杰:《中国史》,天津百城书局1931年版,第5—6页。
⑤ 陆东平、朱翊新:《高中本国史》上册,上海世界书局1931年版,第3—4页。
⑥ 周予同:《开明本国史教本》上册,上海开明书店1932年版,第24页。按,周予同有此认识,与他阅读《古史辨》有关。周予同指出"大概我们要考证古史的真相,逃不了两种方法:一、实物考证法;二、记载考证法;而前者方法的价值实远胜于后者"。顾颉刚在《古史辨》第1册《自序》中提到"用了建设的材料做破坏的工具",周予同认为这"真是一句研究古史真相的格言,或者更是一切治学治事的格言",他甚至建议顾颉刚如果今后"仍抱有考证古史的真相的野心,我希望他努力于实物考证法,而对于解释字义的方法加以限制的采用"。参见周予同《顾著〈古史辨〉的读后感》,《文学周报》第233期,1926年7月。
⑦ 周予同:《开明本国史教本》上册,上海开明书店1932年版,"编辑大意"第2页。

物""甲骨文"等图片，插印在书中相应内容。① 他指出，学者所叙述的史实"须有文献的或实物的根据，而不是各种性质不甚可靠的书籍的合并或杂抄"。② 周予同所指，实际上扩充了史料的范围，尤其是他对"实物"材料的重视，大大扩充了古史研究的史料范围。当时有观点指出"古物的发掘，愈有成绩时，古史的探讨，也愈有成绩"。③ 与周予同的看法类似，应功九、余逊也意识到考古材料之于建设古史的重要性。应功九指出，"现今研究历史的专家"，除了采取神话上的材料外，"便另有一种方法来研究太古以上的史迹了，这就是考古学"，"考古学家发掘埋陷在地下的人骨及从前人类所造的器物，从这些上面，推断出当时人类生活的情形。我们今日知道历史上有旧石器、新石器、铜器等时代的事实，全是靠这种发掘与推断的所得……中国研究古代史的人，现在也知道从这条路上努力了"。④ 余逊甚至强调"因为地下埋藏器物的形式和精粗美恶，可以推断当时社会生活状况，和人民文野的程度。有了实物的凭证，自然比那些神话传说和托古改制创造出来的故事，可信多了"，所以"研究古史，以从事考古学，努力于地下的发掘，为唯一的康庄大道"。⑤ 这些观点基本反映了时人对考古学作用的认知。

1940年，钱穆出版的《国史大纲》指出"近人对上古史之探索，可分两途"，其中一条途径为"史前遗物之发掘"。由于近代考古学在国内的发展，"三皇五帝之传说，渐为石器时代、铜器时代之观念所替代。不可谓非对古史知识一进步"；而关于殷商时期"新发现的直接史料"，"对于中国古代史之可信价值，有甚大之贡献"。⑥ 可见钱穆对石器时代遗址

---

① 周予同：《开明本国史教本》上册，上海开明书店1932年版，第12、23、27页。另，在此书出版前后，周予同还发表了多篇文章，介绍殷墟甲骨等古物的发掘情况，探讨甲骨学之新贡献、甲骨学与古史学等问题，参见周予同《最近安阳殷墟之发掘与研究》，《中学生》第9期，1930年10月；《甲骨的发现与甲骨学的演进》，《浙江省立第十中学月刊》第2、3期合刊，1932年6月。
② 周予同：《开明本国史教本》下册，上海开明书店1934年版，"附录"第25页。
③ 陈登原：《高中本国史》上册，上海世界书局1933年版，第14页。
④ 应功九：《初中本国史》第1册，南京正中书局1936年版，第3页。
⑤ 余逊：《高中本国史》上册，上海世界书局1933年版，第2页。
⑥ 钱穆：《国史大纲》上册，上海国立编译馆1947年版，第1、4、13页。

和殷墟甲骨的发现，给予高度肯定，不管是促进古史研究还是改变国人古史观念，这些新史料都有重要贡献。同年出版的陈恭禄《中国史》感慨在商史材料方面，最初只限于各种古籍，"地下发见之史料，近始为人利用"，例如"古人视古籍为可信之史料，今则彝器铭文处于极重要之地位"。① 陈恭禄对于彝器铭文的史料价值的判定，亦反映出"古人"与"今人"在处理商史材料方面的观念之变化。吕思勉于20世纪40年代出版的《先秦史》也将"古史材料"作为重点探讨的内容。他认为史料在学理层面大致可分为"记载"的和"非记载"的。其中"非记载之物"又可分为三种，即"人""物"和"法俗"。"人类遗骸，可以辨种族，识文化之由来"，"物指凡有形者言，又可分为实物及模型、图画两端"，"法俗指无形者言，有意创设，用为规范者为法，无意所成，率由不越者为俗"。对于先史时代的社会情状，"非记载之物，足以补记载之缺而正其伪，实通古今皆然，而在先史及古史茫昧之时，尤为重要"。② 吕思勉所指"非记载之物"中的"人类遗骸""实物"均与考古发掘活动有关，这些材料对于考究茫昧的古史尤其重要。

除了上述各家言说之外，在20世纪三四十年代，对于以唯物史观研究和撰写中国"古史"的学者而言，考古学材料也受到他们的青睐。中国马克思主义史学的开创者郭沫若、吕振羽等人，几乎从一开始就意识到考古学对中国古史构建的重要意义。

1920年，李大钊尝试运用唯物史观探索"原人社会"时，所涉及的材料主要是"文字书契"。③ 郭沫若在20世纪20年代末对"锄头考古学"的重视，前已述及。他在《中国古代社会研究》中还提到，"古物正是目前研究中国古代史的绝好的资料，特别是那铭文，那所纪录的就是当时的社会的史实。这儿没有经过后人的篡改，也还没有甚么牵强附会的疏注的麻烦。我们可以短刀直入地便看定一个社会的真实相，而且还可以判明以前的旧史料一多半都是虚伪"，所以他"认定古物学的研究在我们

---

① 陈恭禄：《中国史》第1册，长沙商务印书馆1940年版，第168、227页。
② 吕思勉：《先秦史》，上海开明书店1947年版，第4—5页。
③ 李大钊：《原人社会于文字书契上之唯物的反映》，载《李大钊史学论集》，河北人民出版社1984年版。

也是必要的一种课程……我现在即就诸家所已拓印之卜辞,以新兴科学的观点来研究中国社会的古代"。① 在郭沫若的表述中,他已经注意到史料性质的变化,并开始使用"旧史料""新史料"的词汇。而针对古史当中"阡陌与井田""夏禹"等具体问题时,他对考古发掘抱有极大的期望,认为这些问题"将来如地底发掘盛行时,或有证明之希望","将来大规模的地底发掘上可望得到实物上的证据"。②

吕振羽后来出版的《史前期中国社会研究》是"关于中国古代氏族社会的研究",所依据的材料是"各种古籍中的神话传说式的记载"和"仰韶各期的出土物",并且"以后者为正料,而以前者为副料"。③ 吕振羽对出土古物尤为重视,因为研究远古史"只能仗地下发现的古物来作主人"④。由于吕振羽重点关注中国氏族社会,所以他采用的材料是以结合考古资料和神化传说为特征的,这与上述郭沫若的做法有所不同。继此书之后,吕振羽又出版了《殷周时代的中国社会》,他强调对于殷代的研究,可靠史料包括殷墟遗物、易卦爻辞、《商书》各篇、周初文献以及经过考证的后世文献记载,其中殷墟遗物为"殷代铁一般的史料",其价值自不待言。⑤ 他此后的《简明中国通史》也多次提到通过"地下发现的遗物"可考察太古时代人类生活情形。⑥ 后来考察"汉族的起源形成和初步发展"等古史民族问题时,吕振羽指出他是根据地下发现、文献记载和民俗资料加以综合分析,"但是否正确,当还有待于地下发现和其他材料来检验"⑦。20世纪30年代中期,着重考察中国原始社会情形的曾松友也注意到"对于中国原始社会之探究,在过去完全依附于古史的记载……如果要避免这种错误,惟一的方法,便是要依据考古的材料来作探究之基础"⑧。他认为"考古学的方法"有助于确定"实物之年代"

---

① 郭沫若:《中国古代社会研究》,上海群益出版社1947年版,第102、38页。
② 郭沫若:《中国古代社会研究》,上海群益出版社1947年版,第320、353页。
③ 吕振羽:《史前期中国社会研究》,北平人文书店1934年版,"自序"第1页。
④ 吕振羽:《史前期中国社会研究》,北平人文书店1934年版,第296页。
⑤ 吕振羽:《殷周时代的中国社会》,上海不二书店1936年版,第2—4页。
⑥ 吕振羽:《简明中国通史》,北平生活书店1945年版,第8、19页。
⑦ 吕振羽:《中国民族简史》,哈尔滨光华书店1948年版,第13—14页。
⑧ 曾松友:《中国原始社会之探究》,上海商务印书馆1935年版,"自序"第1页。

"种族接触之关系"和"社会的、文化的阶段"①。基于此,林惠祥评价曾著当中一项优点在于"材料方面","其材料的来源得力于考古学"②。

1944年,翦伯赞在重庆出版的《中国史纲》第1卷,论述了秦以前的中国古史,对考古学的发展与古史研究的深入也作了说明。他提到,虽然晚清金石学的发展促进了中国古史研究,但缘于"考古学之不断的发现,于是埋藏于地下的远古遗物,到处出土,此种远古器物之出土,因而提供了中国古史研究以新而又新、真而又真的资料"③。时人评价翦著"很受到学术界的重视……特点是考古材料的大量应用"④。翦伯赞后来在一篇专论史料搜集方法的文章中指出,研究史前史,考古资料有助于辨别传说记载的真伪,"合于考古学发现的,就是伪书上的传说,也可以用为旁证",反之,"没有考古学发现证实的,虽真书上的传说,也不引用"。⑤

这一时期,吴泽也阐述了对古史史料的看法。1943年,吴泽《中国原始社会史》在桂林出版。他在首章探讨"史料的运用"问题,并持与吕振羽相同的观点,"研究殷前的原始社会历史的史料,主要的便是地下出土的劳动工具及其他出土遗物。其次可以作为副料应用的,便是,殷以来后代古籍文献中关于史前历史的神话传说"⑥。后来他又出版了《中国历史简编》,认为考察中国史前期,地下出土物当然可以当作"唯一可靠的主要史料",其他有关传说记载等材料"在一定范围内,是可以作为副料应用的";殷商史料,"无疑地,殷虚地下出土之龟甲兽骨及彝器等实物,是最可靠的主要史料";西周史料,"以西周时代的出土实物和彝器铭文,为最可靠"。⑦尹达于1943年在延安出版了《中国原始社会》一书。该书正文分为"从考古学上所见到的中国原始社会"和"从古代传

---

① 曾松友:《中国原始社会之探究》,上海商务印书馆1935年版,第8页。
② 林惠祥:《林序》,载曾松友《中国原始社会之探究》,上海商务印书馆1935年版,第2页。
③ 翦伯赞:《中国史纲》第1卷,五十年代出版社1944年版,"序"第3页。
④ 齐思和:《近百年来中国史学的发展》,《燕京社会科学》第2卷,1949年10月。
⑤ 翦伯赞:《略论搜集史料的方法》,《中华论坛》第2卷第3期,1946年10月。
⑥ 吴泽:《中国原始社会史》,桂林文化供应社1943年版,第2页。
⑦ 吴泽:《中国历史简编》,上海峨嵋出版社1947年版,第10—12页。

说中所见到的中国原始社会"两编,前者占全书四分之三的篇幅。在当时马克思主义史家中,尹达早年参加过安阳殷墟等发掘工作,考古资料翔实是该书的一大特色,因此该书在当时也引起了关注。此外,邓初民等人对近代考古学发展与"古史"材料扩充问题也有专门论及。①

从时人对"古史"材料的认识来看,"古史"材料基本上可分为"记载的"与"非记载的"两大类。从表面形式来看,这两类史料大致又可看作是"文字"与"实物"之间的区别。上述诸家对"记载的"或"文字"史料的认识基本一致,但对"实物"史料有不同角度或不同层次的认知。"实物"是经过发掘所获得的出土物,还是流传下来的古物;即使是通过发掘所获得的"实物",是有文字或铭文存留的甲骨或青铜器,还是无文字或铭文的陶器、骨器等。对"实物"材料范围的不同认识,也反映了时人对"古史"材料的不同认知。"记载"和"非记载"的"古史"材料也可将中国历史分为"史前时期"与"有史时期"。在分别对这两大时期进行研究时,何种"古史"材料居于"正料",何种居于"副料"②,不同性质材料的关键程度以及所能发挥的作用也是不同的。

考古资料之所以受到当时历史编纂者的关注,并成为重要的"古史"材料来源,原因大致如下。

第一,缘于19世纪末期以后新史料的发现及史料观念的转变。新材料可丰富"古史"研究的已有认知,补充未知的历史内容。许多新史料(如甲骨卜辞等)的发现,引起人们对史料范围、分类、价值、搜集方式、审查方法等多方面的探讨,比之于清人章学诚"六经皆史"的观点,近代学人的史料观念开始发生转变。王国维、陈寅恪等人都论证了新史

---

① 邓初民:《中国社会史教程》,桂林文化供应社1942年版;吴玉章:《中国历史教程绪论》,华北大学1949年版;叶蠖生:《中国历史课本》,中原新华书店1949年版。

② 除上引吕振羽、吴泽等人的观点外,顾颉刚谈及史料运用时也用了"正料""副料"的词汇,他认为"要从文字研究古史,也应以甲骨文金文为正料,以《说文》等随便凑集的书为副料",见顾颉刚《答柳翼谋先生》,载顾颉刚编著《古史辨》第1册,上海古籍出版社1982年版,第227页。顾颉刚此文作于1925年,而吕振羽、吴泽的观点成于20世纪30年代中期至40年代,他们对"古史"材料中"正料"与"副料"的解读,亦反映了考古学的进步对"古史"材料的扩充。

料对于研究旧问题、发现新问题的重要价值。① 西方史学思潮传入中国，也促使学人对史料重新加以审视。对中国马克思主义史学家而言，他们强调历史观的重要性，同时史料问题也是他们非常重视的一项内容，郭沫若甚至提到考古学知识是"正确的史观之母体或其褓母"②。当涉及古史问题的研究，考古材料便很快受到马克思主义史家的重视。

第二，受疑古学说的影响。1923年，顾颉刚提出"层累地造成的中国古史"说，由此打破旧的古史体系，但如何重建可信古史，又是包括"古史辨派"在内的更多学人都要面对的问题，于是很多人转而期待考古学能为解决这一问题提供有力证据。这也可以解释何以随着考古工作的展开，考古材料会受到绝大多数史学研究者（特别是"古史"研究者）的重视。以1928年开始的殷墟发掘为例，当时选定殷墟作为考古发掘工作的重点，并不是偶然的，而是或多或少受"古史辨"运动影响。李济认为史语所考古组"所以选择安阳的理由很多……自从甲骨发现以后，研究上古文化的引起深浓的研究趣味。近十年来，史学上的讨论非常热烈，顾颉刚先生提出上古史上许多问题……但是辩来辩去，只根据那残缺的文字记载，难得可依信的结论。因此，我们觉得非从地下去找新的史料不可"③。从另一个角度而言，"古史辨"运动的兴起与中国近代考古学产生的过程本身，也是相互促进、相互作用的结果。④ 郭沫若等马克思主义史家大致是以积极的态度看待顾颉刚的疑古学说的，如郭沫若曾说："顾颉刚的'层累地造成的古史'，的确是个卓识"，"在现在新的史料并未充足之前，他的论辨自然并未能成为定论，不过在旧史料中凡作

---

① 王国维：《最近二三十年中中国新发见之学问》，《清华周刊》第24卷第1期，1925年9月；陈寅恪：《敦煌劫余录序》，《学衡》第74期，1931年3月。另，王国维此文又刊于《学衡》第45期（1925年9月）、《科学》第11卷第6期"中国科学史料号"（1926年6月），可见此文在当时学术界的反响。

② 郭沫若：《我与考古学》，《生活学校》第1卷第2期，1937年5月。

③ 李济：《河南考古之最近发见》，《国闻周报》第11卷第24期，1934年6月。

④ 顾颉刚自己总结这次"古史辨"运动兴起的背景，其中之一就是"考古学的抬头"，见氏著《当代中国史学》，胜利出版公司1947年版，第126页。夏鼐后来指出"古史辨派""无法建立一个站得住的中国上古史新体系"，但是他们"扫除了建立'科学的中国上古史'的道路上一切障碍物，同时使人痛感到中国古史上科学的考古资料的极端贫乏"，见氏著《五四运动和中国近代考古学的兴起》，《考古》1979年第3期。

伪之点大体是被他道破了的"。① 用包括考古材料在内的新材料重构中国古史，是郭沫若研究中国古史的主要史料观。林甘泉认为"吕振羽《史前期中国社会研究》的贡献，恰恰在于他避免了疑古派的片面性和把史前社会排除在历史研究视野之外的错误"②。吕振羽正是在重视顾颉刚疑古学说的基础上，提出了更为全面的、结合传统的古史传说和当下考古材料认识古史的见解。

第三，与考古学在中国的学科定位与学术使命有关。近代中国史学学科化的重要特征之一，是近代考古学成为历史学知识谱系中不可或缺的环节。民国初年考古学课程就被纳入史学系的修习科目之中，南京国民政府成立后，也规定考古学应列入历史课程的讲授科目中。中国近代考古学成立之初，便具有强烈的"编史倾向"。③ 1926 年，李济发表讲演《考古学》时提到"考古学与历史也有很大的关系"。④ 傅斯年创办历史语言研究所，内设考古组，他认为"考古学在史学当中是一个独异的部分"⑤。史语所殷墟发掘工作开始不久，傅斯年更加自信近代考古学在重建中国古史乃至提高中国史学的国际影响力等方面具有重要意义。他说："吾等所敢自信者，为近代科学的考古方法。故以殷墟为一整个问题……满意工作经若干年，为中国古史解决若干重要问题，为中国史学争国际的地位……近代考古学之殊于传统的古器物学处，即在问题之零整，记录之虚实，目证之有无。"⑥ 傅斯年虽未亲自参与殷墟考古发掘活动，但作为当时国内重要学术机构的组织领导者，他的观点对史语所考古组的工作颇具指导意义。后任史语所考古组主任的李济的看法则更为具体，他强调"实物是不变的！随时公布它们出土的历史，以备大家共同研究，

---

① 郭沫若：《中国古代社会研究》，上海群益出版社 1947 年版，第 348 页。
② 林甘泉：《吕振羽与中国社会经济形态研究》，《史学史研究》2000 年第 4 期。
③ Lothar von Falkenhausen, "On the Historiographical Orientation of Chinese Archaeology", Antiquity, Vol. 67, No. 257, 1993.
④ 李济：《考古学》，《清华周刊》第 25 卷第 8 期，1926 年 4 月。
⑤ 傅斯年：《考古学的新方法》，《史学》（上海）第 1 期，1930 年 12 月。
⑥ 《附录：中央研究院历史语言研究所傅斯年君来函》，《史学杂志》（南京）第 2 卷第 3、4 期合刊，1930 年 9 月。

也是我们当然的责任,这是我们发表这个刊物的又一个意义"①;"向来所谓'难稽'的洪荒,一旦变为一件有物可证的具体的案件,在旧史学家自然是无话可说;在新的史学家因此就开了一个收集史料的方向;十余年来这类的工夫已经把一部分难稽的洪荒化成一段最可靠的信史"②;"田野考古工作,本只是史学之一科……田野考古者的责任是用自然科学的手段,搜集人类历史材料,整理出来,供给史学家的采用……与史学绝缘的考古学是不能有多大进步的"③。夏鼐留英期间,强调"治上古史,考古学是占中心的地位,尤其是中国现下的上古史界情形,旧的传说渐被推翻,而新的传说又逐渐出现,与旧的传说是一丘之貉,都是出于书斋中书生的想像"④。此前他在清华大学读书时,阅读过吕思勉《白话本国史》和缪凤林《中国通史纲要》,比较二书之后,感慨"地下材料未能充分发现以前,新派史学对于殷周以前之史迹,亦只得搁笔"⑤。考古学在近代中国史学中的学科定位,以及李济等考古学者对中国考古学学术使命的界定,促使包括中国马克思主义史家在内的诸多历史学者不断借助考古学材料来建构他们的古史撰述。

第四,尤其对中国马克思主义史家而言,更重要的一点是中国马克思主义史学以社会经济形态理论为中心的历史分期与中国社会发展史研究,原始社会作为社会形态的第一个阶段,其重要性自不待言,考古材料是证实原始社会形态特点的最有说服力的论据之一。马克思主义史家以考古资料阐述中国古史,当是中国马克思主义史学古史研究的题中应有之义。

二 史前考古学成果对"史前史"撰述的"渗透"

中国近代考古学从20世纪20年代开始发展,至40年代末,考古调查及发掘活动主要集中于史前和殷商两大时间段。近代考古学兴起之后,

---

① 李济:《发刊语》,《安阳发掘报告》第1期,1929年12月。
② 李济:《中国考古学之过去与将来》,《东方杂志》第31卷第7期,1934年4月。
③ 李济:《编辑大旨》,《田野考古报告》第1期,1936年8月。
④ 《夏鼐日记》卷二,1936年7月5日,华东师范大学出版社2011年版,第53页。
⑤ 《夏鼐日记》卷一,1934年7月25日,华东师范大学出版社2011年版,第250页。

中国"古史"的叙述内容开始尝试运用考古学体系建构"史前史"。在"史前"和"有史"时期的分期框架下,中国上古史也随之出现新的书写模式,即旧石器—新石器—铜器时代的文化序列。以下先论述史前考古学成果对"史前史"撰述的"渗透"。

西方学术界所谓的"史前时代","其所谓史,系专指有记录时代而言",李泰棻既然"以有人类即有史为定义",因此"史前史"又称为"未有文字以前之略史"。①虽然他尝试运用"史前三期说"解释中国"史前史",但他的《中国史纲》在1922年出版之时,考古发掘活动在中国开展得很少,他也提到"未有文字以前之小史,然中国方面,出土古物有限,不能不证明于书"②,因此他更多是参照西方考古成果,并借助中国传说记载,阐述中国史前社会情形。1927年8月,他又出版了《记录以前之人类史略》一书,在"例言"中特意指出"西洋学者,对于记录以前之人类文明,研究经过,已数十年。出版著作,发见成绩,各百数十种。惟国内学者,对于此科,尚未注意。兹编先述大概,引起学者注意;后稍有暇,当作较详之书,以飨读者",故而"此书编著:在新旧石器时代,因中土方面,毫无人类文物发见,故仅述西洋方面"。③ 这与他在《中国史纲》的叙述方法相一致。需要提及的是,此"例言"落款日期为1926年8月,此前,安特生等人已开始在中国境内调查史前遗址。1925年6月,安特生《甘肃考古记》开始印发(农商部地质调查所印),提出甘肃远古文化"六期说"。因此李泰棻所说的中国境内毫无石器时代"人类文物"发现,并不恰当,这也说明考古成果要落实在具体的古史撰述之中,存在着一定的"时间差"。

李泰棻《中国史纲》感慨中国"出土古物有限"的现象,到了20世纪30年代初出版的中国历史撰述已经发生了明显改观。1931年,孟世杰出版《中国史》,述及"近十年来"中国各省所发现的旧石器时代遗物,由此证明"中国有人类之古远"。④ 傅纬平指出,当时不仅有中国"原

---

① 李泰棻:《中国史纲》第1卷,武学书馆1922年版,第69页。
② 李泰棻:《中国史纲》第1卷,武学书馆1922年版,第79页。
③ 李泰棻:《记录以前之人类史略》,北京文化学社1927年版,"例言"第1页。
④ 孟世杰:《中国史》,天津百城书局1931年版,第5页。

人"的发现，还有石器时代遗物的出土。① 他还根据安特生在辽宁沙锅屯的发现，将"中国新旧石器图"作为插图，同时根据安特生《甘肃考古记》将仰韶期和辛店期的陶甓花纹图印入书中，见图3-1。

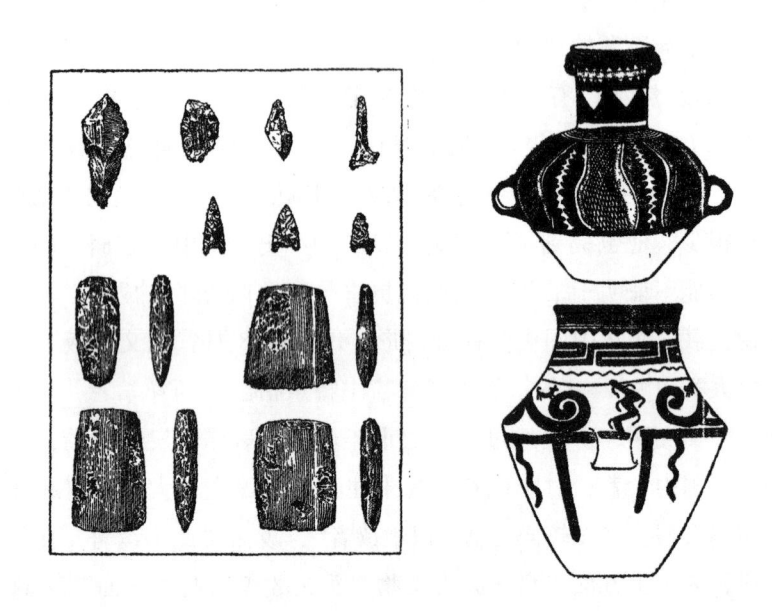

图3-1 傅纬平《本国史》第1册插图"中国新旧石器图"和"古代陶甓花纹"
（引自该书，上海商务印书馆1933年版，第32、34页）

周予同《开明本国史教本》对中国石器时代的文化则有更为详细的解释。他说："依考古学者的研究，人类文化的演进，可分为三期"，即石器时代、铜器时代、铁器时代，其中石器时代又细分为始石器时代、旧石器时代、新石器时代，"近十年来，国内外地质学者与考古学者陆续从事采掘，在陕西、甘肃、河套等地发现旧石器时代的遗物，在外蒙古各地发见旧石器与新石器时代过渡期的遗物，在辽宁、河南等地发见新石器时代的遗物，在甘肃各地发见新石器时代末期与铜器时代初期的遗物。现在虽因为材料缺乏、考订困难，还没有明确的论断，可与古代的记载互证；但是中国民族文化在空间方面是顺沿着黄河流域而发展，在

---

① 傅纬平：《本国史》第1册，上海商务印书馆1933年版，第30—33页。

时间方面是已经延续着四五千年以上的历史，却已得相当的证据"。① 周予同参考考古学等知识，不仅提到了石器时代可分为始石器、旧石器、新石器三个时期，而且指出它们的大致时间范围。他又根据安特生《中华远古之文化》②、翁文灏《近十年来中国史前时代之新发见》③ 等文，得知安特生、德日进、桑志华等人在甘肃、陕西、河南等地的考古活动和研究成果。后来他又进一步指出这些出土遗物可分为石器、骨器和陶器三大类，石器有刀、斧等，骨器有镞、针等，陶器有鬲、鼎等，此外有贝镞、贝瑗等物，进而证明当时的"农业、纺织业、陶业和美术等都已有相当的成绩，那是无疑的"。④ 为引起读者的兴趣，他还将仰韶期部分出土物（骨针、石箭头、石矛尖、石凿、石斧、陶鬲、陶鼎）的图片插入书中。⑤

缪凤林《中国通史纲要》也记述了"史前之遗存"。⑥ 在他看来，想要根据化石记载考察远古人类生活情况，颇有难度。他梳理了中国境内石器时代的遗物，认为"遗存年岁，虽略与有史时代衔接"，然而"与太古传说，则多枘凿"，所以这些遗物很难反映远古时代的年岁。不过，根据这些遗物可考察古史情形的五项内容，即农业社会、工艺、蚕业、宗教、美术，这些"足补旧史之缺"。缪凤林"因古物之见，藉知古史历年之久"。⑦ 他认为"据遗存以述古史，多可与上古传说相佐证，或补其缺遗⑧。余逊亦主张可以从"史前文化实物的发现"和"神话传说的古史

---

① 周予同：《开明本国史教本》上册，上海开明书店1932年版，第22—23页。
② 安特生著，袁复礼译意：《地质汇报》第5号第1册，1923年10月。
③ 《科学》第11卷第6期，1926年6月。
④ 周予同：《本国史》第1册，上海开明书店1947年版，第21—22页。
⑤ 周予同：《开明本国史教本》上册，上海开明书店1932年版，第23页。
⑥ 缪凤林对中国史前遗址的发掘十分关注，并较早地将中国史前遗物情况纳入历史撰述之中。1928年，他就发表了《中国之史前遗存》（《东方杂志》第25卷第11期，1928年6月），并在文中指出"中国之史前遗存，发见虽古，近十年来，研究始盛，因捊掘考察，每属远人，故记载著录，亦以西文为多。国人之号称专家者，材皆象胥，追随译述，鲜能有所树立"。该文后成为他的《中国通史纲要》第3章第1节的内容，他认为此文"博观约取，颇存梗概，黜陟论断，尤多独见"，因此先行单独发表。
⑦ 缪凤林：《中国通史纲要》第1册，南京钟山书局1932年版，第138—142页。
⑧ 缪凤林：《中国通史要略》第1册，上海商务印书馆1946年版，第15页。

系统"两个方面考察史前中国民族、文化的情形,并强调"如果要真确的明白古代中华民族的生活情形,必须求之于地下的发现","中国民族文化的悠久,已经得实物上的证明;即就遗物发现地点来推断,中国先民的活动,是顺沿黄河流域而发展,也无可怀疑了"。① 黎东方也认为近代考古发掘可帮助人们"明白中国的历史究已多久","截至今日,中国各地已有新石器、旧石器、甚至始石器的发现。关于新旧石器所占的时期,按照世界其他各地的通例,合计应有五万年左右,至于始石器,其时进步极慢,年代自应较之新旧石器尤久"。②

从周予同、缪凤林等人对史前考古学的认知来看,他们都认可史前考古学的成果可以丰富人们对"史前史"的认识。但是,他们又期望史前遗物可以和中国既有的传说记载相印证,进而对史前社会有更清晰的认识,这种"互证"的做法或多或少受王国维观点的影响。1925年,王国维在清华学校讲演《最近二三十年中中国新发见之学问》,强调"古来新学问起,大都由于新发见","国中古金石、古器物之发见,殆无岁无之,其关系于学术界尤钜"。③ 同年秋季,他给清华国学研究院讲授《古史新证》,明确提出"二重证据法"。④ 稍后,翁文灏在一篇介绍中国史前遗物的新发现的文章中表达出他对王国维观点的认同,在此基础上,他又认为"所谓地下之学问者,不当仅以逸书及古文件为限。进言之,盖即中国历史初不当仅赖书卷之传述,而应求实物之互证;亦即所以研究之者,初不当限于文学的钻研,而尤重在考古的方法也"。⑤ 翁文灏的这篇文章,刊于《科学》杂志第11卷第6期"中国科学史料号"之中,可见已有时人将中国史前时代的新发现纳入"科学史料"的范围之内。王国维所指的"地下材料","仍以有文字者为限,但所代表的更重要的

---

① 余逊:《高中本国史》上册,上海世界书局1933年版,第4、8页。
② 黎东方:《中国历史通论·远古篇》,重庆商务印书馆1944年版,第3页。
③ 王国维:《最近二三十年中中国新发见之学问》,《清华周刊》第24卷第1期,1925年9月。
④ 王国维:《古史新证》,清华大学出版社1994年版,第2页。
⑤ 翁文灏:《近十年来中国史前时代之新发见》,《科学》第11卷第6期,1926年6月。

一面，实为中国的史学界，接受了'地下材料'这一观念"。① 即使后来学者，将王国维关于"地下材料"的范围加以扩大，扩展到无文字记载的出土器物，甚至利用民俗学、民族学等领域的相关材料，但"二重证据法"仍是他们的历史撰述所常采用的方法。此后学术界甚至将此方法视为一种"典范"，有学者指出它"从理论和方法上为现代考古学奠定了基础"②。

如果说史前遗物和既有传说记载相印证，是用"双重维度"考察中国史前史，那么中国马克思主义史家的历史撰述，可以说是用"三重维度"（即原始社会一般规律的维度、史前考古学的维度、神话传说的维度）来阐述史前期的中国社会情形。马克思主义史家将中国历史划分为几大段，其中"史前时期"有特殊的指代含义。郭沫若一方面认为，商代是"中国历史的真正的起头"；同时指出商代社会还是"一个原始共产制的氏族社会"③，并无阶级之分。吕振羽则认为商代是奴隶制社会，因此中国史前史即"古代氏族社会"。

吕振羽著《史前期中国社会研究》的目的在于"给无人过问的史前期整理出一个粗略的系统，引起大家来研究"④。该书"仰韶各期出土物与传说时代"一章开端，引用了马克思《资本论》中的话：

> 劳动工具的遗物，对于研究已消灭的古代各类经济组织，与对于残存骨骼的研究，能理解一些已绝迹的动物形态和构造，具有同等之重要意义。各经济时代的划分，不依随于其生产什么，而是依随于如何生产，用何种劳动工具去生产。⑤

---

① 李济：《安阳发掘与中国古史问题》，《历史语言研究所集刊》（台北）第40本下册，1969年11月。
② 李学勤：《疑古思潮与重构古史》，《中国文化研究》1999年第1期。
③ 郭沫若：《中国古代社会研究》，上海群益出版社1947年版，第10页。
④ 吕振羽：《史前期中国社会研究》，北平人文书店1934年版，"自序"第1页。
⑤ 吕振羽：《史前期中国社会研究》，北平人文书店1934年版，第249页。按，吴泽亦引用过《资本论》此观点，他的《中国历史简编》提到"我们知道：用劳动工具的遗物，来研究过去的社会经济形态，等于用骨骸去研究消失了的动物一样有意义的"，见氏著《中国历史简编》，上海峨眉出版社1947年版，第10页。此引文后来译本可参见《马克思恩格斯文集》第5卷，人民出版社2009年版，第210页。

吕振羽进而根据新石器及金石器时代各期遗物，考察其时代性，认为"仰韶各期遗物所能指明的时代，恰能和传说的时代相当——虽然其间还有空白。古物出土的主要区域，亦恰在传说时代的区域之内"，因而这些出土物属于"这一传说时代的遗物，是完全有可能的"。①

吴泽也赞同吕振羽的分析方法。他认为出土遗物可指示史前历史"骨骼"的大概，并且史前遗物与传说记载存在"合则性"。在他看来，想要勾画中国史前社会面貌，应分两步走：第一，"以世界历史的一般常识用科学历史观点，把所有出土物作初步的全貌考察"；第二，"再从出土物所示的原始社会经济的'骨骼'和'社会关系'的一定限度的范围内，严谨分析古籍上的传说记载中所内含的部分的真实性的史料，作为补充解释"。②吕振羽除了探究古史传说所反映的母系、父系氏族社会情况外，还对神话传说所暗示的野蛮时代中国社会形态作了"探险性"考察，并分析了从原始群团到氏族社会的特征及图腾制度存在的形迹。吴泽在此基础上，根据上述"两步走"做法，认为在经济构造层面，中国先氏族社会、氏族社会分别相当于蒙昧时期（旧石器时代）和野蛮时期（新石器及金石器时代）。后来郑子田也强调要注意中国原始社会的不同发展演变阶段，尤其是注重分析原始共产社会到氏族社会的过渡形式（图腾制）。③

翦伯赞《中国史纲》第1卷充分肯定了吕振羽、吴泽对探究殷前历史所做的贡献，他评价《史前期中国社会研究》"根据考古学的资料研究殷以前的古史……条理分明，已能指出中国史前社会之大概的轮廓"，吴泽《中国原始社会史》"对于中国史前的历史，亦能有所发挥"，但二书"对于中国东南沿海之史前文物的发现，皆未提及，实为缺陷"。他指出"旧石器文化出土以后……中国古史遂有上溯至传说中之'伏羲氏'、'燧人氏'、'有巢氏'时代，乃至有上溯至中国历史之出发点的可能"，故此，他想将中国古史从"神的历史"还原为"人的历史"。④容媛评价翦

---

① 吕振羽：《史前期中国社会研究》，北平人文书店1934年版，第295页。
② 吴泽：《中国原始社会史》，桂林文化供应社1943年版，第7—9页。
③ 郑子田：《中国原始社会研究》，永祥印书馆1947年版，第31—32页。
④ 翦伯赞：《中国史纲》第1卷，五十年代出版社1944年版，"序"第4—6页。

著时提到,地下的发掘"不只将中国历史延长了若干年代,且可从新石器时代遗物以及甲骨金文文字中以印证若干洪荒蒙昧的史迹",蒳著"即根据最新出土之史料以为出发,打破循循相因的藩篱"。① 蒳著还附有"中国前氏族社会历史发展表"和"中国氏族社会历史发展表",前者将传说时代、历史学时代、技术发展的过程等相对应,后者将传说时代、历史学时代、考古学时代、家系的改变等相对应,见表3-1、表3-2。

表 3-1　　　　　　　中国前氏族社会历史发展

传说中的时代	历史学上的时代	技术发展的过程	社会经济及家族形态发展的过程	年代估计
有巢氏时代	蒙昧下期	下期旧石器文化,使用粗糙打制的燧石,及削尖了的木棒。周口店猿人产地文化中之最原始的一部分是属于这一时代的文化	人类结成原始群进行采集经济,血族群婚	纪元前五十万年—十五万年
燧人氏时代	蒙昧中期	中期旧石器文化,火的发明与应用,骨角器物的出现,凿孔技术的发明。周口店猿人产地的文化及鄂尔多斯旧石器文化是属于这时代的文化	性别、年龄别的社会。采集、狩猎经济,亚血族群婚	纪元前十五万年—五万年
伏羲氏时代	蒙昧上期	上期旧石器文化,石器形式的缩小与统一,骨器发达。周口店山顶洞文化及哈尔滨何家沟文化,是属于这一时代的文化	氏族社会的萌芽,采集、狩猎经济之高度发展,对偶婚	纪元前五万年—九千年

---

① 容媛:《评〈中国史纲〉第一卷》,《燕京学报》第31期,1946年12月。

表 3-2　中国氏族社会历史发展

传说中的时代	历史学上的时代	考古学上的时代	技术发展及经济进步的过程	家系的改变	家族形态的发展	氏族组织的发展	年代估计
神农黄帝时代	野蛮下期	齐家期	研磨石器及单色陶器的出现。种植、畜牧及纺织的发明				纪元前九千年—六千年
尧舜禹时代	野蛮中期	仰韶期 马厂期	研磨石器的复杂化，彩绘陶器的发达，可能已经发明黄铜器，种植、畜牧经济的发展	母系氏族社会	对偶婚家族	氏族、胞族、部族到部族联合	纪元前六千年—四千年
夏代	野蛮上期	辛店期 寺洼期 沙井期	黄铜器物的应用（在广东海丰史前遗址中出现了铁器），田野农业的出现，象形图画向文字的方向发展	父系氏族社会	对偶婚家族向一夫一妻制家族过渡	部族联合向种族国家之过渡	纪元前四千年—一千七百年

第三章　考古学的发展与中国历史撰述中的"古史"建构　　119

　　"为了给读者以具体的概念",《中国史纲》第 1 卷"对于各时代的古器物，均附有图片"，这些插图同书中的其他地图、年表之绘制，"就占了本书写作时间的三分之一"①，可见翦伯赞的重视程度。为了形象反映中国前氏族社会器物的变化过程，翦伯赞在书中插入了"'有巢氏'时代（蒙昧下期）的燧石器，周口店山洞发现之最原始的燧石器""'燧人氏'时代（蒙昧中期）的骨制尖头器或钟击器""'伏羲氏'时代（蒙昧上期）的石器与骨针"等图片。② 此外，翦伯赞还将安特生《甘肃考古记》当中齐家期、仰韶期、马厂期、辛店期、寺洼期、沙井期的器物图片，插入《中国史纲》第 1 卷之中，以说明中国氏族社会器物的演变过程。

　　吕振羽、吴泽、翦伯赞都将传说时代、历史学时代、考古学时代相对照。前两者对照的结果一致，但在考古学时代对照上有不同意见，比如吴泽认为"北京猿人"处于蒙昧中期或上期文化状态，而翦伯赞认为应处于蒙昧下期；吴泽认为辛店期相当于野蛮中期，而翦伯赞认为相当于野蛮下期。翦伯赞曾感慨"认识考古学上的史料，不是一件容易事情"③，他与吕振羽、吴泽都强调用出土遗物考察原始社会情形的重要性，但由于对考古资料解读不同，出现了上述不同历史解释。就考古材料而言，当时考古发掘并不全面，一些结论只是暂定的。例如安特生《甘肃考古记》将甘肃远古文化分为六期，吕振羽虽意识到安特生"以苏萨一二及安诺一二作比较去判定仰韶的时代……未免在故弄空虚"，但"六个时期的文化，是否果属一个系统……还没有人提出问题"④，因此他暂时依据安特生的分期考察中国史前文化。翦伯赞也审慎指出"安氏的这种划分，至今考古学家尚没有提出新的论证，给与以任何改变。因此这种划分，仍不失为研究中国新石器文化的一个坐标"⑤。关于此"六期说"，李济、刘燿（尹达）等人都提出过疑问；安特生后来也加以修正，但未能深入阐明齐家文化性质。1945 年，夏鼐在甘肃洮河流域发掘了两座齐

---

①　翦伯赞：《中国史纲》第 1 卷，五十年代出版社 1944 年版，"序"第 6 页。
②　翦伯赞：《中国史纲》第 1 卷，五十年代出版社 1944 年版，第 27、32、42 页。
③　翦伯赞：《略论搜集史料的方法》，《中华论坛》第 2 卷第 3 期，1946 年 10 月。
④　吕振羽：《史前期中国社会研究》，北平人文书店 1934 年版，第 281—282 页。
⑤　翦伯赞：《中国史纲》第 1 卷，五十年代出版社 1944 年版，第 91 页。

家文化墓葬,根据可靠地层证据判定齐家文化应晚于甘肃仰韶文化①,新中国成立后的有关历史著作吸收了此观点。尹达《中国原始社会》也曾利用新石器考古资料,排出昂昂溪—仰韶—龙山文化演进序列,每一期又分若干小期,并尝试对与之相应的历史发展阶段和社会结构作出判定。但当时中国本土考古资料较为有限,未能为新石器时代的文化谱系研究提供充足证据链。尹达后来对他书中内容作了修订。②

受进化史观的影响,20世纪初的中国历史撰述,大多认为远古传说可反映渔猎、畜牧、耕稼的时代次序。甚至到30年代初,仍有许多著作持此观点。吕振羽等人对史前期中国社会情形的考察,创新之处主要有两点。

首先,他们承认探索中国史前社会的必要性。曾参与社会史论战的吕振羽提到,在古史材料有限的情况下探究中国史前社会,无疑是带着冒险尝试性质,但"在时代的需要上,这种冒险的尝试,似乎还是必要的"③。《史前期中国社会研究》的出版,很大程度上改变了"视为无足轻重而无人去过问"殷周以前中国历史的出版界状况。④ 关于此点,翦伯赞后来也给予高度评价,他认为中国社会史论战之后,"一部分人藉口于史料的不足,而拒绝对于中国古代社会的研究,因而作为中国历史之出发点的原始时代,曾有一个长时期没有人过问,从而中国历史研究的范围,长期的拘限于封建社会史,至多提前到奴隶社会史这一阶段中,而不能进一步去根究中国历史之起源的问题",但吕著"把中国历史研究的领域,突破了'阶级社会'的界限,从殷代再提前到先阶级的原始时代",这在学术界具有开辟性意义。⑤ 就此点而言,吕振羽等人的工作具有开创意义。中国"古史",是整部通史的关键一环。"除非我们撇开中

---

① 夏鼐:《齐家期墓葬的新发现及其年代的改订》,《中国考古学报》第3册,1948年5月。
② 尹达:《中国新石器时代》,生活·读书·新知三联书店1955年版;《新石器时代》,生活·读书·新知三联书店1979年版。按,后书即前书的增订版。
③ 吕振羽:《史前期中国社会研究》,北平人文书店1934年版,第1页。
④ 《介绍与批评:史前期中国社会研究》,《出版消息》第41期,1934年9月。
⑤ 翦伯赞:《历史哲学教程》,长沙生活书店1938年版,第249、274页。

国历史不讲，倘要回溯一下本国史的发展过程，或为了解已往社会的状态起见，这个劈头遇到的古史问题，就无法避免了！问题虽难以解决，然而又决不能抛弃不讲。"① 这也可解释为何吕振羽等人即使"冒险"也要努力还原史前期中国社会面貌。研究和撰写中国"古史"，对吕振羽等人而言，不仅是为了应对内在学理要求，也是为了呼应"时代的需要"。

其次，他们用"三重维度"还原史前期中国社会的本来面目，而不仅仅停留在单向或双向维度的叙述上。换言之，他们在综合考察考古资料和神话传说记载的基础上，努力探索中国马克思主义史学"古史"建构的理论体系。虽然他们一再强调，自己的做法带有尝试性质，很多观点也只是初步推论，但在中国马克思主义古史撰述体系建立之初，"把握着正确的法子以研究中国史前期社会乃新史学家最最迫切的任务"②，因而这种尝试工作无疑颇具意义，也为 20 世纪后半叶建立中国可信"古史"提供了重要经验。

由上所述，20 世纪 20 年代至 40 年代末，中国史前考古学成果逐渐改变了国人的古史观念，并塑造着他们的"史前史"认知。20 年代中期，翁文灏便强调"用考古学的方法，则探究所及，其范围足以远及文字历史之外，其时代可以追及书契肇始以前；而此类研究在中国近十年来实大有发明，且方在长足进步；故于此短时间内之所得，已足使吾人对于书契以前中国之人种及文化别辟一种崭新观念"③。当地质调查所刚刚公布在河南、奉天发现的石器时代遗址后不久，李济的一个教中学历史的朋友便在课堂上"摒弃三皇五帝不谈，开始只讲石器时代文化、铜器时代文化"，不料全体学生都以为他在讲笑话，而报之以大笑，使得他"简直的不能继续讲下去"，但是"事隔十年，情形是全变了，好些乡下的小学生也都知道'石器时代'这个名词了"。李济认为这种现象"可以代表十年来我们对于历史观念的变迁"，因为"石器铜器时代的史实一天一天的增加，现在差不多可以自成一卷历史"④。顾颉刚也描述道，"北平西南

---

① 华白沙：《古史及古史研究者》，《杂志》第 9 卷第 6 期，1942 年 9 月。
② 湛小岑：《读〈史前期中国社会研究〉》，《读书生活》第 1 卷第 2 期，1934 年 11 月。
③ 翁文灏：《近十年来中国史前时代之新发现》，《科学》第 11 卷第 6 期，1926 年 6 月。
④ 李济：《中国考古学之过去与将来》，《东方杂志》第 31 卷第 7 期，1934 年 4 月。

房山县发现了一座完好的猿人头骨,确实的年代虽不能断定,总是五十万年以前的。我们得到这消息,快乐得跳起来,叫道:'中国历史的第一页找到了!'"①"快乐得跳起来"形容时人听到这个消息时的表现,实际上也反映了"北京猿人"对于改变和丰富他们的"史前史"认知所产生的震撼作用。陈恭禄后来也指出当时发表的考古报告,"现已改变吾人对于古史之观念","近时周口店,亦有旧石器人骨发现,当可改正吾人之观念"。② 具体而言,史前考古学对国人古史观念的改变以及"史前史"撰述的"渗透",主要体现在三个方面。

第一,打破上古黄金时代观念③,使人明白人类社会经历了石器时代甚至更早的发展阶段。19 世纪末 20 世纪初,有部分学者(如日本学者鸟居龙藏、美国学者劳费尔)认为中国无石器时代,章鸿钊 1918 年出版的《石雅》即笃信此说。④ 20 世纪 20 年代初,李泰棻出版《中国史纲》时,他还感慨"旧石器时代,发明之物,均甚简单;且世界各地,掘出物件亦鲜,故不能详述"⑤,但后来安特生确定仰韶文化为"远古之中华文化",由此推翻了中国无石器时代的假说,"中国北部之新石器时代,于焉确立",甘肃、陕西等地均有石器遗址发现,"中国新石器时代分布之广"而鸟居龙藏、劳费尔等"謷说之不足信也"。⑥ 1923 年夏,法国学者德日进、桑志华在宁夏水洞沟等地又发现旧石器时代遗址,"十余年来,北部中原,石器日出",中国无石器时代的说法"已不攻自破"⑦,"考古

---

① 顾颉刚:《春秋战国史讲义第一编》,载《顾颉刚全集·顾颉刚古史论文集》卷四,中华书局 2010 年版,第 114 页。

② 陈恭禄:《中国史》第 1 册,长沙商务印书馆 1940 年版,第 86、91 页。

③ 陈恭禄指出"人类进化,自石器时代进至铜器时代,更自铜器时代进至铁器时代,已为社会学上之定论。国人初不之知,士大夫本于夸大之心理,好称我国文化之古。其人囿于儒家之说,深信古为黄金时代,与新说不合,乃谓中国并无石器时代",见氏著《中国上古史史料之评论》,《武汉大学文哲季刊》第 6 卷第 1 期,1936 年。

④ 1927 年章鸿钊重印此书时,根据安特生等人的考古发现,又增补了《中国石器考》作为"附录",对旧说有所订正。

⑤ 李泰棻:《中国史纲》第 1 卷,武学书馆 1922 年版,第 71 页。

⑥ 缪凤林:《中国通史纲要》第 1 册,南京钟山书局 1932 年版,第 131—134 页。

⑦ 缪凤林:《中国通史纲要》第 1 册,南京钟山书局 1932 年版,第 125 页。

学上的史前文化,粲然大备"①。随着考古发掘工作的拓展和科学知识的进步,"上古黄金时代之观念,已无立足之余地"。②

第二,从时间观念而言,史前考古成果"拉长"了中国古史,使人们得知中国历史更为古远。1926年1月,李济在清华学校大学部讲演时就提到,"自从有了考古学以后,把人类的历史,延长到十二万五千年,换句话说,就是自从人类有史,以至现在,已竟有十二万五千年了;以前认为人类的历史,只有几千年,这不过是说记载的历史罢了。从前相信人类所有的历史,都算作文化史;但是现在的研究,各部都有它演化的历史了,这是考古学影响于历史学的"。③换言之,在李济看来,可以运用考古学的知识拉长中国的古史。后来有观点就指出,近代考古学家"多努力于发掘事业,以求地下古物之证据渐补记录之不足,此种工作,固不尽为古史延长,要之亦为最大目的"④。在中国考古发掘活动并未展开时,胡适作《自述古史观书》寄予顾颉刚,信中提到将来地下史料充分时,"慢慢地拉长东周以前的古史"。⑤ 1928年,胡适在一篇讨论治学材料的文章中又谈到,安特生"发现了几处新石器","便可以把中国史前文化拉长几千年";桑志华"发现了一些旧石器","便又可以把中国史前文化拉长几千年";"北京地质调查所的学者在北京附近的周口店发现了一个人齿",经过步达生的考定,"认为远古的原人,这又可以把中国史前文化拉长几万年"。⑥ 30年代初,王锺麒的《中国史》指出,各地旧石器时代文化的发现"使我们把史前的文化拉长了三四万年"⑦。类似观点也多见于其他人的古史撰述之中。40年代末出版的孙正容《高中新本国史》也明确提到"考古学对史学的贡献,厥惟能将历史时间向上拉长,

---

① 余逊:《高中本国史》上册,上海世界书局1933年版,第6页。
② 陈恭禄:《中国史》第1册,长沙商务印书馆1940年版,第157页。
③ 李济:《考古学》,《清华周刊》第25卷第8期,1926年4月。
④ 李泰棻:《古代帝王名及其事迹造作原因之推测》,《新东方》第1卷第3期,1940年4月。
⑤ 胡适:《自述古史观书》,载顾颉刚编著《古史辨》第1册,上海古籍出版社1982年版,第22页。
⑥ 胡适:《治学的方法与材料》,《新月》第1卷第9期,1928年11月。
⑦ 王锺麒:《中国史》第1册,上海商务印书馆1931年版,第26页。

于古人没法知道的事情,设法使他知道"①。翦伯赞在"中国前氏族社会历史发展表"中,对旧石器文化的年代加以估计,大概是想在读者的历史观念中建构起较为清晰的远古时间序列。

第三,自周口店北京猿人发现之后,这一考古新发现成为史前时期重点介绍的内容,并改变了人们对中国人种起源问题的看法。中国人种起源问题是"古史"建构中的一项重要议题,并与文明起源、民族—国家建构、近代中国文化自信的建立等问题密切相关。②

三 殷墟考古成果对"商史"撰述的促进

与史前考古发掘活动同时进行的还有历史时期考古,其中尤以殷商考古发掘为重点。1928年10月,董作宾在安阳主持史语所考古组成立后的第1次考古发掘,至1937年6月,史语所在安阳殷墟前后进行了十五次发掘,并相继出版了考古发掘报告及有关资料。安阳殷墟的发掘,不仅证明了"甲骨文存在于殷商时期","从此使中国古文字研究开始在新的基础上进军",而且根据所公布的考古资料,"为进一步研究中国古代历史奠定了新的基础"。③

19世纪末发现的甲骨文被后来学术界认为是一个重大发现,至1928年安阳殷墟开始发掘之前,甲骨文字已被中国学术界和部分外国学者所知晓。特别是经过罗振玉、王国维等人的考释工作,甲骨文字成为确定商代"信史"地位的重要材料,甚至由此推衍出夏代历史的可信性。20世纪上半叶中国历史撰述中关于"信史"开端的记载,有不少就是根据甲骨文及相关考证成果加以判定。在探寻"信史"的基本前提下,殷墟卜辞、青铜铭文以及各种考古发掘等都成为订补文献、考求"信史"的重要材料来源。从30年代开始,除了少数中国历史撰述外,大部分将商代作为中国可信历史叙述的起点。殷墟考古成果对"商史"撰述的促进,具体表现在三个方面。

---

① 孙正容:《高中新本国史》上册,上海世界书局1947年版,第35页。
② 相关论述,参见本书第四章的内容。
③ 李济:《安阳·自序》,载《李济文集》第2卷,上海人民出版社2006年版,第320页。

首先，殷墟考古发掘成果，使"商史"书写有更为明晰的时间序列。20世纪30年代中期，周予同指出，小屯发现的许多刻字龟甲兽骨，经有关学者研究，"断为殷商时代的遗物，于是离现在三千多年以前的中国古史，竟使我们得到比记载为尤明晰的观念"。① 杨东莼后来也提到，由殷墟发掘可知殷商文化发展程度很高，"商代的前半期甚至商代之前的夏代，其文化亦必大有可观，远在三千年以前"。② 殷墟考古发现对"商史"的证实，也对"东周以上无史"的说法做了重要修正。

之所以有这种相对确切的时间观念，主要得益于殷墟考古对甲骨文字及有关铜器铭文的进一步确认，"安阳发掘从一开始，其目的就是发现古代中国有文字记载的历史，而不是寻找艺术品和埋葬的珍品"。③ 有观点就提到"中国考古学者最伟大的贡献，是商都殷墟古物的发掘与研究。在殷墟发现的古物，主要是刻有文字的龟甲与兽骨……根据这些商人自己的文字，再以后人对商代的记载来印证，历史学家对商代的生活，已经可以描出一幅相当真确的图画了"。④ 董作宾本人的教育背景中并没有近代考古学的学术训练，因而他对殷墟发掘的预期，与史学家罗振玉等人之前的看法相近，他们的史学眼光都以发现带字的甲骨骨片或铜器为主。所不同的是，董作宾希望通过发掘获得甲骨。殷墟第1次试掘之后，董作宾认为"发掘前途之最大希望"在于"殷墟文字"，他说："吾人于发掘前途，实有极大之希望。盖甲骨之在地下者，既为散漫无纪之漂流淤积而非有意之埋藏，则近三十年因偶然发现而采获之品，当不足罄其所有……是则吾人治殷墟文字者所可抱无量之乐观者也。"⑤ 李济后来也强调殷墟的重要性"全是因为有文字存在，时代上没有许多疑问"⑥。时人评价董的工作，"于发掘甲骨出土记载之周详，前此所未尝有。故能提

---

① 周予同：《开明本国史教本》下册，上海开明书店1934年版，"附录"第20—21页。
② 杨东莼：《开明新编高级本国史》上册，上海开明书店1947年版，第39页。
③ 米勒德·B.罗杰斯：《安阳·序言》，载《李济文集》第2卷，上海人民出版社2006年版，第322页。
④ 胡玉堂：《中国史简编》，上海商务印书馆1948年版，第5—6页。
⑤ 董作宾：《新获卜辞写本后记》，《安阳发掘报告》第1期，1929年12月。
⑥ 李济：《现代考古学与殷墟发掘》，《安阳发掘报告》第2期，1930年12月。

出新问题……与吾人以新的启示"。① 董作宾后在《安阳发掘报告》发表了《甲骨文研究的扩大》《大龟四版考释》《释后冈出土的一片卜辞》等文。他甚至期待，如果从祀典、田猎、征伐等各方面研究甲骨文字，"这样的才可以把甲骨文字一举研究成功，才可以把'契学'作了基础，把殷商一代的文化史，分门别类，从废墟中一砖一石的建设起来"。② 他也感慨"研究中国古历是一件极繁难的事，尤其是春秋以前的古历……中国古历，因为材料证据缺乏之故，直到现在，虽经过中外许多天文历学专家的研究，也不曾闹得清楚"，但是"事实是不可掩没的，在甲骨卜辞中既然可以钩稽出来殷商一代历法的概况，未尝不是历学上贵重的资料"。③ 董作宾甚至认为"商代历法，也可由甲骨文中，推求一个概略……将来逐渐研究，当更有新的发现"④。蔡元培觉得"董君之统论龟卜，一语一说皆取实物为证"⑤。傅斯年指出，董作宾的工作可以将古籍中的一些记载"变成活的"，例如董作宾对"新获卜辞"第358版的释定，"则古史中若干材料凭借他点活者不少"，"大凡新获的直接记载，每不能很多的，而遗传的记载，虽杂乱无章，数量却不少。每每旧的材料本是死的，而一加直接所得可信材料之若干点，则登时变成活的"。⑥ 1945年4月，董作宾《殷历谱》作为史语所专刊印行。傅斯年在该书序文中对董作宾的工作给予高度评价，他认为"今彦堂之书出，集文献之大小总汇，用新法则厥尽精微，历日与刻辞尠不合，历法与古文若符契，殷商二百七十三年之大纪，粲然明白而不诬矣。于是中国信史向上增益将三百年，孔子叹为文献无征者，经彦堂而有征焉"⑦。董作宾从年代学的角度对甲骨卜辞等加以考释，不仅进一步确定了商代信史的地位，也对商代历史的撰述起到了促进作用。黎东方《先秦史》便提到"丰富的

---

① 余永梁：《新获卜辞写本跋》，《安阳发掘报告》第1期，1929年12月。
② 董作宾：《甲骨文研究的扩大》，《安阳发掘报告》第2期，1930年12月。
③ 董作宾：《卜辞中所见之殷历》，《安阳发掘报告》第3期，1931年6月。
④ 董作宾：《甲骨文研究的扩大》，《安阳发掘报告》第2期，1930年12月。
⑤ 蔡元培：《序》，《安阳发掘报告》第1期，1929年12月。
⑥ 傅斯年：《新获卜辞写本后记跋》，《安阳发掘报告》第2期，1930年12月。
⑦ 傅斯年：《殷历谱序》，载董作宾《殷历谱》，历史语言研究所专刊，1945年印，第1页。

卜辞，告诉我们以许多关于商朝后半期的历史事实。由于董作宾先生研究，我们知道了当时的历法已经很进步"，商人"知道节气，知道置闰，知道以甲子纪日，并且也保存了古代对于历法的神秘思想"。①

其次，由于殷墟铜器的出土，很多学者据此判断商代文化状况或社会发展水平。除甲骨卜辞外，铜器又为殷墟考古的重要出土物。殷墟首次发掘时，与甲骨卜辞同出之古物即有铜器，这些器物在董作宾看来可作为"材料之待整理者"。② 1929年春，史语所考古组在李济的主持下，进行殷墟第2次发掘。李济随后指出，此次发掘"有好些铜镞出土，村北所出的铜范尤令人称道。这是第一次切实的证明，商末已到了很进化的青铜时期"。③ 在李济看来，殷墟考古工作不仅重在考证铜器本身，对于铜器的出土情形也尤为关注。④ 这一点也反映出中国近代考古学的进步之处。李济认为殷墟前五次发掘所得的铜器，可分为礼器、装饰品、用器、武器四大类，其中用器与武器"不但有齐全的实物作据，它们的形制的演化，具有很复杂的过程；探讨这些过程，可以窥见中国铜器时代文化背景的一斑"。⑤ 1932年秋，殷墟第7次发掘，石璋如主要在发掘区的E区工作，他后来在报告中指出E区的出土物当中，铜器类也十分可观，"除几个铜镞比较完全外，还有一个残铜铃，及许多残铜片、铜泡、铜锈、铜渣等，并有一个带花的完整铜范"。⑥

20世纪30年代初，缪凤林《中国通史纲要》论述"殷商之特征"时指出"随甲骨而发见者，以铜器为多，制器之模型，与镕铸钟鼎四周云雷盘屈之文之铜范，今亦陆续出土，知殷代为铜器极盛时代"。⑦ 蔡丏因《初中新本国史》也表达了类似的观点，并将"殷墟出土的铜器"图

---

① 黎东方：《先秦史》，重庆商务印书馆1944年版，第42页。
② 董作宾：《新获卜辞写本后记》，《安阳发掘报告》第1期，1929年12月。
③ 李济：《民国十八年秋季发掘殷墟之经过及其重要发现》，《安阳发掘报告》第2期，1930年12月。
④ 李济：《俯身葬》，《安阳发掘报告》第3期，1931年6月。
⑤ 李济：《殷虚铜器五种及其相关之问题》，载《庆祝蔡元培先生六十五岁论文集》上册，历史语言研究所集刊外编第一种，1933年1月，第76页。
⑥ 石璋如：《第七次殷虚发掘：E区工作报告》，《安阳发掘报告》第4期，1933年6月。
⑦ 缪凤林：《中国通史纲要》第1册，南京钟山书局1932年版，第275页。

片插印书中。① 后来钱穆《国史大纲》也指出,史语所主持发掘的殷墟"已是代表很进步的青铜文化"。② 陈恭禄《中国史》、胡玉堂《中国史简编》、周予同《本国史》③ 等亦持此说。周予同还将"殷墟出土的铜器和陶器"图片插印到自己的书中,见图 3-2。

殷墟出土的铜器和陶器

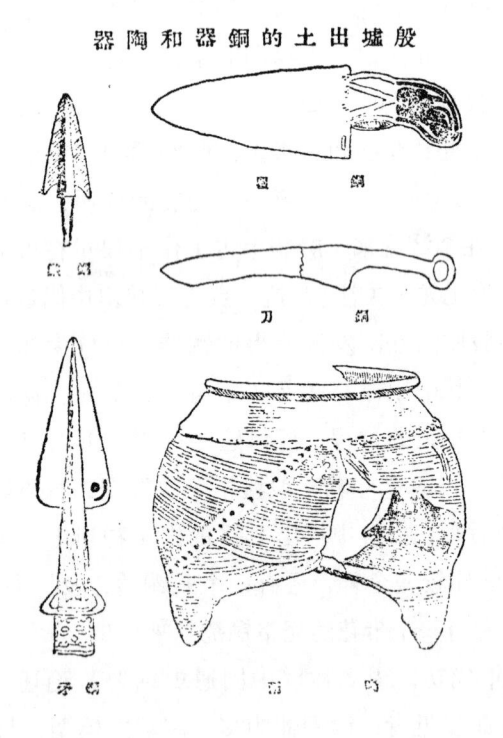

（镞铜）　（刀铜）　（矛铜）　（鬲）

图 3-2　周予同《本国史》第 1 册插图"殷墟出土的铜器和陶器"
（引自该书,上海开明书店 1947 年版,第 24 页）

最后,根据殷墟出土物,不仅可探究商代农业、畜牧业、手工业的发展情形,还能考察艺术等"意识诸形态"的发展程度。殷墟出土物除

---

① 蔡丏因:《初中新本国史》第 1 册,上海世界书局 1937 年版,第 25 页。
② 钱穆:《国史大纲》上册,上海国立编译馆 1947 年版,第 3 页。
③ 关于殷墟铜器等遗物的出土,周予同指出从 1928 年 10 月到 1931 年春,"历史语言研究所在李济指导之下,曾作了四次学术上的发掘,得到不少的铜器、陶器等遗物",见氏著《本国史》第 1 册,上海开明书店 1947 年版,第 25 页。此处周予同的叙述有不准确之处,因为李济并未参与,也未指导 1928 年 10 月史语所考古组进行的首次殷墟发掘工作。

了甲骨卜辞、铜器、石器外，尚有陶器、骨器等。1928年10月殷墟首次发掘，与甲骨"同时出土之古器物"即有"骨制器、蚌制器、玉器、石器，各种兽类之骨、角、爪、牙及铜、铁、炭、朱、瓷器、陶器、陶片之类"①，"未经扰乱的地层"出土物除了有残铜器，还有"绳纹陶片，或陶器、石刀、骨镞、贝蚌制器等"②。张蔚然在研究殷墟地层问题时也指出，"殷商遗物之发现，经吾等发掘，可知系布满于文化层之一通层内"，"文化层内殷商遗物高低均有。殷商遗物，经吾等掘获，已有石器、玉器、铜器、蚌器、骨器、陶器等类。而此等类之比重，俱各不同，尽人皆知"。③ 1929年秋季殷墟第3次发掘后，李济提到此次发掘除"几种重要观察与发现外，尚有多数他种实物"，在此基础上他期待所得的"基本材料仍是那极多极平常的陶片、兽骨等，在这种材料上我们希望能渐渐的建筑一部可靠的殷商末年小小的新史"。④ 傅斯年也意识到，如果要了解"商周生活状态"，"须先知其居室"，想要了解"商周民族之人类学的意义"，"须先量其骨骼"；"兽骨何种，葬式何类。陶片与其他古代文化区有何关系，此皆前人所忽略，而为近代欧洲治史学古学者之重要问题"，因此殷墟的发掘，"盖所欲知者，为其地下情形，所最欲研究者，为其陶片战具工具之类，所最切搜集者，为其人骨兽骨"。⑤ 傅斯年所指的这些"重要问题"，在他看来应当成为中国考古学家及古史学家所要特别关注的问题。1931年8月，李济撰文对殷墟前六次发掘工作进行总结，他说："总计六次发掘所搜集的出土品，以陶类为最多，前后运回研究所的有三百余箱"，其他出土物还包括骨器、石器、贝蚌等。⑥ 殷墟第7次发掘后，石璋如汇总此次E区发掘所得的遗物，"按着它们的性质，约可

---

① 董作宾：《新获卜辞写本后记》，《安阳发掘报告》第1期，1929年12月。
② 董作宾：《甲骨文研究的扩大》，《安阳发掘报告》第2期，1930年12月。
③ 张蔚然：《殷墟地层研究》，《安阳发掘报告》第2期，1930年12月。
④ 李济：《民国十八年秋季发掘殷墟之经过及其重要发现》，《安阳发掘报告》第2期，1930年12月。
⑤ 傅斯年：《本所发掘安阳殷墟之经过》，《安阳发掘报告》第2期，1930年12月。
⑥ 李济：《安阳最近发掘报告及六次工作之总估计》，《安阳发掘报告》第4期，1933年6月。

分为七大类：即石玉类、陶类、骨角类、贝壳类、铜金类、编织类其他等"①。由于考古学在中国的学科定位及学术使命，中国考古学者在整个考古工作的最后阶段（即综合研究）中具有明显的"编史"乃至"写史"责任。"考古"是为了"写史"，通过考古材料而建筑"新史"是李济等人开展考古工作的一个重要目标。

缪凤林从甲骨卜辞大小、刻划技术等方面考察当时的工艺水准，他说："甲骨至坚，作书之契刀，非极锋利不可，则殷人炼金之术，亦已极精矣。"②陈恭禄谈道："种类之众多，花纹之美丽，技术之精巧……此可证明殷人文化之进步。冶铜制器为逐渐改进之工业，必有悠久之历史。"③杨东莼记述"商殷的文化"时也提到，可根据"殷虚出土的遗物和可靠的古籍"阐释殷代的经济生活（牧畜、商业）、文物和思想（历法、宗教）、政治情形（王位继承、诸侯与百官）。④钱穆《国史大纲》、孙正容《高中新本国史》、周予同《本国史》等著作也试图通过殷墟出土物考察商代工艺、政教、风俗等概况。

殷墟发掘之初，董作宾曾说："我们要等待发掘殷墟的工作完结，地下的情形研究清楚，新出的甲骨文字，都可以指出那一坑是他的故乡，那一层是他的居处。再把他本身作详审的观察，把同出的器物作比较的研究，然后从文字、艺术、制度上，研究殷商文化的程度。"⑤ 如果说，用地下出土物研究殷商文化的程度，董作宾的看法更多是对未来工作的期待，那么缪凤林、陈恭禄等人所写的历史著作，则尝试在具体"写史"层面做出努力。李济曾总结殷墟考古成果时指出"如果把安阳遗存所显示的殷代文化内容勾画出一个全貌，在我看来，除书体外，典型的东方因素有以下三种"，即骨卜、养蚕业和装饰艺术，"所有这三种成分都起源于华北并在这里发展，它们分别表现着周代以前早期中国人的宗教生

---

① 石璋如：《第七次殷虚发掘：E区工作报告》，《安阳发掘报告》第4期，1933年6月。
② 缪凤林：《中国通史纲要》第1册，南京钟山书局1932年版，第275页。
③ 陈恭禄：《中国史》第1册，长沙商务印书馆1940年版，第215页。
④ 杨东莼：《开明新编高级本国史》上册，上海开明书店1947年版，第32—39页。
⑤ 董作宾：《甲骨文研究的扩大》，《安阳发掘报告》第2期，1930年12月。

活、经济生活和艺术生活"。① 陈恭禄等人的历史撰述，基本上也是尝试运用安阳的考古遗存考察殷商时期的宗教、经济和艺术生活，即物质与精神生活的发展面貌。安阳发掘所累积的材料"在中国史学史中，可以说是空前的"，其最大价值包括"肯定了甲骨文的真实性"，"对于殷商时代中国文化的发展阶段，作了一种很丰富而具体的说明"。② 殷墟出土物被运用于20世纪三四十年代的"商史"撰述之中，其材料价值也主要体现在这两个方面。

此外，中国马克思主义史家对殷墟考古材料的利用，有一点值得注意，即他们根据殷墟出土器物，从生产工具的发展程度、生产力的发展水平等角度，判定殷代的社会性质。关于殷代社会性质问题，既是"中国社会史研究课程中的一个关键"，并且"关涉到世界史一般发展的阶段的问题"③。要了解殷代生产力发展程度如何，首先应看生产工具发展到什么程度。事实上，中国马克思主义史家之所以对古史分期有不同观点，其中一个重要原因是根据生产工具对殷代社会性质做出了不同判定，这在一定程度上也反映了马克思主义史家"古史"建构的多样性。

郭沫若根据罗振玉《殷墟古器物图录》，注意到和甲骨文同出古物只是石器、骨器、铜器，"一方面青铜器虽已发达，而另一方面则石器、骨器尚盛见使用"，况且"殷虚中无铁器出现"，由此判定"殷虚时代还是考古学上所说的'金石并用时代'"。④ 这是郭沫若最初认为殷代是原始公社制的一个重要立论点。稍后吕振羽指出"殷代的社会，现下国内的历史家，几于一致的判定为氏族社会"，但他想要表达不同意见。⑤ 吕振

---

① 李济：《安阳的发现对谱写中国可考历史新的首章的重要性》，载《李济文集》第4卷，上海人民出版社2006年版，第507页。
② 李济：《安阳发掘与中国古史问题》，《历史语言研究所集刊》（台北）第40本下册，1969年11月。
③ 吕振羽：《中国先阶级社会史序》，《世界文化》第1卷第9期，1937年3月。
④ 郭沫若：《中国古代社会研究》，上海群益出版社1947年版，第59页。另，甚至到20世纪40年代末，仍有学者持与郭沫若类似的观点。吴玉章就提到"根据最近考古学的智识所得的结果……商代还是金石并用的时代，文字方在产生的过程，生产工具和农业还属幼稚，还没有发现铁器的证明"，见氏著《中国历史教程绪论》，华北大学1949年版，第65页。
⑤ 吕振羽：《史前期中国社会研究》，北平人文书店1934年版，第36—37页。

羽认为"从殷代的文化创造的成果上说,十分有知道用铁的可能",但实际情形如何,"还没有强有力的证物去作直接的决定"。他根据《安阳发掘报告》等材料,从殷墟出土物及其遗迹的发现考察,主张殷代应是青铜器时代,并从冶炼术和冶炼场遗址的普遍存在、出土物数量比例、工艺程度、铜器生产量四个方面加以论证。① 尹达对郭、吕二人的观点均持不同意见。他认为郭沫若的"说法似乎是等量齐观的去看铜器和石器,而不曾将它们在生产过程中的作用正确地加以估计",而吕振羽的论证"不能够决定殷代一般的生产工具已经是普遍的使用着青铜"。尹达主张"殷代一般的生产工具不是铜,更不是铁,而是石器;但是青铜兵器在社会发展的过程之中已经起了它应有的作用"。②

吴泽也指出郭、吕二人对此问题的"结论完全不同,各多创见",他赞同吕振羽的分析,而且指出"铜器可以经过冶炼而再制为各种器物,不会因'旧'而废弃堆积……说殷代是金石器时代,实是件憾事"。③ 范文澜、翦伯赞则根据李济的发掘报告及《殷虚铜器五种及其相关之问题》等文,对殷代生产工具加以判断。范文澜以为"商代生产工具,已经不是石头工具而是金属工具","依据考古所得的结论,殷代不但非石器时代,而且还是青铜器末期"。④ 翦伯赞将殷墟出土石器分为三类:一是"前期的遗存,在殷代已完全废而不用的";二是"仍然被殷人当作辅助的生产工具而使用于生产领域的";三是"在青铜器文化基础上所创造出来的发展了的石器"。由此判断"石器在殷代,已经逐渐从生产领域中脱退出来",并认为中国青铜器时代"开始于夏殷之际",甚至"暂时作出一个假定的结论,即整个的殷代,都是青铜器时代"。⑤ 为了充实他的论证,翦伯赞还将"殷虚出土的铜范""殷虚出土的青铜器""殷虚出土的青铜武器"等图片插入书中。⑥ 他们认为殷代是青铜器时代,进而判断殷

---

① 吕振羽:《殷周时代的中国社会》,上海不二书店1936年版,第18—29页。
② 尹达:《中国原始社会》,延安作者出版社1943年版,第153—155页。
③ 吴泽:《中国历史简编》,上海峨嵋出版社1947年版,第12、55页。
④ 范文澜:《中国通史简编》,上海新知书店1947年版,第21—22页。
⑤ 翦伯赞:《中国史纲》第1卷,五十年代出版社1944年版,第182—187页。
⑥ 翦伯赞:《中国史纲》第1卷,五十年代出版社1944年版,第175、177—178页。

代是奴隶制社会。

"史料的理解与处理的技术"不同造成了上述分歧。①《安阳发掘报告》第1期出版于1929年12月,因此郭沫若在1930年初,所能参考的殷墟发掘资料十分有限。随着后来殷墟发掘报告等新材料的公布,他对自己先前的观点有所修正。1945年2月,他作《青铜器时代》一文,指出中国青铜器时代的下限是很明了,但上限仍很渺茫,"在今天所有的智识,只是知道,殷代已经是青铜器时代了"②。他反思自己"在材料的鉴别上每每沿用旧说,没有把时代性划分清楚,因而便夹杂了许多错误而且混沌"③。既然认为殷代已是青铜器时代,郭沫若又据此修正了奴隶制社会的时限,简言之,即上限上移,下限下移。他并没有回避自己的错误,而是及时检讨并勇敢改正。

使用考古材料,是用最新材料做最合理的新解释,因此谁也不能保证自己的观点不被后来考古新资料所推翻。尹达评价郭、吕二人"的确都从具体的史料里去探寻殷商社会的本质问题",然而"同样地依据着具体的史料",却得出"两个不同的结论"。④郭沫若、吕振羽等人,都是在用最新材料做最合理说明。郭沫若多次修正自己关于古史问题的观点,也恰好反映了考古材料的特点。

以往史家撰写殷代历史时,除重点论述殷代"信史"地位外,还考察殷代诸王谱系、重要战争及宗教信仰。中国马克思主义史家的做法与此不同,他们除了对殷代生产工具性质加以判定,还阐述殷代国家构造、家族关系等项内容,由此丰富对殷商社会的认知,体现出中国马克思主义史学古史建构的独到之处。

四 考古发现运用于"古史"撰述的局限性

尽管20世纪20—40年代中国考古工作在史前考古与殷商考古两方面取得了重要成就,并对中国历史撰述中的"古史"重塑产生了促进作用,

---

① 时考文:《〈中国通史简编〉评介(上)》,《大公报》(上海)1947年7月13日第8版。
② 郭沫若:《青铜时代》,上海群益出版社1946年版,第265页。
③ 郭沫若:《中国古代社会研究》,上海群益出版社1947年版,第355页。
④ 尹达:《中国原始社会》,延安作者出版社1943年版,第149页。

同时影响了国人"古史"观念的改变,但当时考古工作也存在一定局限性。由于时局动荡、经费不足、考古人才缺乏等原因,大规模的考古发掘工作并未展开。时人用考古学成果阐释"古史"问题、撰写历史著作时,也表达了他们对考古工作局限性的看法及对未来考古工作的期待。

首先,考古工作非常重视"实物",但对历史学者而言,要想直接获得考古"实物"并非易事。20世纪20年代末,郭沫若意识到"古物"对于古史研究的重要性,但是他指出,"科学的大规模的掘发"在当时的中国"一时恐怕还不能到来",因此他只好暂时把罗振玉的著作看作"唯一的根据"。① "史前遗存之古物,就近时发掘所获者而言,区域尚不甚广",且"以天然限制,吾人所知者尚少"。② 因而很多学者希望通过阅读考古书刊而获得考古新资料,不过当时正式出版的考古书刊亦不尽如人意。陈恭禄便指出,"地下材料迭有发见……而已获材料之待研究发表其结论者数亦不少。盖今关于发掘报告之论文,多为初步研究,其待修正者自不能免,报告且或语焉不详",史语所"大规模之发掘殷墟,发现建筑之堂基地等物,更足以使吾人进一步认识商人之生活。惜其刊印之报告太少耳"。③ 关于"实物"不易看到,吴泽也表达了类似的观点。他觉得,考古发掘所出土的实物"本是最好的史料,但目前多为公私团体或私人收藏,甚至给外人携走,我们无缘见到"④。吕思勉后来也感慨"古物真伪,若能据科学辨析,自最可信。然其事殊不易……至今世所谓发掘,自无作伪之弊,然其事甫在萌芽,所获太少。亦且发掘之物,陈列以供众览者少,报告率出一二人,亦又未可专恃",如此,若以古物考证古史,作为"参证"则可,想要"奉为定论"还得慎之又慎。⑤ 陈恭禄等人所指出的,确实是彼时考古工作客观存在的现象。李济也意识到了这些问题,他在《安阳发掘报告》的"发刊语"中就提道,"有好多朋友,认识的,不认识的,都急于要知道我们这次挖掘的经过及新出土

---

① 郭沫若:《中国古代社会研究》,上海群益出版社1947年版,第31—32页。
② 陈恭禄:《中国史》第1册,长沙商务印书馆1940年版,第124页。
③ 陈恭禄:《中国史》第1册,长沙商务印书馆1940年版,第86、172页。
④ 吴泽:《中国历史简编》,上海峨眉出版社1947年版,第10页。
⑤ 吕思勉:《先秦史》,上海开明书店1947年版,第21页。

的实物。因为挖掘没完，我们事实上不能作个完全的报告；因为我们又要继续挖掘去，时间上也不容许我们这时就作一篇完全的报告。因此我们决定部分的分期发表我们研究的结果"，并且已经发表出来的意见，"不一定是我们最后的意见"，因为"殷墟的发掘何时能了，我们现在不能预定，这种工作不了，谁也不能有最后的意见"。① 与当时考古工作规模相比，正式发表的考古报告十分有限，并且呈现出一定的"滞后性"。20世纪40年代出版的历史撰述，当涉及古史书写问题时，引用的考古材料仍以抗战之前公布的发掘资料及相关研究结论为主，未能及时吸收考古新观点（如夏鼐对齐家文化年代的修订）。1949年之前，中国田野考古工作主要集中在周口店、殷墟两个地点，以及黄河流域和长江下游的若干史前遗址，其他地区和历史时期的调查发掘开展较少，"存在许多年代缺环和地域空白"，正因为如此，20世纪三四十年代的中国古代史专著或历史教科书虽已开始引用考古研究成果，"但势必是难以令人满意"，"这个时期，已经出版的考古学专著和刊物都少得可怜。积累最多的周口店、殷墟等遗址，发掘资料尚未详细公布"。②

其次，由于考古工作的局限，很多古史问题并未得到实际解决，但历史学者对未来考古工作仍充满期待，甚至提出考古工作如何继续展开的建议。吕振羽《史前期中国社会研究》探讨"神话传说所暗示由氏族到市区之转变的形迹"时感叹"我们在甲骨文的研究中，已能发现殷代的农业，已经成为当时一种很重要的生产方法；可惜殷虚以前的殷代遗物，以及汤以上之殷代遗址，还不曾大规模的去开挖出来，使我们对问题还不敢作出一个正确的结论来"③。该书后来出版增订版时，吕振羽在书末的"补订"中仍提到，"我们对中国原始社会的研究，由于材料的不够，不只还不能复现其具体面貌，且有许多问题或无法解决，或还不能获得充分的科学根据。这都还有待于今后人类对古代智识的增多和不断的努力"④。陈恭禄多次提到考古工作有待继续大规模发掘，他强调："我

---

① 李济：《发刊语》，《安阳发掘报告》第1期，1929年12月。
② 王世民：《考古学史与商周铜器研究》，社会科学文献出版社2017年版，第31—32页。
③ 吕振羽：《史前期中国社会研究》，北平人文书店1934年版，第245页。
④ 吕振羽：《中国原始社会史》，桂林耕耘出版社1943年版，第199页。

国发现之材料既不甚多,又稍零碎,其待访求遗址,而作大规模之发掘,实为国内学术界之急切需要。"① 吕振羽根据已有出土物和有关典籍记载,尝试分析"传说的'尧舜禹'时代和'夏代'散布的区域",然后他"对于地下的发掘","附带的有点意见"。他说:

> 我以为在开挖的进行上,也似乎应该设定几个中心,如已有相当端绪之仰韶和殷虚,然后根据依传说的研究所得出的古代各族发展的方向和演进的过程去试探,然后我们才可以从地下去找出其各自的发展方向——例如由东向西的发展,抑由西向东的发展?以及其演进的全过程。若果长此如现在一样,今日开发殷代遗址,明日又跃到春秋战国,今日开发甘肃,明日便移到山东。像这样去进行,似乎不是一个具体的地下考古计划。我甚望努力于地下考古的学者们,对此能稍加注意。②

黎东方谈及夏朝遗址时,也对未来的考古工作提出希望,他指出"我们今日最感到困难的,是商朝以前的有铭器物始终未见。夏朝遗址的地下发掘,事实上等于没有开始",李济发掘的山西西阴村遗址和安特生发掘的河南仰韶村遗址,"也许均属于夏朝,但均不曾发现附有文字的铜器、陶器或骨器。古书上所注明的夏朝若干地名,如平阳、钧台等处,我们很应该作一次有系统的,大规模的发掘"。③ 一般而言,历史学者利用考古成果对古史加以书写时,是在考古发掘资料或研究论文发表之后,但反过来,历史学者有时也可为考古工作的进一步开展提供意见。吕振羽、黎东方等人的建议,不管是从当时的考古水平,还是从后来的考古状况来看,均有参考价值。

最后,即使考古工作有许多局限,未来考古工作如何发展亦未可知,但许多学者仍期望将来出现满意的古史撰述。陈恭禄分析上古史料的种

---

① 陈恭禄:《中国史》第 1 册,长沙商务印书馆 1940 年版,第 91 页。
② 吕振羽:《史前期中国社会研究》,北平人文书店 1934 年版,第 276 页。
③ 黎东方:《先秦史》,重庆商务印书馆 1944 年版,第 10—11 页。

类、内容及限制之后，进而指出：

> 上古史史料之种类，及其内容与限制，已略分言于上。就其量数而言，尚不甚多；将来地下发掘，虽不可知，要亦有限制。古址发掘所得之史料，非专家研究，难有确定之结论，例如河南、甘肃等地所得之骸骨，非剖解学专家，则不能尺量，作一比较之研究也。吾人研究历史者，则据专家之报告及其发表之论文为材料，并参考其他可信之记录，作一比较综合所得之事实，慎重选择，先后贯通，然后叙述古人生活之情状，及文化演进之陈迹，庶有满意可读之古史也。①

陈恭禄《中国史》便尝试分析"新石器人之生活情状"，先记述了"新石器遗址及其器物"，接着指出"其人生活情况，亦吾人所当知者也。惜材料太少"，因此他仅就所知道的材料，叙述了新石器人居住之地、所食之食物等情况。②综合比较各方面材料，进而恢复古人生活概况，也是中国考古学家的学术使命。1941 年，夏鼐留学归国之初，在昆明发表演讲时就说："考古学家亦犹史学家，各人得依其性之所近而有不同之方向。史学家有专写有新得之论文或专著者，亦有喜写广博之通史者。普通考古学家，认为撰述田野工作报告及专门论文，已为尽责。但亦有进一步而作综合工作者。根据现所已知关于某一时代之遗迹古物，重造当时文化之概况，叙述当时生产技术及工具，衣食住行之状况，与外族交通情形等等……今日吾国考古学之材料，仍极贫乏，作此项综合工作者，更须谨慎。将来材料累积至相当程度后，则此项工作，亦不可少，以考古学及历史学之最终目的，即在重行恢复古人之生活概况，使吾人皆能明了人类之过去生活。"③建构系统的、可信的中国"古史"，成为中国历史学家、考古学家的共同夙愿。很多史学家既强调考古学对丰富人们

---

① 陈恭禄：《中国上古史史料之评论》，《武汉大学文哲季刊》第 6 卷第 1 期，1936 年。
② 陈恭禄：《中国史》第 1 册，长沙商务印书馆 1940 年版，第 99—100 页。
③ 夏鼐：《考古学方法论》，《图书季刊》新第 3 卷第 1、2 期合刊，1941 年 6 月。

"古史"认知所发挥的作用,又注意将考古材料与古史传说相印证,这也说明"古书记载"在时人心目中依然占有重要地位。当已有考古成果暂不能为解决古史问题提供有效参考时,有学者则采取较为"传统"的做法,即根据古籍记载的传说体系叙述古史演变。20 世纪 30 年代中期,应功九虽然强调考古材料之于编写中国古史的重要意义,并认为等到中国考古学发展到一定程度时,"将来我们的历史,记到太古时代,或许不必借用那些神话",然而,"我们在今日,只能仍旧采取传说的一部分,作为开讲的引子",因此他从"传说的三皇时代的事迹"开始写起。① 此种编写方法在后来的中国历史撰述中,仍有延续。至 40 年代中期,黎东方《先秦史》第 1 章简要介绍了中国旧石器和新石器遗址的调查及发现情况,然后指出"由于发掘的工作做得太少,我国至今还不能有正确的中国石器分期。我们对于中国每一冰期的中国旧石器分布,与每一区域的中国新石器演进及各个区域间的交互影响,自然是知道得更少了。我们直到今天,还只能依靠书本上的材料,古人所得之于其祖先的传说,来想像中国最古时的情形",所以"我们研究先秦史,秦以前的中国历史,虽可以约略介绍一下中国所已发现的旧石器与新石器,而事实的描叙依然不得不托始于三皇"。② 基于此,他的《先秦史》第 2—5 章分别以"三皇——氏族社会时代""五帝——部族同盟时代""大禹,伟大的帝禹""第一个朝代——夏朝"展开叙述。40 年代末,胡玉堂《中国史简编》对古史的记述也采用了类似的处理方式。他指出,"考古学能给我们的答案,不能满足我们的要求。因此,若要研究中国古史,我们不得不暂时从那些古老的传说里讨消息",所以他的书依次叙述了黄帝、尧、舜、禹等。③ 胡玉堂此书列入"国民教育文库",上海商务印书馆出版该

---

① 应功九:《初中本国史》第 1 册,南京正中书局 1936 年版,第 3—4 页。
② 黎东方:《先秦史》,重庆商务印书馆 1944 年版,第 4—5 页。
③ 胡玉堂:《中国史简编》,上海商务印书馆 1948 年版,第 2—4 页。另,胡玉堂在同年出版的《西洋史简编》中也指出了新石器考古工作的"局限"。他说"关于新石器人的种种,考古学者的发见,不能算少,从这些发见,我们得以推想他们的生活。但是也仅是大概的推想而已,要求对他们有更详尽的认识,还不可能……以近代人看万千年前的古人,真如大雾中看人,只见其轮廓,不能辨面目",见氏著《西洋史简编》,上海商务印书馆 1948 年版,第 6—7 页。

文库的目的在于"辅助国民教育之推进"①，故而胡玉堂叙述中国"古史"的方式也是出于"国民教育"层面的考虑。② 有些古史问题，既然暂时无法在考古学上得到"承认的根据"，也无法得到"否认的根据"③，那么在撰写中国古史时，审慎采取已经沿袭下来的传说内容，也算一种"权宜之计"。

第三节 中国考古学的全面发展及其对"古史"撰述的"支持"

一 20世纪50—70年代中国考古学的发展与时人对考古学的认知

1949年以后，中国考古学迎来"全面发展时期"④。20世纪50年代初，在国家各方面建设方兴未艾之际，中国考古学得以发展的主要原因如下。

第一，考古研究管理的专门机构的建立。1949年11月，中国科学院正式成立。时任中国科学院院长的郭沫若向周恩来总理建议在文化部设立文物局，并且在中国科学院设立考古研究所。1950年，在原北平研究院史学研究所和中研院历史语言研究所一部分的基础上，中国科学院考古研究所于5月开始筹建，8月1日正式成立，是中国科学院"属下的社会科学部门的最初的四个所之一"，由此"使我国第一次有了主管文物工

---

① 《介绍"国民教育文库"》，《国民教育辅导月刊》第2卷第4期，1948年4月。
② 1941年12月，国民政府教育部印发《教育部征求高初中本国历史地理课本办法》，其中强调"历史教科书"与"历史专著"不同，前者的特性在于"以一般国民为对象"，"重视史事可信之点，以导出学生正确之信念"，因此"史料中有疑系古人托古改制之处，但已为历代史家所称述，且确足资教训者，仍从古说。近代以科学方法所研究有得之资料，虽经史学界之公认，亦应慎重采择，其过于抵触传统学说摇动历史观念者，皆所不取"，见《中学本国历史地理课本编辑要点》，《湖南教育》第25期，1942年1月。中国历史教科书的编纂者审慎采用已经沿袭下来的"足资教训"的传说内容，符合当时国民教育的政策要求。
③ 顾颉刚：《自序》，载顾颉刚编著《古史辨》第2册，上海古籍出版社1982年版，第5页。
④ 王世民指出，1949年以后中国考古学迎来"全面发展时期"，其中1949—1978年是"全面发展的前期"，1979年以后是"全面发展的后期"，参见氏著《考古学史与商周铜器研究》，社会科学文献出版社2017年版，第32—43页。

作的政府部门和专门从事考古工作的科学研究机构。这项决策性的安排，对于新中国文物考古工作的蓬勃发展，具有深远的意义"[1]。考古研究所成立后，"考古研究从附庸的地位独立成所，使将来的古代史研究可以更稳固地建立在物质文化史的基础上"[2]。以后，全国各省市自治区又陆续成立了文物管理委员会和考古工作队，"从中央到地方，有了文物保护和考古发掘队伍，这就保证了全国文物考古工作的蓬勃开展"[3]。

第二，高校考古专业的设置。1951年，北京大学史学系成立了考古组。次年，在文化部与中国科学院考古研究所的支持下，北大历史系在全国高校当中率先成立了考古专业。1952年12月9日，夏鼐赴文化部社会文化事业管理局，"开北大考古专业课程会议，由翦伯赞主任主持"[4]。会上议决考古专业"培养目标""教学安排""课程组织"等，计划开设的课程有"考古学通论""考古方法""人类学通论""中国历史考古学""史前考古学""中国考古学史""中国美术史""博物馆学通论"，此次会议"奠定了考古专业今后的教学计划"[5]。至1953年末，北大考古专业"已有60多个学生"[6]。截至1959年暑期，"已有本科毕业生89人（其中包括朝鲜留学生2人）、研究生2人毕业"，1959—1960年度"将有本科学生约140人（其中有越南留学生2人、苏联留学生1人）、研究生5人在学校学习"[7]。专业实习方面，北大考古专业学生曾编入中国科学院考古研究所工作队，在队长的直接指导和工作队人员的辅导下，按照实习计划完成实习任务，具体包括三个阶段，即"见习性的田野发掘""室内

---

[1] 夏鼐：《郭沫若同志对于中国考古学的卓越贡献》，《考古》1978年第4期。
[2] 方回（向达）：《解放四年来新中国的历史科学发展概况》，《光明日报》1953年10月3日第6版。
[3] 本刊编辑部：《德业巍巍 典范长存——回忆郭老在文物考古战线的事迹》，《文物》1978年第9期。
[4] 《夏鼐日记》卷四，1952年12月9日，华东师范大学出版社2011年版，第522页。
[5] 北京大学考古学系编：《北京大学考古学系四十五年（1952—1997）》，1998年印，第37页。
[6] 夏鼐：《中国考古学的现状》，《科学通报》1953年第12期。
[7] 北京大学历史系考古教研室：《十年来的北京大学考古专业》，《考古》1959年第10期。

整理、编写报告"和"独立工作"①。这有效提升了考古专业学生的业务水平。在北大历史系设置考古专业之后，西北大学、吉林大学、四川大学、武汉大学、南京大学、山西大学、山东大学、中山大学、厦门大学、郑州大学等高校的历史系也设置了考古专业，这意味着在学科建制方面，考古学学科体系逐渐形成，为中国考古学的长足发展提供了机制保障。

第三，考古专门人才的培养。民国时期，熟悉田野考古技术与方法的专门人才很少，部分人员又在 20 世纪 40 年代末迁往中国台湾，因此留在中国大陆的考古学家便少之又少。专业考古人才是否齐备成为衡量中国考古学能否继续发展的重要因素。1949 年以后，除了北京大学等高校历史系培养考古专业学生之外，文化部于 1952 年决定与中国科学院考古研究所、北京大学共同举办第 1 届全国考古工作人员训练班，由全国各省市自治区抽调人员参加学习。创办此训练班，主要希望学员们"能掌握关于保护文物的政策法令的精神，懂得文物常识，初步学会田野考古的技术和方法；回到各地区后，能担负起保护文物的工作"②。至 1955 年，共举办四届训练班，"参加学习者达 341 人之多"③。训练班授课内容包括考古学通论、田野考古方法等基础课程以及田野实习。每届训练班的学员结业后，很快可以进入田野发掘现场展开工作。在 20 世纪 50 年代初考古人才极度缺乏的情况下，训练班的举办，"为全国各地培养了田野考古骨干，将科学的发掘方法和基本设备迅速普及全国，使田野考古成为中国考古研究的主流"④，有效促进了当时考古事业的发展。除了全国考古工作人员训练班，中国科学院考古研究所还在 1956 年 12 月至 1957 年 3 月举办了"见习员训练班"。因为 1956 年考古所增添了大批中等学校毕业的见习员，他们的专业思想需要巩固、专业知识亦需要提高。此次训练班连旁听生共 170 余人，通过举办训练班，希望"有计划地把所

---

① 北京大学考古学系编：《北京大学考古学系四十五年（1952—1997）》，1998 年印，第 42 页。
② 《考古工作人员训练班成立》，《人民日报》1952 年 9 月 6 日第 3 版。
③ 中国科学院考古研究所编：《考古学基础》，科学出版社 1958 年版，"前言"第 1 页。
④ 王世民：《夏鼐传稿》，社会科学文献出版社 2020 年版，第 137 页。

内的见习员培养成为各种考古专门业务、技术人员"①。考古所为此次见习员训练班编写印发了讲义《考古学基础》(后于 1958 年 7 月正式出版)。这次短期培训班,每天上午课堂讲授,下午有辅导员协助复习或实习,"因为学员们做课堂笔记有困难,所以讲义的编写力求详细"②。此教材共分三部分,即基础知识(包括石器时代考古、商周考古、秦汉考古、魏晋南北朝至宋元考古、考古学简史)、专题报告(包括石窟寺艺术、汉唐城市遗址、古代绘画、古代瓷器、考古品的保管、考古材料的陈列、人类的骨骼、兽类的骨骼和牙齿)、考古技术(包括田野考古方法、考古照相、考古绘图、考古测量、器物的整理和修复、铜器修整),并有附录《有关文物工作法令指示》。此教材面向一线考古工作者,不仅体现了"通"与"专"相结合的特点,还对田野考古发掘技术与方法作了较为系统的梳理。此书"在一个相当长的时期内,是全国青年考古工作者必读的手册"③。当时考古学专门教材尚不多见,故而此教材的出版,对考古人才培养、学科建设乃至中国考古学的全面发展,均有积极意义。其他地方,也结合当地实际情况,积极举办考古工作人员培训班,以便及时为本地考古事业培养更多的人才。④

第四,随着国家大规模基础建设工程的展开,全国多地都发现了大量古迹和古物,需要考古工作人员配合清理,甚至进行"抢救性"发掘工作。1952 年 12 月,陈梦家复信王献唐,回答所请教关于祭器与殉葬器诸问题,信中谈到"近来考古之学渐有兴盛之势,以后经济建设工程中,恐被动抢救出土古物之工作必定频繁,从而可增加许多新知,可断言也"⑤。1954 年,翦伯赞探讨考古新发现与中国历史研究的问题时提到,

---

① 《中国科学院考古研究所举办见习员训练班》,《考古通讯》1957 年第 1 期。
② 中国科学院考古研究所编:《考古学基础》,科学出版社 1958 年版,"前言"第 1 页。
③ 王仲殊:《夏鼐先生传略》,《考古》1985 年第 8 期。
④ 河南省新乡专员公署文化科:《河南省新乡专区举办文物干部训练班工作报导》,《文物参考资料》1956 年第 7 期;丁安民:《湖北省第一届文物干部训练班开学》,《文物参考资料》1956 年第 11 期;《新疆训练出第一批考古人员》(10 月 31 日新华社新闻稿),《文物参考资料》1956 年第 11 期。
⑤ 陈梦家:《陈梦家致王献唐》(1952 年 12 月 12 日),载杜泽逊编校《王献唐师友书札》下册,青岛出版社 2009 年版,第 1836 页。

"国家的经济建设替中国的考古事业开辟了广阔的道路……现在已经不是一个、两个遗址和墓葬的发掘问题,而是数以百计的遗址、数以千计乃至一万以上的古代墓葬的发掘问题。现在我们的考古学工作者,再不会徘徊于古代文化废墟望着荒烟蔓草、断碑残碣发出浩叹,而是怎样制定计划、组织力量去进行发掘,展开研究"①。不久夏鼐也指出"我国目前大规模经济建设,考古学的作用更大,今日考古研究所的工作,非常具体地说明了这一问题……今天经济建设,基本建设工程大规模展开,需要考古与之配合"②。考古工作人员有了更多的田野工作机会,考古调查及发掘活动得以进一步展开,从而为考古水平提升奠定了基础。

第五,博物馆事业的逐渐发达。各类博物馆,"尤其是历史博物馆方面,需要很多的考古学标本做陈列之用"③。20世纪50年代初,全国许多地方曾利用考古材料,布置"从猿到人""社会发展史"等展览,中国科学院考古研究所也和北京历史博物馆合作,举办安阳殷墟发掘成果等展览。④ 1954年,北京历史博物馆就开始规划"中国通史陈列"。1959年10月,该陈列公开预展。此项工作,得到了考古工作者的大力支持。"中国通史陈列"并不是"一馆之力所能完成的",它是"史学、考古、文物博物馆大协作的产物,它反映了新中国成立十年来的史学、考古、文物博物馆的成就"⑤。博物馆建设的实际需要,从一个侧面促进了考古发掘及室内整理工作的展开。

在中国考古工作进入全面发展的同时,考古学者也在不断反思中国考古学的理论内涵,与考古学联系紧密的历史学领域的学者亦表达出他们对考古学材料的价值、考古学的作用、考古学与"古史"建构之关系等方面的认知。

---

① 翦伯赞:《考古发现与历史研究》,《光明日报》1954年5月22日第2版。
② 夏鼐:《考古学通论讲义(之二)》,载《夏鼐文集》第1册,社会科学文献出版社2017年版,第128页。
③ 夏鼐:《田野考古序论——在考古工作人员训练班讲演摘录》,《文物参考资料》1952年第4期。
④ 夏鼐:《中国考古学的现状》,《科学通报》1953年第12期。
⑤ 陈瑞德:《〈中国通史陈列〉四十年》,《中国国家博物馆馆刊》2011年第3期。

1952年秋，夏鼐在第一届全国考古工作人员训练班讲演"田野考古序论"时强调"对于发掘所得的古物的资料，以及同出土的其他东西，如兽骨、木材等，田野工作者更多地依赖其他自然科学的专家的帮助，使田野工作者可以抽出更多的证据来，可以更好地恢复古代社会的全貌"①。此处夏鼐提到的"田野考古"可以"恢复古代社会的面貌"，与他1941年在昆明讲演"考古学方法论"时提到的考古学"最终目的"在于"重行恢复古人之生活概况"正好可以相对照。1952年，全国高等院校进行院系调整后，历史系的课程重新加以制定，"考古学通论不仅列入大学课程中去"，更在"1953年起还作为历史系的必修科目，列为基本训练之一"②。1953年1—6月，夏鼐在北大历史系考古专业讲授"考古学通论"，其中专门强调"考古学在历史科学上的重要性"，他说："考古学是历史科学的一部分，过去只注意文献，不重视实物，是片面的史学。古代的史学家，就有主观的成见……所以我们要用考古发掘来纠正和补充。'实物'在历史研究中占很重要的地位。以前历史教科书的开始，都是盘古、三皇、五帝，而现在则极力应用发掘材料"。另外，田野考古发掘结束后，考古工作便进入整理研究阶段，"考古发掘后的整理研究，除了分类及断定年代之外，还要作进一步的研究工作。学历史的人也可以搞考古，原因就是考古研究与历史分不开。研究工作是考古的最后一步……考古学的最后目标是复原古代社会情况及社会发展"。③ 1955年2—4月，夏鼐继续在北大历史系考古专业讲授"考古学通论"，他重申"考古学的重要"，"学历史一定要了解考古学，文献与实物二者对历史科学就如车之两轮，缺一不可"。④ 同年10月，他在洛阳为参加黄河三门峡水库考古调查人员作了题为"考古调查的目标和方法"的报告，其中主

---

① 夏鼐：《田野考古序论——在考古工作人员训练班讲演摘录》，《文物参考资料》1952年第4期。
② 夏鼐：《中国考古学的现状》，《科学通报》1953年第12期。
③ 夏鼐：《考古学通论讲义（之一）》，载《夏鼐文集》第1册，社会科学文献出版社2017年版，第70—71、103—104页。
④ 夏鼐：《考古学通论讲义（之二）》，载《夏鼐文集》第1册，社会科学文献出版社2017年版，第128页。

张"考古发掘工作的目标,是为解决历史科学上或考古学上的某一问题"①。1956年冬,夏鼐在中国科学院考古研究所见习员训练班上讲授"田野考古方法"。在他看来,考古学"最后目标"是"恢复历史",具体在于"要恢复古代社会情况和社会发展史","个别的古物或古迹,只有综合起来复原古代社会情况和社会发展,才有它的意义"。②

20世纪70年代末,夏鼐开始主持《中国大百科全书·考古学》分卷的编写工作。在该分卷正式出版之前,他认为有必要先厘清"考古学"的定义,因此他发表了《什么是考古学》一文,明确强调"考古学是一门历史科学,它的研究的目标、对象和观点,都和那基本上以文献为根据的狭义历史学一样。它们二者的区别,也就是考古学的特点,一是它所根据的史料是古代留下来的遗迹和遗物,它可以结合文献,但主要的不是依靠文献资料。二是它所涉及的时代是古代,不是现代"③。夏鼐在其他论述中国考古学发展史等的文章中,仍多次提到"考古学"是"历史科学"的有机组成部分。④ 后来他在《中国大百科全书·考古学》卷首语中,将"考古学"的定义明确表述为:"考古学是根据古代人类通过各种活动遗留下来的实物以研究人类古代社会历史的一门科学。"⑤ 在《中国大百科全书》当中给"考古学"如此下定义,可体现当时学术界的"主流"看法。这一思想认知,亦长期影响着后来学术界的言说。⑥ 从1941年讲演"考古学方法论",到20世纪50年代初阐述考古学理论,再到80年代编写《中国大百科全书·考古学》,其间可见夏鼐考古学理论思想的连贯性。他在给"考古学"下定义的同时,又具体阐明了考古研

---

① 夏鼐:《考古调查的目标和方法》,《考古通讯》1956年第1期。
② 夏鼐:《田野考古方法》,载中国科学院考古研究所编《考古学基础》,科学出版社1958年版,第315—316页。
③ 夏鼐:《什么是考古学》,《考古》1984年第10期。
④ 夏鼐:《十年来的中国考古新发现》,《考古》1959年第10期;《新中国的考古学》,《红旗》1962年第17期;《五四运动和中国近代考古学的兴起》,《考古》1979年第3期。
⑤ 夏鼐、王仲殊:《考古学》,载《中国大百科全书·考古学》,中国大百科全书出版社1986年版,第2页。
⑥ 张忠培:《关于考古学的几个问题》,《文物》1990年第12期;《"中国考古学会第十六次学术年会暨第六届会员代表大会"开幕式上的讲话》,《考古与文物》2014年第4期。

究的时间范围、对象、目标及考古学与其他学科（特别是狭义历史学）的关系等方面的内容。

当时其他学者的有关著述中，也表达了与夏鼐上述观点相似的认识。新中国历史学要想取得全面发展，离不开考古学的支持。曾昭燏甚至意识到"新中国成立以后，考古工作变为马列主义原理来研究中国历史的有效的武器"[1]。1953年年初，苏秉琦发表《目前考古工作中存在的问题》一文，提到"考古工作"是"作为新中国历史科学一部门"，"今天的历史科学工作者……迫切地希望考古工作者能够提供大量的真实史料，来丰富我们的历史知识，发展我们的历史科学，具体地讲，就是希望考古工作者进行大规模的有计划的工作"[2]。1955年，曾昭燏梳理总结江淮下游和东南沿海地区的重要考古发现时，也认为"考古学是历史科学的一部分，研究考古学……不应脱离综合，脱离研究社会发展规律"[3]。1963年，尹达发表《新石器时代考古工作的回顾与展望》一文，其中论及"考古学、史学及其相互关系"时同样指出"考古学是历史科学的有机构成部分之一，它通过实物的历史资料的研究，以了解人类过往的历史"[4]。很多历史学者，亦有此看法。比如刘大年，在1955年中国科学院哲学社会科学学部成立之际起草的报告中就强调"考古学是马克思列宁主义历史科学的重要组成部分"[5]。

高校考古专业在设置之初，同样体现出"考古学"是"历史科学"一个组成部分的理念。1954年，北大历史系改为五年制，"进一步培养历史科学的研究人材。考古学是历史科学的一个组成部分，考古工作者虽然在专业工作方面有它的特点，应与历史工作者有同样的基础知识和训练，才能保证不断提高考古学水平的需要"，因此将"原来四年制考古专

---

[1] 曾昭燏：《考古学通论》，载《曾昭燏文集·考古卷》，文物出版社2009年版，第431页。
[2] 苏秉琦：《目前考古工作中存在的问题》，《科学通报》1953年第1期。
[3] 曾昭燏：《六年来江淮下游和东南沿海地区的重要考古发现》，载《曾昭燏文集·考古卷》，文物出版社2009年版，第206页。
[4] 尹达：《新石器时代考古工作的回顾与展望》，《考古》1963年第11期。
[5] 刘大年：《社会科学学部报告（草稿）》（1955年），载《刘大年全集》第13卷《回忆录 访谈录》，湖北人民出版社2019年版，第346页。

业改为五年制考古专门化",培养目标规定为"既是考古工作者,又是历史工作者"。1954—1958 年的考古专门化教学计划,"加强了历史课程"。但是后来考虑到这样的提法和安排,"对于考古学的特点照顾不够,因而不能很好满足对考古人材的迫切需要",1958 年,北大历史系系务委员会讨论,"建议教育部仍然改为考古专业"。新的规定虽然强调考古学要有自己"独特的工作对象和工作方法",但"考古学是历史科学的一个组成部分,必须进行综合研究"的培养理念并未更变。[①] 这一思想理念在史学界的学会设立、刊物创办等方面或多或少也有所反映。1951 年 7 月 28 日,中国史学会成立时,理事候选人名单当中,中国科学院考古研究所的人员有郑振铎、徐旭生、郭宝钧和夏鼐。[②] 1953 年 12 月 25 日,夏鼐参加了由郭沫若主持的《历史研究》编辑委员会会议。[③] 1954 年 2 月,《历史研究》创刊并形成首届编委名单:郭沫若为召集人,尹达任主编,刘大年任副主编,白寿彝、向达、吕振羽、杜国庠、吴晗、季羡林、侯外庐、胡绳、范文澜、陈垣、陈寅恪、夏鼐、嵇文甫、汤用彤、翦伯赞为编委。彼时尹达兼任中国科学院考古研究所副所长,编委当中只有夏鼐是考古学者。中国史学会的成立、《历史研究》的创刊,都是 20 世纪 50 年代史学界的大事。中国科学院考古研究所人员入选中国史学会理事候选人名单,以及夏鼐担任《历史研究》编委,至少提示出当时史学界认为考古学应当是广义历史学的一个构成部分。

  上述夏鼐等人的考古学理论思想,也落实在了考古工作规划以及具体的考古实践活动之中。1953 年年底,夏鼐梳理中国考古学"现状"时提到,自从中国科学院考古研究所成立后,考古工作目标便发生转变,考古学研究不是"为考古而考古",而是"为历史科学服务"。鉴于"过去的基础和目前的情况",夏鼐认为"最近几年内努力的方向"应当包括"除了配合国家建设工程发掘地下文物加以整理研究之外,主动的研究工作,应该以新石器时代、殷代和两周为重点,尤其着重西周。发掘地下

[①] 北京大学历史系考古教研室:《十年来的北京大学考古专业》,《考古》1959 年第 10 期。
[②] 《夏鼐日记》卷四,1951 年 7 月 28 日,华东师范大学出版社 2011 年版,第 412 页。
[③] 《夏鼐日记》卷五,1953 年 12 月 25 日,华东师范大学出版社 2011 年版,第 56 页。

材料，联系传说及文字记录，以研究这几个时代的社会生活状况及其发展过程"，如此规划，具体原因在于：第一，"中国社会如何由新石器时代的原始社会，采取了冶金技术及发明文字，建立国家，进入了殷代奴隶社会的青铜文化，在考古学方面，我们仍然知道很少，几等于零。新石器时代晚期的材料，虽然累积了一些，但是这些材料都是片段的，相互间的关系是不够的。至于新石器时代早期，在中国考古学上还是个空白"；第二，"殷代是灿烂的中国文化的成长时代，自然是很重要的。20余年来的安阳发掘提供了许多材料，但仍是不够全面的"；第三，"至于东西周的考古发掘的材料更少。解放以后，虽然对于战国时代的墓葬，做了不少的发掘工作，但因为出自墓葬，不足以表现当时社会生活的全貌。历史学家正期待着考古学方面提供帮助解决东西周时期社会性质问题的材料，尤其是关于西周的材料，所以打算把重点放在西周"。夏鼐进而指出，"考古研究所今后几年内的工作草案，就是依照这个要求订制的"。①

夏鼐负责制定的中国科学院考古研究所工作计划，实际是想重点解决两个问题：一是从新石器时代的原始社会到殷代奴隶社会的青铜文化之间的中国社会发展及转变情况，二是两周时期的社会性质。而这两个问题，均是当时历史学者十分关注的话题，甚至在学术界展开过激烈讨论。

关于第一个问题，涉及中国社会发展史，对此问题的探讨，在时代诉求和学理探讨层面，都十分必要。1951年就有学者指出，"今天要彻头彻尾很详尽地谈中国古代社会问题，显然是为时尚早"，但"中国史学界里又很有人在那里研究这个问题"，因为"中国人民时时在需要了解自己社会的历史"。② 1954年5月，翦伯赞在参观"全国基本建设工程中出土文物展览会"后，感慨"由于石器文化发现很少，中国原始社会的历史，直到现在，还是隐藏在神话与传说之中，把这一段历史从神话与传说中

---

① 夏鼐：《中国考古学的现状》，《科学通报》1953年第12期。
② 杨绍萱：《论对于殷代史材的研究态度》，《新建设》第3卷第5期，1951年2月。

洗刷出来是很必要的"①。考古资料恰好可为阐述原始社会形态提供有力的材料支撑。尹达在1954年12月写作的《论我国新石器时代的研究工作》一文中也谈道，"在我国，从原始共产社会到奴隶制社会的具体研究，正有赖于考古学者大力支援，正有赖于丰富的地下资料的发掘和整理；这将有助于我国社会历史的深入研究"，如果忽视这些问题，"会造成历史科学中的损失"。②该文后收入尹达1955年10月出版的《中国新石器时代》一书，尹达在书中"后记"提到，此书目标在于"建立起我国新石器时代的体系"，虽然此任务比较艰巨，但"我国远古社会的研究迫使我们不能不在这方面做最大的努力，以便逐步找到正确解决问题的关键"。③夏鼐和尹达都意识到，建立起中国新石器时代的文化序列，对研究中国原始社会到奴隶社会的发展过程乃至整个中国远古历史至关重要，古史研究者也希望考古学家能提供支援，以便找到正确解决问题的关键。

关于第二个问题，涉及中国古史分期问题。20世纪50年代初，史学界就对中国古史分期问题展开讨论。除郭沫若与郭宝钧在《光明日报》的辩论外，杨绍萱、陆懋德、杨向奎等人亦参与其中。④不过，关于殷代殉人遗骨问题的讨论，在当时并未得出"一个定论"⑤。郭沫若后在《奴隶制时代》一书中又明确了他的"战国封建论"。与此说不同的主要有范文澜、杨向奎等人所持的"西周封建论"。1953年，向达在回顾新中国历史科学的发展状况时指出，"中国古代史的分期问题——奴隶社会与封建社会问题，在历史教学上是需要予以解决的，但是就讨论不起来，几篇文章之后，不闻嗣响，好像有所顾虑似的"⑥。基于当时史学界关于古史

---

① 翦伯赞：《考古发现与历史研究》，《光明日报》1954年5月22日第2版。
② 尹达：《论我国新石器时代的研究工作》，《考古通讯》1955年第2期。
③ 尹达：《中国新石器时代》，生活·读书·新知三联书店1955年版，第155页。
④ 杨绍萱：《关于"殷周殉人"的问题》，《光明日报》1950年4月26日第3版；陆懋德：《试答杨君绍萱的殷周殉人问题》，《光明日报》1950年5月24日第3版；杨向奎：《殉葬与俑》，《光明日报》1950年7月5日第3版。
⑤ 张舜徽：《关于研究中国古代史的材料问题》，《新建设》第4卷第3期，1951年6月。
⑥ 方回（向达）：《解放四年来新中国的历史科学发展概况》，《光明日报》1953年10月3日第6版。

分期问题的探讨情况，夏鼐指出历史学家对西周时期的考古资料充满期待，因此他把中国科学院考古研究所的田野发掘工作重点放在了西周。此前他在致刘节的信中就提到，考古工作"目标拟以西周遗迹为重点"①。翦伯赞后来论及考古发现与两周时期的历史时指出："由于考古发现不多，资料不足，关于西周春秋战国的历史，特别是关于西周的社会性，一直到现在，在中国的历史学家之间还没有一致的意见……这就需要更多的地下发现提出实证。"② 比照夏鼐和翦伯赞的看法，考古工作与古史建构存在契合，这也体现了考古学的学术宗旨。

1959年，在对新中国成立后十年间考古新发现加以总结时，夏鼐指出：第一，旧石器时代研究，已经朝向一个新方向，即认识到这是研究人类原始社会初期情况的一门学科，是历史科学的一部分；第二，虽然十年间在全国各地发现了2000多个新石器时代遗址，但仍未发现能确定为新石器时代初期的遗址，因此对中国农业和畜牧业起源问题还是未能解决；第三，关于青铜时代的奴隶社会，以往在新石器时代的龙山文化和以安阳为代表的晚期殷商文化之间留有一大段空缺，1956年在郑州洛达庙发现的殷代文化遗存使这缺口逐渐缩小；第四，战国时期由于铁器发明后的普遍使用，因此生产力高涨，形成了文化高峰。③ 从夏鼐的总结可看出，当时考古工作的重要目的在于阐明古代社会经济发展过程及其规律，同时希望为中国古史上的一些重大问题（如原始氏族社会的崩溃、西周社会性质等）提供关键性的考古新材料。

20世纪60年代初，夏鼐应《红旗》杂志之约，撰写《新中国的考古学》一文。该文在充分总结已有考古研究成果的基础上，从学科理论的高度，归纳出中国考古学的六项基本课题，即人类的起源问题和人类在中国境内开始居住的时间问题、生产工具和生产技术的发展以及人类经济生活的问题、古代的社会结构和社会关系问题、国家起源和夏代文

---

① 夏鼐：《夏鼐致刘节》（1952年4月3日），载王世民、汤超编《夏鼐书信集》，社会科学文献出版社2022年版，第177页。
② 翦伯赞：《考古发现与历史研究》，《光明日报》1954年5月22日第2版。
③ 夏鼐：《十年来的中国考古新发现》，载氏著《考古学论文集》，科学出版社1961年版，第149—153页。

化以及城市发展问题、精神文化方面（艺术、宗教、文字等）的问题、汉族形成和中华民族共同体形成的过程问题。① 显然，这六项基本课题，既是中国考古学得以继续发展迫切需要解决的关键课题，又无不与中国古史研究及建构问题密切相联。这不仅体现了夏鼐为建立和完善中国考古学学科体系进行的理论思考，更为此后中国考古学的田野工作和综合研究指明了方向，为学术界继续深入阐述中国古史问题奠定了基础。1964 年，夏鼐又发表《我国近五年来的考古新收获》一文。他希望通过新石器时代的研究，"探索中国古代氏族制度的具体面貌和发展过程"，"除了对于各种文化的社会性质、文化内涵和时代先后关系等研究之外，我们对于当时各地居民的体质特征和他们生活的生物环境，也做了一些研究"。② 这反映了他的考古学理论内涵中关于考古学"目标"的认识应用在了具体的考古实践活动之中。

面对考古材料的不断涌现，历史学者在思考"古史"建构问题时，也表达出他们对考古学的认知。

1951 年 6 月，郭沫若作《关于周代社会的商讨》一文，强调要探讨西周时期的社会性质，关键在于如何判断地下出土的材料，因此他十分重视地下发掘。他说："文献上的材料是绝对不够的，必须仰仗于地下发掘……但中国的地下发掘，还仅在萌芽状态……我们应该做的工作还很多，将来必然会有更丰富的材料从地底涌现出来。"③ 1954 年，他的《中国古代社会研究》重新改排出版。他觉得"地下发掘出的材料每每是决定问题的关键。在目前进行着大规模经济建设的伟大时期中，被封锁在地下的图书馆与博物馆不断地开放，古代资料正源源不绝地出土。研究成果趋于一致的可能性逐渐增长了"，因此他甚至期待"史学界的研究工作会蓬蓬勃勃地开展起来"，他书中的错误"会有彻底清算干净的一天"。④ 同年，翦伯赞在参加一次出土文物展览会后提到，"毫无疑问，这些来自全国各地的而又是新近出土的各种各样的历史文物，对于中国历

---

① 夏鼐：《新中国的考古学》，《红旗》1962 年第 17 期。
② 夏鼐：《我国近五年来的考古新收获》，《考古》1964 年第 10 期。
③ 郭沫若：《关于周代社会的商讨》，《新建设》第 4 卷第 4 期，1951 年 7 月。
④ 郭沫若：《中国古代社会研究》，人民出版社 1954 年版，"新版引言"第 2 页。

史的研究，会提供极其丰富的新的资料。也是毫无可疑的，这些新的文物将对中国历史上的许多问题给以补充、订正，甚至要向中国的历史学家提出新的历史问题",所以历史学家"不是望着考古的发现视若无睹，以为自己的责任只是啃书本，而是希望以最大的努力，不断地把考古发现吸收到历史科学中去"。①

面对"新近出土的各种各样的历史文物"，翦伯赞表现出较大的兴趣，他主张历史学者应该主动吸收考古新知识，进而将考古新发现与历史研究的具体问题结合起来，丰富和订补中国历史。翦伯赞担任北京大学历史系主任时，非常赞同严文明学习考古专业，并且一直关注考古学教材建设。严文明当时编写了授课讲义《中国新石器时代考古学》，翦伯赞对此很欣赏，并建议他尽快加以出版。② 这实际上也说明了，翦伯赞意识到考古学材料以及考古研究对于古史研究的重要作用。

徐旭生、向达参观"全国基本建设工程中出土文物展览会"之后，亦谈到了对考古新材料的看法。徐旭生说："当我们要研究还没有文字记录的原始社会的时候，找不到文献史料，所可依靠的就仅只有保存在地上或地下的遗迹和遗物了……专门对后一种史料做工作的人叫作考古工作者。"③ 向达提到，过去的史学界存在一种现象，即"从事历史研究以及历史教学工作者，大都只在书堆里跑马，对于物质文化遗存，不是注意不够，便是完全予以忽视；因此致有考古学与历史学各奔前程的现象"，此种现象，对于历史学与考古学的"发展和提高都是不利的"，所以此次出土文物展览会"对于从事历史科学工作者也等于上了很好的

---

① 翦伯赞：《考古发现与历史研究》，《光明日报》1954年5月22日第2版。
② 严文明先生访谈录，访谈时间：2019年3月13日，访谈地点：北京市蓝旗营小区。按，严文明于1958年毕业留校，任新石器时代考古助教，后因授课需要，开始编写新石器时代考古学讲义。1962年印发油印本，篇幅为15万多字，讲义名为《中国新石器时代考古学》。1963年，又进行全面地修改，篇幅增加至20多万字，后作为北京大学历史系考古专业计划编著的《中国考古学》第2册《新石器时代》，于1964年5月由北京大学印刷厂铅印。该讲义后以《中国新石器时代》为书名，于2017年9月由文物出版社正式出版。
③ 徐炳昶（旭生）：《培养考古干部，加强考古工作，开展历史研究》，《文物参考资料》1954年第9期。

一课"。①

刘大年于1955年对中国科学院社会科学部门的工作情况加以总结时，同样谈到考古工作能为历史研究提供许多重要资料。他说："考古工作者几年来做了不少发掘工作，特别是各文物、考古工作干部配合国家基本建设的进行，清理、保存了大批出土文物，使最近两三年的工作大大地超过了以往几十年发掘的总和，为中国历史研究提供了许多极其宝贵的资料。"中国科学院考古研究所的许多次发掘，"每次都有新的发现，为历史研究提供了新的材料"。②

王玉哲在1959年7月出版了《中国上古史纲》，也强调了考古新发现对撰写中国上古史的支持作用。此书是他根据在南开大学历史系讲授中国上古史的讲稿整理而成，"其范围包括原始公社制度、奴隶制度及初期封建制度的发生、发展和转变的过程"，他在教学的实践中"曾屡次加以补苴和校订"，"随着全国大规模基本建设的进行，大批新的考古学上的发现，使我们对于整个中国古代史范围内的知识，大大充实起来。新材料的出现，往往推翻旧说；新理解的获得，也可以修正原先的错误。特别是第一章关于原始社会，不单是大大扩充，而且经过很大程度的改写"。③ 王玉哲提到的"改写"一词，尤其反映出考古新发现对撰写中国原始社会发展史的重要促进作用。

二 考古学上的石器时代文化与中国原始社会发展史

中华人民共和国成立以后，历史唯物主义与辩证唯物主义成为中国历史学的理论指导。在中国历史的撰写体系方面，"原始社会—奴隶社会—封建社会"的社会发展史体系成为20世纪50—70年代中国古代历史的主要撰写模式。而"原始社会"这一部分，又与中国考古学上的石器时代文化密切关联。

---

① 向达：《参观了全国基本建设工程中出土文物展览会以后》，《文物参考资料》1954年第9期。

② 刘大年：《社会科学学部报告（草稿）》（1955年），载《刘大年全集》第13卷《回忆录 访谈录》，湖北人民出版社2019年版，第339、341页。

③ 王玉哲：《中国上古史纲》，上海人民出版社1959年版，"序"第2—3页。

1949年前后，全国掀起了一股学习社会发展史的浪潮，"差不多几亿人都学了社会发展史"①。这对确立马克思主义在新中国意识形态的主导地位，重塑知识分子的世界观，均有重要现实意义，同时对夏鼐等考古学家学术思想也产生了深远影响。1949年10月，夏鼐就曾收到曾昭燏寄来的"展览'社会发展史'说明书"②。"从猿到人"是社会发展史研究的一项重要课题。夏鼐在读了裴文中《自然发展史》和《从古猿到现代人》③两篇文章后，提出商榷意见，并强调"我们学习《从猿到人》，不仅要知道劳动观点，懂得劳动观点，还要提高马列主义的'学术'水平（或理论水平），使我们有能力回答由旧的观点所提出来的各种问题"④。

20世纪50年代初，受苏联学术思想的影响，很多学者指出考古学研究也应关注中国社会发展史，特别是原始社会史。1953年，刘大年在访苏报告中就谈道："考古学要着重研究原始社会制度，奴隶制度和早期封建制度的历史，特别是经济史，如狩猎、畜牧、农耕、手工业、古代冶金、贸易交换等方面的历史。然后考古学家们根据对这些资料的研究，写成某一个民族的古代史或某种专史。这就是考古学家的任务。"⑤在当时学习苏联先进经验的大背景下，夏鼐在1953年的"考古学通论"讲义中还将苏联学者尼科尔斯基的《原始社会史》（庞龙译，作家书屋1952年版）等列为辅助参考书。十月革命以后，苏联考古学者对"原始社会史""奴隶社会""从奴隶制到封建制各期文化"诸问题，均用考古资料作了解读，并取得了相当的成绩，"要发展中国的考古学，必须批判地吸取前人的成果，同时学习苏联的先进经验"⑥。以夏鼐为代表的中国考古

---

① 胡乔木：《关于史学工作的几个问题》，载《胡乔木文集》第3卷，人民出版社2012年版，第125页。

② 夏鼐：《夏鼐致王振铎》（1949年10月4日），载王世民、汤超编《夏鼐书信集》，社会科学文献出版社2022年版，第119页。

③ 二文分别刊于《大公报》（上海）1949年10月30日第6版；《学习》第1卷第4期，1949年12月。

④ 夏作铭（夏鼐）：《〈从古猿到现代人〉的商榷》，《进步青年》1950年第223期。

⑤ 刘大年：《关于苏联历史学、历史学学术机构和历史学研究方法的考察报告》（1953年），载《刘大年全集》第13卷《回忆录 访谈录》，湖北人民出版社2019年版，第329页。

⑥ 夏鼐：《考古学通论讲义（之一）》，载《夏鼐文集》第1册，社会科学文献出版社2017年版，第86页。

学者也开始尝试运用考古资料阐明中国社会发展史。

上文述及,夏鼐曾多次提到考古学"最后目标"在于"恢复古代社会的情况和社会发展史"。他还谈道,考古学对遗物的研究可以"证实社会发展史的正确性"①。1979年,他总结中华人民共和国成立三十年来的考古工作时指出,考古工作者"要通过实物来研究社会组织、经济状况和文化面貌,也便是由生产方式到意识形态,以探求人类社会发展的规律",1949年以前"中国考古学家们的工作几乎限于遗物和遗迹的描述。有些考古学家甚至于在解放后的初期,还不敢根据考古资料来推论古代社会组织",这三十年来"由于考古工作者在不同程度上都多少掌握了马克思列宁主义的方法,他们写出了许多根据考古材料来说明古代社会的文章,讨论例如母权和父权的原始社会的始终、奴隶社会的始终等问题。开展百家争鸣,辩论得很热烈。这是由于史学基本方法和态度的改变,同时也由于考古学的新资料,层出不穷"。②他后来在《中国大百科全书·考古学》卷首语当中仍强调考古学"综合性和理论性的研究",即"从史前考古学到历史考古学,考古学研究的总目标是要究明人类社会的历史",其中不仅包括人类进化史、民族形成史,也包括社会发展史,进而"从理论上阐明人类社会历史发展的规律"。当论及"历史唯物主义的社会发展史"时,夏鼐说道:

> 历史唯物主义又认为,在漫长的旧石器时代和新石器时代,人类的集体由简单的原始群发展到有严密血缘关系的氏族社会,但始终处在原始共产主义社会的阶段。进入青铜时代和铁器时代之后,由于生产力的提高,经济的发展,私有制的进一步确立和贫富分化的加剧,出现了阶级的对立,国家也随之产生。在许多地区,最初的阶级社会是奴隶制社会,以后又发展到封建社会,而近世的资本主义社会则是在封建社会中萌芽的。历史唯物主义的社会发展史,

---

① 夏鼐:《考古学通论讲义(之一)》,载《夏鼐文集》第1册,社会科学文献出版社2017年版,第80页。

② 夏鼐:《三十年来的中国考古学》,《考古》1979年第5期。

在很大程度上，尤其是关于没有文献记载的远古时期，是从考古学的研究基础上得到阐明的。①

显然，考古学上的文化发展序列与历史唯物主义的社会发展史可以结合在一起进行考察，并且后者的具体情形得益于前者的研究基础的阐明。

实际上，20世纪50年代初，夏鼐讲授"考古学通论"时，就已开始尝试运用此种方法。1953年的"考古学通论"授课讲义共有三部分，即"总论""考古方法""由考古学的材料所复原的古代社会发展情况"。关于第3部分，具体内容又包括："旧石器时代原始公社氏族制的发生和发展""新石器时代母系氏族的繁荣""新石器时代末期和铜器时代""古代东方在青铜时代进入文明社会"。② 1955年的"考古学通论"授课讲义，除第1讲"绪论"、第2讲"考古学简史"、第3和第4讲"旧石器时代"（此部分由裴文中讲授）外，剩余各讲的具体目次为：

  第五讲 中石器时代和新石器时代

  第六讲 远古新石器文化

  第七讲 新石器末期和铜器时代初期

  第八讲及第九讲 古代东方阶级社会的产生——青铜时代（上）

  第十讲 青铜时代（下）

  第十一讲 铁器时代的开始

如果单从目次看，第5—11讲是直接使用考古学术语，并未将考古学术语与社会发展史的术语相联系。但夏鼐在具体的讲述之中，仍可见他对中国社会发展史问题的关注，例如他谈到新石器末期和铜器时代初期是"原始氏族公社由母系向父系家庭公社转变的时期，最后更进入父系氏族公社的解体阶段。在工具和武器的制作材料方面，是由新石器文化进到

---

① 夏鼐、王仲殊：《考古学》，载《中国大百科全书·考古学》，中国大百科全书出版社1986年版，第15—16页。

② 夏鼐：《考古学通论讲义（之一）》，载《夏鼐文集》第1册，社会科学文献出版社2017年版，第106—126页。

青铜文化的过渡,或称金石并用时代,这时期所使用的铜是红铜,所以又有人谓之红铜时代"①。1956年7—8月,夏鼐在乌鲁木齐为新疆考古工作人员训练班讲授"新疆考古学概说",他指出"马克思列宁主义对于考古学发展的意义"体现在三个方面:辩证唯物主义、历史唯物主义、实践论。在讲述了"新疆的地理环境和过去的考古工作"之后,他分别从"旧石器文化""新石器文化"与"新石器文化和金石并用文化",分析新疆的远古社会情形。② 后来他在1961年6月21日、28日为北大历史系考古专业四五年级的学生讲授"新疆考古学概况",也采用了这种讲授方法。③ 不过,夏鼐当时主要是在考古学通论之类的讲义中,解释如何运用考古学文化论证中国原始社会发展的具体情形,他并未撰写《中国石器时代考古学》或《中国原始社会史》等专门著作。

从中国历史编纂的实际活动来看,20世纪五六十年代的历史撰述,已开始使用考古学上的文化遗存及遗物丰富中国社会发展史的叙述内容。此处重点考察彼时的中国历史撰述"原始社会"部分如何吸收及利用石器时代的考古学成果。

1956年12月,杨钊编写的《中国古代及中世纪史讲义·远古至战国》开始印发。此书第1编第1章"远古的史迹和传说"包括三小节内容:"原始人及其生活""远古的文化"和"远古传说中氏族制度的史影"。其中第3小节主要根据古籍所记载的传说内容梳理"氏族制度的史影",而第1和第2小节则分别依据旧石器时代的考古学成果叙述"原始人及其生活",依据新石器时代考古学成果叙述中国远古文化。参考资料方面,该书参考了很多新近出版的考古学著作。④ 杨钊在具体的论述中甚

---

① 夏鼐:《考古学通论讲义(之二)》,载《夏鼐文集》第1册,社会科学文献出版社2017年版,第160页。
② 夏鼐:《新疆考古学概说》,载《夏鼐文集》第1册,社会科学文献出版社2017年版,第447—460页。
③ 夏鼐:《新疆考古学概况》,载《夏鼐文集》第1册,社会科学文献出版社2017年版,第480—484页。
④ 如裴文中《中国石器时代的文化》,中国青年出版社1954年版;尹达《中国新石器时代》,生活·读书·新知三联书店1955年版;郭沫若等著《中国人类化石的发现与研究——中国猿人第一个头盖骨发现二十五周年纪念会报告专集》,科学出版社1955年版。

至已经注意到1954年、1955年的西安半坡遗址的考古发掘活动及主要收获，由此反映出他及时记录、吸收当时最新的考古活动及相关研究成果。杨钊指出，"我国有原始记录的历史，大约是从公元前十四世纪开始。但由于地下遗迹的大量发现，我们对于古史的知识大大扩展了，扩展到五、六十万年前的中国猿人时代"，他依次叙述了中国猿人、丁村人、河套人、山顶洞人及资阳人的发现情况、体质特质、劳动工具、活动范围等，并且提到：中国猿人文化是"代表五十万年前的人类文化，相当于考古学上所谓旧石器时代的初期"；丁村人的发现"丰富了我国对旧石器时代初期的研究资料，而人类化石与石器、动物化石在一起发现，更加强了它在学术上的价值"；"在中国猿人以后约卅万年，距今约廿万年，相当于考古学上所谓旧石器时代中期，在中国北部有一种人类，就是'河套人'"；山顶洞人是"代表十万年前以内的文化，约当旧石器时代的末期。从中国猿人到山顶洞人，人类在四十多万年的劳动过程中，无论在体质形态、劳动工具及生活方面，都有着显著的进步"；资阳人的年代大约与山顶洞人相近，"资阳人头骨的发现，说明远在旧石器时代，在祖国的西南已有人类活动，使我们关于旧石器时代的知识更加丰富起来"。整体而言，中国猿人、丁村人、河套人、山顶洞人及资阳人"代表中国旧石器时代的初期、中期和晚期的人类文化。在这漫长的三、四十万年中，生产工具始终是粗糙的旧石器、骨器和木棒，生产力发展是缓慢的"；从中国猿人到山顶洞人的时代，反映的是"原始群"的生活方式，"人们是成群结队的生活着，人与人间产生了一种动物界所没有，而且也不可能有的联系，那就是劳动上的联系"。[1] 杨钊书中所述的"远古的文化"主要是指新石器时代的考古学文化。他说："在我国大陆上新石器时代的文化遗址非常普遍。解放以来，随着各地区大规模的基本建设工程的展开，各地区都有新石器时代文化遗址的发现。自西北的新疆到东北的黑龙江，东部沿海的山东、江苏、浙江、福建、广东、台湾及西南的四川，遗址如星罗棋布。其中主要地区是在北方，尤其黄河流域，我们现在所讲的

---

[1] 杨钊：《中国古代及中世纪史讲义·远古至战国》，北京师范大学历史系中国古代及中世纪史第一教研组，1956年印，第1—7页。

也以此为限。"他根据已能掌握的材料，指出"在新石器时代有三个不同的文化系统存在"，即细石器文化、彩陶文化和黑陶文化。① 在介绍了这三种不同文化系统的时代、分布区、主要遗址以及出土物等情况后，杨钊指出从地下发掘的材料可以说明"中国境内原始社会生产力的发展及生产关系的一般情况"，同时他相信"当时还存在过原始社会的不同的发展阶段，那就是马克思主义导师们所指示我们的：原始社会分为原始群与氏族制度两个时期"，后者又分为"母权制氏族"与"父权制氏族"两个阶段。如果将原始社会的发展阶段与考古学上旧石器、新石器两大阶段相对应，则为：原始群的时代相当于考古学上旧石器时代初期，"在我国大约是中国猿人到河套人的时期"；氏族制度的时期相当于考古学上旧石器时代末期至金属的黎明时期，"大约是从山顶洞人时期一直到夏代以前"。不过，关于氏族制度的情况，杨钊认为还"没有方法从远古的史迹里看到的，但在我国古老的传说里，还能看到一些影子"，这些传说在传布过程中可能有些改变，然其基本内容"却不是古人可以假造出来的"。② 简言之，杨钊主要根据中国猿人到山顶洞人的时代梳理了"原始群"的生活方式，但当分析原始氏族制度情形时，他又转而向传说记载寻求材料支撑。

稍后出版的王玉哲《中国上古史纲》采用了与杨钊著作相似的撰写模式。此书第1章"原始公社制度"共分两小节，即：第1节"原始群居及原始氏族社会"，第2节"氏族社会的逐渐解体——夏与前期的商"。其中第1节的具体目次如下：

---

① 杨钊：《中国古代及中世纪史讲义·远古至战国》，北京师范大学历史系中国古代及中世纪史第一教研组，1956年印，第8页。按，夏鼐在1953年版的《考古学通论讲义》提到中国新石器文化包括细石器文化、仰韶文化、龙山文化；后在1955年版的《考古学通论讲义》指出中国新石器文化包括细石器文化、仰韶文化、龙山文化、印纹硬陶文化，不过印纹硬陶文化"遗址发掘少，内容与性质还搞不清楚，它的分布地，约在长江以南各省如浙江、江西、湖北、湖南、广东、安徽南部，最南至香港，时代也不敢断定，仅知其晚于以上的三种文化，如在浙江良渚，印纹硬陶就居于黑陶之上层。西汉时代的印纹陶，或与此有渊源关系。此期文化可能晚至周代，究竟如何，还有待于将来的发掘"，见《夏鼐文集》第1册，社会科学文献出版社2017年版，第114、159页。

② 杨钊：《中国古代及中世纪史讲义·远古至战国》，北京师范大学历史系中国古代及中世纪史第一教研组，1956年印，第17页。

一　"中国猿人"和"丁村人"
二　"河套人"
三　"资阳人"和"山顶洞人"
四　我国古代传说中的原始经济生活
五　顾乡屯遗址、札赉诺尔遗址与长城以北的细石器文化
六　仰韶文化
七　龙山文化
八　其他的新石器文化
　　（一）齐家文化
　　（二）辛店文化、寺洼文化、卡窑文化及沙井文化
　　（三）东南地区的台形遗址文化与印纹硬陶文化
九　原始氏族公社
十　母系氏族社会向父系氏族社会的转化

上述子目中，第4子目主要依据"古代传说"叙述"原始经济生活"，第9和第10子目叙述原始氏族公社基本情形及"母系氏族社会向父系氏族社会的转化"也基本依据传说记载，其余子目分别叙述了旧石器时代、中石器时代[①]、新石器时代情况。上文提到，杨钊认为从中国猿人到山顶洞人的时代可反映出"原始群"的生活方式。关于此点，王玉哲阐释得更为详细，他说："自从山顶洞人被发现以后，人类体骼发展的三个阶段的代表人类，在中国境内都发见过。文化上的旧石器时代的初期、中期和末期都有代表性的材料。"从出土的材料中，可以肯定的内容有：第一，"当时盛行狩猎生活，兽骨的运用渐广，骨器普遍起来"；第二，"旧

[①] 有的考古学家在旧石器时代、新石器时代的过渡期间，再划一个中石器时代，杨钊认为"其实这只是一种过渡时代的现象，并且在中国境内，中石器时代的遗址发现得还很少，因此我们就把它合并到新石器时代，而当作新石器时代的初期来讲述"，见氏著《中国古代及中世纪史讲义·远古至战国》，北京师范大学历史系中国古代及中世纪史第一教研组，1956年印，第8页。但王玉哲根据安志敏《关于我国中石器时代的几个遗址》（载《考古通讯》1956年第2期）的观点，指出"根据现有的材料，在中国东北哈尔滨附近的顾乡屯及内蒙古自治区北部的札赉诺尔都发现有中石器时代的文化遗存"，见氏著《中国上古史纲》，上海人民出版社1959年版，第19页。

石器时期发明了用火，后来火的运用当更普遍，事实上狩猎生活愈进步，用火的机会就愈多"；第三，"这种原始人群的生活是很艰苦的，他们流浪在一定的食料区，共同生产，共同占有"。① 此外，王玉哲还制作了"中国境内原始人及原始文化分期表"，将"绝对年代""地质时代""人类化石""文化分期"加以对应。②

杨钊、王玉哲虽然都注意吸收新近考古资料及研究成果，并且主要根据旧石器时代文化遗存阐述原始人类的群居状况，但当论述原始人类向氏族制度转化、母系氏族制度及父系氏族制度的具体情况时，他们并未与石器时代文化遗存相结合。特别是论及新石器时代文化遗存时，他们主要是对这一时期的遗迹和遗物进行简要描述，而未将考古资料与古代社会组织结合起来进行阐述。

20 世纪 50 年代中后期，郭沫若主编中国通史教材之事也提上了日程。1962 年 6 月，《中国史稿》第 1 册由人民出版社出版，1976 年 7 月出版修订本。该书的一个显著特点是，充分利用了考古资料（尤其是 1949 年至 60 年代初的考古新发现）阐释中国原始社会和奴隶社会情形，其中"原始社会"部分所吸收的考古学新成果尤为明显。

从《中国史稿》第 1 册"原始社会"部分的每页脚注所引材料来看，该书已经引用到了出版前一年（即 1961 年）的考古发掘报告或研究成果。③ 在此之前，虽有多本中国历史撰述已注意到利用考古研究成果丰富中国"古史"的撰写，但是这些著作的出版时间与所利用的考古研究成果的发表时间仍然或多或少有几年的"时间差"。④ 从这一点而言，《中

---

① 王玉哲：《中国上古史纲》，上海人民出版社 1959 年版，第 16 页。
② 王玉哲：《中国上古史纲》，上海人民出版社 1959 年版，第 38 页。
③ 例如引用的最新考古成果有裴文中、周明镇《云南宜良发现之旧石器》，《古脊椎动物与古人类》1961 年第 2 期；北京大学考古实习队《洛阳王湾遗址发掘简报》，《考古》1961 年第 4 期；浙江省文物管理委员会《浙江嘉兴马家滨新石器时代遗址的发掘》，《考古》1961 年第 7 期；长办文物考古队直属工作队《一九五八至一九六一年湖北郧县和均县发掘简报》，《考古》1961 年第 10 期。
④ 即使 1959 年 7 月出版的王玉哲《中国上古史纲》，该书引用的最新考古成果是到 1957 年，如安徽省博物馆《安徽新石器时代遗址的调查》，《考古学报》1957 年第 1 期；安志敏、吴汝祚《陕西朝邑大荔沙苑地区的石器时代遗存》，《考古学报》1957 年第 3 期。

国史稿》第 1 册利用了最新的考古发掘报告或研究成果，将"时间差"缩短至不到半年①，这是此前出版的中国历史撰述所未能做到的。

《中国史稿》第 1 册是郭沫若主持下的集体编写成果，之所以能够利用到最新考古成果，一个重要原因在于该书的编写、审阅、修改工作有考古学者直接参与。尹达是《中国史稿》第 1 册的重要组织者及编写者。《中国史稿》第 1 册编写之时，尹达任中国科学院历史研究所第一所副所长（1960 年 2 月中国科学院历史研究所第一、二所合并为历史研究所，尹达仍任副所长），并于 1959—1962 年兼任中国科学院考古研究所所长。编写《中国史稿》"原始社会"部分时，尹达"从草拟提纲、翻阅资料、提出观点到斟酌内容、修改文字，都曾花费艰苦的劳动。由于他是考古学的行家，该书在吸收考古工作成就方面，处理得比过去任何一部中国通史要好"②。1954 年年底，尹达就注意到，可以根据新石器时代的考古成果推进中国原始社会史的研究。他说："如果科学的系统的加以分析和研究，把地下遗存的资料整理出眉目来"，再结合其他有关资料作进一步的研究，"这将使我国原始社会史的研究获得更大成果。"③ 正是因为有这样的认识，他在编写《中国史稿》"原始社会"部分时，才格外注意吸收考古学成果。

除尹达所做的工作外，其他考古学者也参与了《中国史稿》第 1 册初稿的审阅、修改工作。1960 年底至 1961 年初，夏鼐在日记中对此稿的审阅以及考古所开会讨论修改书稿等事宜有较为详细的记载。④ 1961 年 10 月 17 日，南京博物院曾昭燏也审阅了"《中国通史》初稿"⑤。该书在编写过程中，中国科学院考古研究所等单位的工作人员"都帮助进行组

---

① 《考古》1961 年第 10 期的出版日期为当年 10 月，《中国史稿》第 1 册"前言"的落款日期是 1962 年 3 月 6 日，两者时间相隔不到半年。
② 王世民：《尹达同志传略》，《考古学报》1983 年第 4 期。
③ 尹达：《论我国新石器时代的研究工作》，《考古通讯》1955 年第 2 期。
④ 《夏鼐日记》卷六，1960 年 11 月 1 日、2 日、4 日、10 日、23 日、28 日，12 月 7 日、26 日，1961 年 1 月 4 日、10 日、11 日、12 日、13 日、19 日、20 日、24 日，华东师范大学出版社 2011 年版，第 130—132、134—135、137、140、144—145、147—148 页。
⑤ 南京博物院编：《曾昭燏文集·日记书信卷》，1961 年 10 月 17 日，文物出版社 2013 年版，第 420 页。

第三章　考古学的发展与中国历史撰述中的"古史"建构　　163

织、提供资料、查对史实、绘制图表等等，使编写工作得以顺利进行"①。从现有资料来看，虽然暂时无法知晓夏鼐等人对《中国史稿》第1册"原始社会"部分的初稿的具体审阅意见，但从相关日记的记载来看，夏鼐等人对该书的审阅是非常细致的。正因为有夏鼐等专业的考古学者参与审阅、修改，才使得该书尽可能及时吸收最新考古研究成果。

值得提及的是，《中国史稿》第1册编写之际，在夏鼐的主持下，中国科学院考古研究所也在编写《新中国的考古收获》。1960年底至1961年初，考古所多次开会甚至同时讨论两书的编写工作。② 1961年12月，《新中国的考古收获》一书由文物出版社出版，书中所收材料大体断至1959年底，1960年的重要发现也酌量收入，共分原始社会、奴隶社会、封建社会三个部分介绍1949年以来考古工作的主要收获，并附有53幅插图和130幅图版。其中第1部分"原始社会"占了全书三分之一左右的篇幅，又分"早期原始社会（旧石器时代）"和"原始氏族社会（新石器时代为主）"进行叙述，后者包括黄河中下游、黄河上游、长江流域、华南地区、北方草原地区、东北地区的不同地域新石器时代遗存。"没有文字以前的原始社会历史，主要依靠考古资料去恢复"，此书对1949年以来石器时代考古工作成绩的总结，反映了"十多年来原始社会考古方面的收获十分显著"。③ 此书出版不久，有学者就评价："原始社会考古资料的大量发现，推动了对原始社会的进一步研究。目前学术界正在热烈讨论的有关中国猿人的一些问题、仰韶文化和龙山文化的社会性质、婚姻形态，以及各个文化的不同类型之间的相互关系、时代序列等问题，书中对不同的意见也作了介绍。"④ 该书在当时国内外学术界产生了不小影响，"对考古研究从'见物不见人'状

---

① 中国历史编写组第一组：《〈中国史稿〉第一、二、三册编辑工作说明》，载郭沫若主编《中国史稿》第1册，人民出版社1962年版，第7页。
② 《夏鼐日记》卷六，1960年10月31日、11月23日、28日、1961年1月11日，华东师范大学出版社2011年版，第130、134—135、145页。
③ 史明：《读〈新中国的考古收获〉》，《历史研究》1962年第3期。
④ 永年：《书刊评介：〈新中国的考古收获〉》，《科学通报》1962年第4期。

态转变为致力于探讨原始社会的发展有积极意义"[1]。就此而言，书写原始社会史可视为《新中国的考古收获》的一项意蕴。

《新中国的考古收获》一书的编写、出版，不管是在考古学材料方面还是考古学观点方面，都对《中国史稿》第1册的编写起了支持作用，后者所用"考古发掘材料，多取自考古研究所编《新中国的考古收获》"[2]。

比照《中国史稿》第1册"原始社会"部分于1961年1月印行的内部讨论稿和1962年6月正式出版的版本，两者的目次安排有明显变化，见表3-3。

表3-3　《中国历史初稿》第1册《原始社会时期》与《中国史稿》第1册"原始社会"部分目次比较

	《中国历史初稿》第1册《原始社会时期》（"供内部讨论修改用"，1961年1月印）	《中国史稿》第1册"原始社会"部分（人民出版社1962年6月版）
第一章	第一章　原始群时代 　第一节　中国猿人时代的原始群体 　第二节　古人阶段原始群的发展和氏族制度的萌芽	第一章　中国历史的开端 　第一节　原始人群的出现 　第二节　原始人群向氏族制度的转化
第二章	第二章　黄河流域的氏族公社 　第一节　母系氏族公社的形成和确立（山顶洞人时期） 　第二节　母系氏族公社的繁荣阶段（仰韶文化时期） 　第三节　父系氏族公社的发展和氏族公社制的解体（龙山文化时期）	第二章　母系氏族公社时期 　第一节　母系氏族公社的形成 　第二节　母系氏族公社制度的发展 　第三节　母系氏族公社经济的兴盛

---

[1] 王世民：《夏鼐传稿》，社会科学文献出版社2020年版，第168页。
[2] 郭沫若主编：《中国史稿》第1册，人民出版社1962年版，第93页。

续表

	《中国历史初稿》第1册《原始社会时期》（"供内部讨论修改用"，1961年1月印）	《中国史稿》第1册"原始社会"部分（人民出版社1962年6月版）
第三章	第三章　其他地区的氏族公社 　第一节　长江流域三峡江汉和江淮等地区的氏族公社 　第二节　东南地区的氏族公社 　第三节　云贵高原和四川盆地的氏族公社 　第四节　甘青地区青铜器时代的氏族公社 　第五节　北方草原地区的氏族公社 　第六节　东北地区的氏族公社	第三章　父系氏族公社制度　原始公社的解体 　第一节　父系氏族公社的结构 　第二节　父系氏族公社的经济 　第三节　部落联盟的发展和部落显贵地位的加强

从表3-3可知，1961年1月版本的第2章"黄河流域的氏族公社"将山顶洞人时期、仰韶文化时期、龙山文化时期分别与"母系氏族公社的形成和确立""母系氏族公社的繁荣阶段""父系氏族公社的发展和氏族公社制的解体"相对应，这样既可见石器时代考古学的术语，又可见原始社会发展史的术语。但是，1962年6月正式出版的版本章节标题直接反映的是原始社会发展史的基本术语，此做法更能彰显出中国原始社会发展史的编写模式，可以明显看出从原始人群到氏族制度的变化，后者又包括母系氏族制度向父系氏族制度的转变。两版本的第1章内容安排基本未变，1961年1月版本的第2章"黄河流域的氏族公社"分散到1962年6月版本的第2章"母系氏族公社时期"和第3章"父系氏族公社制度　原始公社的解体"进行叙述。与此同时，1961年1月版本的第3章"其他地区的氏族公社"又具体融入1962年6月版本的第2和第3章中进行阐述。

1962年6月版本的章节标题虽未标示考古学的术语，但从书中具体内容来看，考古学成果已经渗透其中。《中国史稿》第1册"原始社会"部分的重点强调内容有：第一，中国猿人大约是几十人结成一群，即"原始人群"，"这种群体是他们的社会组织，基本的社会单位，也就是早期的人类社会";第二,继中国猿人之后,生活在中国境内的原始人类有马坝人、长阳人、丁村人和河套人,"他们的社会组织大体上应已脱离了原始群居的乱婚的状况,进入血族群婚的阶段。这种婚姻关系是他们的社会组织的基础,也是原始群居过渡到氏族制度的一个重要环节。氏族制度在这一时期就逐渐萌芽了";第三,大约从五万年前开始,"我国原始社会逐渐进入母系氏族公社时期",在中国境内有不少地方都已发现了当时人的遗迹,如柳江人、麒麟山人、资阳人和山顶洞人;第四,在六七千年以前,中国辽阔的土地上散布着大大小小的母系氏族部落,留下了丰富的遗存,包括仰韶文化、马家窑文化、细石器文化;第五,大约在五千年以前,黄河、长江流域的氏族部落"先后进入了父系氏族公社时期",从已有考古资料来看,大体上属于这一时期氏族部落文化遗存有黄河流域的龙山文化和齐家文化,长江流域的屈家岭文化、青莲岗文化和良渚文化,当时的农业、畜牧业及手工业的发展,在考古材料中均有体现。①

虽然《中国史稿》第1册"原始社会"部分意在用考古学材料论证中国原始社会发展史,想透过考古学的遗迹和遗物考察中国原始社会组织情况,但这样的做法是颇有难度的。尹达曾言,"要想把氏族制度在我国发展的序列弄清楚,首先应当把我国业已发见的新石器时代资料的时间序列基本弄清"②。在弄清中国氏族制度时间序列的基础上,还需进一步阐明其发展图景的更多内容。1963 年 8 月,他写成长篇论文《新石器时代研究的回顾与展望》,其中第二部分"现状和展望"发表于《新建设》和《考古》③,全文见其 1979 年出版的《新石器时代》一书。尹达反思参与组织编写《中国史稿》"原始社会"部分时使用新石器时代考古资料所面对的"重重困难",并从理论上对考古学与中国古史建构问题进行阐发。他说:"这几年,我们参与了祖国历史的编写工作,首先遇到的就是原始社会的问题,就中最困惑人的、最难处理的要算是氏族制度这

---

① 郭沫若主编:《中国史稿》第 1 册,人民出版社 1962 年版,第 8—57 页。
② 尹达:《中国新石器时代》,生活·读书·新知三联书店 1955 年版,第 155 页。
③ 初稿写于 1963 年 4 月 26 日,8 月 23 日修改,原载《新建设》1963 年第 10 期,后经作者修改又刊于《考古》1963 年第 11 期。

一部分了。我们遍翻了这一阶段的考古资料,参考了一些考古论文,企图从大量的资料中搭起我国氏族制社会发展的基本间架来;但是一着手就碰到了重重困难。大量的报导往往是千篇一律,简化到只是残缺不全的部分遗物或个别模糊不清的遗迹,并不能提供某些确切的科学根据。这些资料作为某种文化遗存分布的参考固然有一定用处。但是,作为研究氏族制度的科学论据,就往往是软弱无力"。在这种情况下,"写来写去,或者是忍心割爱,放弃那些残缺不全的资料,描绘出一幅抽象的空洞的社会发展过程的幻景,或者是充满盆盆罐罐,却缺乏人的气氛、生活气氛以及社会气氛的综合考古报导"。他不得不反复考虑一些问题:"为什么面向着这样丰富的大量资料,却不能具体而生动地描绘出祖国氏族制度发展的图景呢?这重重困难是否受到考古学本身的局限而不可能克服呢?这里是否反映着史学和考古学之间隔着难以互通的鸿沟呢?"在他看来,考古学本身的局限不是不能克服的,史学和考古学之间也是可以互通的,"现有资料中所反映出来的缺陷,迫使我们向考古学家提出进一步的要求",即"如何使新石器时代的考古资料较全面、较系统地反映出某一类型文化遗存的社会面貌"。基于此,尹达向考古学家提出了两方面建议:一是注意"考古学、史学及其相互关系",二是注意"综合研究、科学发掘及其相关诸问题"(包括"关于综合研究工作""相对年代与绝对年代""陶器在新石器时代研究的作用""复原工作及其相关的问题""新石器时代研究的下限、命名及其他")。① 作为马克思主义史学家,尹达的观点透露出他对未来考古研究以及古史建构工作的信心和期待。

无独有偶,夏鼐也意识到用考古材料阐述中国原始社会史所面临的困难。在主编《新中国的考古收获》一书后,1963 年他应天津历史教学社之邀,选编《中国原始社会史文集》。夏鼐同意编选此书,是因为他感到探究中国原始社会具有现实与学术的双重价值。1949 年以后,许多人通过学习社会发展史而对原始社会已有初步了解,但学习时"总嫌所举的例子,外国的过多,中国的过少甚至于没有",要想"认真地研究中国

---

① 尹达:《新石器时代考古工作的回顾与展望》,《考古》1963 年第 11 期。

的历史","就一定要掌握一些关于中国原始社会的知识"。① 他在该书"序言"(作于1963年2月12日)② 中指出,中华人民共和国成立以来,"由于考古田野工作的开展和各有关学科的协作,我国古代原始社会史的研究取得了很大的进展。许多考古调查发掘报告或简报发表了;专题研究和综合性的论文,以及讨论的文章也发表了不少。虽然有些问题仍未能解决,但是我们现在已可描绘出我国古代原始社会的大致轮廓了"③。此"序言"从中国原始社会发展的角度,将已有考古发现按照人类历史最初阶段、氏族公社制的发生与发展、黄河流域原始公社制的繁荣、黄河流域以外其他地区原始氏族社会、原始社会解体的顺序,加以阐述。该文集除"序言""参考文献""编后记"外,收录了裴文中、贾兰坡、安志敏、佟柱臣、杨建芳、石兴邦、梁思永、尹焕章、尹达的文章共14篇,"头几篇是介绍中国社会由原始人群到氏族公社的产生的旧石器时代。其次几篇介绍中国氏族制度繁荣时期的原始公社——新石器时代:首先是总述中国新石器时代(或原始社会晚期)的物质文化与它的特征,然后分别叙述仰韶、龙山、细石器文化,东北地区和东南地区等各处的新石器文化,最后一篇总结中国新石器文化研究工作的成绩并讨论今后发展的方向"④。夏鼐不以"中国史前考古学文集"或"中国史前史文集"命名此书,自有深意。该书可视为考古学者关于中国原始社会史的集体探索。通过中国史前考古学成果阐释原始社会面貌,正是彼时考古学综合研究的主要任务之一。

夏鼐所作《中国原始社会史文集》"编后记"(作于1963年2月11日),除了辨析"原始公社制度"的概念、探讨"史前"一词的使用问题以及它和"原始公社"之间的关系,还重点谈论"怎样去研究我国古

---

① 夏鼐:《编后记》,载夏鼐选编《中国原始社会史文集》,历史教学社1964年版,第355页。按,此篇"编后记",《夏鼐文集》三册本(社会科学文献出版社2000年版)、五册本(社会科学文献出版社2017年版)均失收。
② 此序言后经作者修订,改题为《解放后中国原始社会史的研究》,又刊于《人民日报》1965年4月7日第5版。
③ 夏鼐:《序言》,载夏鼐选编《中国原始社会史文集》,历史教学社1964年版,第1页。
④ 夏鼐:《编后记》,载夏鼐选编《中国原始社会史文集》,历史教学社1964年版,第356页。

代的原始社会史"这一关键问题。这些均是他编书之后的反思。在他看来，现有研究成果之中，利用考古资料对婚姻关系、社会组织、政治制度等"原始氏族制度"的内容探讨得并不充分，一方面缘于考古工作还做得不够，另一方面由于既有研究成果"都是依据物质文化遗迹的考古学论文"，但"仅只有物质文化遗迹，是很难对于远古的原始社会制度提供一个完整的概念"。他主张，研究中国原始社会史应当综合运用三重材料：一是根据考古学遗迹和遗物，参照民族志材料，"以恢复古代社会的全貌"；二是根据古代传说资料，去伪存真，"设法恢复它的本来面目"；三是根据后来阶级社会中所残留的原始社会旧俗，"讨究原始社会当时的情况"。这三个方面虽然似"以考古学资料为主"，但都应进行研究。1949年以后考古工作空前活跃，致使其他两方面的研究工作相形见绌。[1]考古材料和古代传说资料并不对立，甚至可结合起来。作为考古学者，夏鼐并未完全摒弃古史传说资料，而是辩证地看待。早在1936年，夏鼐致友人的信中就提到"近阅《地质会志》，知广西发现旧石器末期遗址。西南文化，古时自成一系统，其脱离石器时代颇晚，故广西之'雷斧'时常发现见于前人记载"[2]。1961年4月26日，中国科学院考古研究所曾召开研究组座谈会，讨论吕振羽《从远古文化遗存看我国各民族的历史关系》一文[3]，夏鼐作总结发言时指出"这篇文章是重要的，以一非考古工作者能写出这样文章是难得的"，并谈到传说的利用问题，认为"传说的体系及是否确为古代传说，要先弄清楚，其次始为结合考古学文化"[4]。此后他又审阅中国人民大学所编《中国原始社会史探索》稿本，指出该书"臆测过多，轻信传说，而考古资料不过摘抄而已"[5]。夏鼐既认识到

---

[1] 夏鼐：《编后记》，载夏鼐选编《中国原始社会史文集》，历史教学社1964年版，第358—359页。

[2] 夏鼐：《夏鼐致李光宇》（1936年7月10日），载王世民、汤超编《夏鼐书信集》，社会科学文献出版社2022年版，第25页。

[3] 刊于《人民日报》1961年4月23日第5版。按，吕振羽此文发表仅三天后，中国科学院考古研究所就组织座谈会加以讨论，一则说明此文传播之快，再则说明考古学者对此文及相关研究议题的重视。

[4] 《夏鼐日记》卷六，1961年4月26日，华东师范大学出版社2011年版，第169—170页。

[5] 《夏鼐日记》卷七，1964年6月12日，华东师范大学出版社2011年版，第34页。

真正传说资料存在的价值，又强调不能轻信传说、不加辨析地使用古史传说材料，故而在恢复中国原始社会本来面目时，不应忽视对古代传说资料的合理利用。此外，民族志可以"供给社会发展史以更丰富的资料"①，故可利用民族志资料辅助性地解决中国原始社会史上的问题。但民族志资料"不能全部代替古代传下来的原始资料"②，所以研究中国原始社会史仍应并重上述三重材料。夏鼐所总结的以"三重"材料阐释中国原始社会史的方法，蕴含鲜明的问题意识，不仅具有可操作性，更具有前瞻性。即使在今天看来，仍具有启示意义。

尹达、夏鼐的认识，反映出彼时中国考古学虽然取得了许多成绩，但想要用考古学资料顺利、完整地复原古代社会基本情形，他们仍会面临不少共同困难。面对种种困难，他们都及时提出了应对之法，可见用考古学资料恢复古代社会面貌，不仅是他们的工作目标，甚至成为他们学术事业的追求。

《中国史稿》第1册于1976年7月出版了修订本，吸收最新考古研究成果仍是此书一大特色。该书"后记"提到，"中国科学院考古研究所对这册修改工作，从各个方面给我们以重要的帮助"，此次修改"尽可能吸取了考古学的新发现和新成果"。③ 比如关于细石器文化，书中指出"从我国东北起，经内蒙、宁夏，到新疆的广大地区内，都发现了以细小石器为特点的细石器文化。这样的文化，在青海和西藏也有所发现。例如，1966年，西藏自治区珠穆朗玛峰附近的聂拉木县，在海拔4300米和4900米的两个地点，就发现了早期的细石器"④；该书开始采用碳–14的

---

① 夏鼐：《考古学通论讲义（之二）》，载《夏鼐文集》第1册，社会科学文献出版社2017年版，第133页。
② 夏鼐：《编后记》，载夏鼐选编《中国原始社会史文集》，历史教学社1964年版，第359页。
③ 《中国史稿》编写组：《后记》，载郭沫若主编《中国史稿》第1册，人民出版社1976年版，第400—401页。
④ 郭沫若主编：《中国史稿》第1册，人民出版社1976年版，第36页。按，关于"细石器文化"，该书又在当页加脚注指出："现在，考古学界正在探索具有这种特征的典型性的遗址，且已初步理出一定时期在一定地区具有细石器这一特征的文化遗存的基本特征，从而分别给以适当的名称，如陕西朝邑、大荔一带的'沙苑文化'即其一例。"

测定数据,① 指出西安半坡仰韶文化、河南陕县庙底沟龙山文化、兰州曹家咀马家窑文化、甘肃永靖大何庄齐家文化、河南淅川黄楝树屈家岭文化、上海青浦崧泽青莲岗文化、浙江吴兴钱山漾良渚文化的时间范围,②由此较为清晰地指示出已发现的新石器文化的年代序列;该书附录有"中国原始社会后期和奴隶社会前期考古学文化关系简表",其中大部分文化遗存"均经 C_{14} 测定,有具体的年代"③,这样可显示出中国原始社会后期的大致时间范围。

即便如上所述,《中国史稿》第 1 册修订本及时吸收了最新考古研究成果,但该书编写者也反思了书中"原始社会"部分所存在的问题。"氏族公社的形成和发展,是探索祖国历史中的一个极为重要的理论课题",一方面,"我国新石器时代的考古发现是相当丰富的",20 世纪 60 年代中期到 70 年代中期新石器时代考古工作"有许多新的进展","为有关氏族制度各章节的修改提供了有利的条件";另一方面,"我们深深感到,透过新石器时代的文化遗存去看我国历史上氏族公社的发展历程,有一些环节还不够清楚",基于此,"我们恳切希望进一步加强新石器时代考古学的综合研究,在揭示我国原始社会这一阶段历史的本来面貌的工作中,发挥更重大的作用"。④ 要想弄清楚氏族社会发展历程的各个环节,还有待于新石器时代考古工作的继续展开以及考古学综合研究的进一步提升。

20 世纪末,有学者在审视之前出版的中国古史撰述时指出"五、六十年代,教条主义席卷中国,当时出版的一些著作,基本上,甚至完全以摩尔根、恩格斯关于原始社会史的一般立论框架考古学及传说资料。其遗留一直见于 80 年代初期出版的著作。这类著作,只能称之为摩尔根

---

① 《中国史稿》第 1 册修订本出版之前,中国科学院考古研究所实验室已经公布了三批碳-14 测定年代数据,参见《放射性碳素测定年代报告(一)》,《考古》1972 年第 1 期;《放射性碳素测定年代报告(二)》,《考古》1972 年第 5 期;《放射性碳素测定年代报告(三)》,《考古》1974 年第 5 期。
② 郭沫若主编:《中国史稿》第 1 册,人民出版社 1976 年版,第 33—34 页。
③ 郭沫若主编:《中国史稿》第 1 册,人民出版社 1976 年版,"附表二"。
④ 《中国史稿》编写组:《后记》,载郭沫若主编《中国史稿》第 1 册,人民出版社 1976 年版,第 400—401 页。

和恩格斯著作的中国翻版，难以名之为中国史前史或原始社会史"①。亦有观点提到，"反观我们过去的所有通史教材，无一不把复杂而生动的中国史简化为由原始社会到社会主义社会的五段论，所有的远古史都成了由原始群、母系氏族社会、父系氏族社会等概念堆砌而成的、毫无中国特点而言的原始社会史"②。这些观点自有其言说逻辑和学术背景，并涉及对20世纪50—70年代中国马克思主义史家古史撰述的整体评价问题，虽然没有明言郭沫若主编的《中国史稿》第1册，但言下之意，郭沫若主编的著作亦在他们的评价范围之内。不可否认，此类著作的出版有特定时代背景，但如果仅将审视的眼光集中于"教条主义""中国翻版"和"概念堆砌"，这样对中国马克思主义古史撰述的评价也不尽客观。以《中国史稿》第1册为例，此书"原始社会"部分并不是在"框架考古学资料"，而是组织专业考古学者审稿修订、及时吸收最新考古学成果，在此基础上尽力编写中国原始社会史，以恢复这一时期中国社会的本来面貌。即使从后来中国史前考古学的发展水平以及出版的同类中国古史撰述来看，《中国史稿》第1册仍具有学术价值及借鉴意义。

三 中国通史撰述与考古学成果相结合的尝试

没有文字记载的中国史前时期历史，主要依靠考古研究逐步阐明，这一点自近代考古学在中国诞生之日起，就逐渐成为学术界的共识，因此从20世纪20年代以后，中国史前时期的考古研究便备受古史研究及编纂者的重视。但是在过去相当长的一段时间内，由于种种原因，所作的史前考古田野工作有限，"基本轮廓并不清楚，地域空白和年代缺环都很严重"，经过半个多世纪的努力，"情况发生了根本性的变化"，各个地区都已发现古人类化石和旧石器地点，尤其是旧石器时代晚期遗存的分布很广，从喜马拉雅山北坡，到黑龙江畔以及东海之滨，普遍有所

---

① 章华天：《中国史前史建设的力著——白寿彝总主编〈中国通史〉第二卷简介》，《史学史研究》1996年第3期。

② 孙祖初：《不再渺茫无稽的远古时代——〈中国通史·远古时代〉读后》，《文物》1997年第6期。

发现，其中作过发掘的旧石器时代遗址已有一百多处，新石器时代遗址更是遍及全国，见于发表的有八九千处，多数省份都已进行原始聚落遗址和氏族公共墓地的大规模发掘，逐渐明确各地考古学文化的基本情况。①

中国考古学自1949年后开始迅速发展，到80年代初，中国新石器时代考古学文化连成了完整脉络，仰韶文化不再是"孤例"。前仰韶时期，有裴李岗文化，以及更早的新石器时代考古学文化。后仰韶时期，早有梁思永发现的"后冈三叠层"，揭示仰韶、龙山和小屯的先后关系，②1949年后的考古发掘又大大丰富了对龙山文化面貌的认识。考古新资料不断涌现的同时，相关理论观点和技术方法也在更新。面对大规模的考古发现，如何确定新的文化分区、如何正确加以命名，成为推进考古研究进一步向前发展的关键。

1959年，夏鼐发表了《关于考古学上文化的定名问题》一文，及时探讨了考古学文化应如何确立、怎样命名，以及考古学文化对于考古研究工作的意义何在等需要迫切解决的理论问题。③这篇文章，"统一了我国考古学界对文化命名问题的认识，从而极大地推进考古研究的健康发展，尤其是对中国新石器时代的文化分布、类型划分和分期问题的研究起了重要的指导作用，使之出现新的局面"④。1961年，夏鼐又撰写了《再论考古学上文化的定名问题》一文，继续深入探讨考古学文化命名的相关问题。⑤夏鼐曾撰文介绍美国学者利比（Willard Frank Libby）所发明的放射性碳素测定年代法，并强调该方法应用于史前考古学领域的重

---

① 王世民：《考古学史与商周铜器研究》，社会科学文献出版社2017年版，第43—44页。
② 梁思永：《后冈发掘小记》，《安阳发掘报告》第4期，1933年6月。
③ 夏鼐：《关于考古学上文化的定名问题》，《考古》1959年第4期。
④ 王仲殊、王世民：《夏鼐先生的治学之路——纪念夏鼐先生诞生90周年》，《考古》2000年第3期。
⑤ 夏鼐：《再论考古学上文化的定名问题》，载《夏鼐文集》第2册，社会科学文献出版社2017年版。按，此文在当时并未公开发表，仅打印若干份以供同仁交流，后收入《夏鼐文集》。

要性。① 后在他的积极推动下，中国科学院考古研究所于1965年末建成全国首家碳-14实验室。1972年，《考古》复刊后公布了第1批碳-14测定年代数据，此数据后来又陆续分批公布。这些都为系统梳理、阐释中国史前文化的谱系提供了理论指导和技术支撑。

经过新中国成立后三十余年的发展，中国考古学体系基本建立。旧石器时代，陆续有蓝田人、元谋人化石等许多新发现；新石器时代，三十年来的发掘工作所提供的大量新资料已使各地原始文化面貌日益明确，碳-14断代法使新石器文化的年代序列得到了可靠的科学依据；新石器时代到文明灿烂的安阳殷代文化间的一段空白，逐渐被三十年间的新发现填补；两周时期考古工作亦有重要收获，特别是两周考古编年愈益清晰。② 在考古新资料以及相关研究成果不断涌现的大背景下，如何运用独立的考古学文化体系阐述中国古史面貌，是摆在考古学者面前的重要课题。夏鼐意识到，新的发现层出不穷，有必要改写《新中国的考古收获》"旧的章节"，或增添"新的章节"，甚至重新编写一部著作。③《新中国的考古发现和研究》一书应运而生。

编写《新中国的考古发现和研究》时，夏鼐强调"我们的工作是以考古资料来阐明中国古代文明"④。显然，"中国古代文明"所蕴含的范围更加宽广，若仍采用社会发展史体系展开叙述，势必难以达到这一目标。《新中国的考古发现和研究》从旧石器时代、新石器时代、商周时代、秦汉时代等展开论述，侧重对考古学文化遗存、出土文物等加以梳理和综合分析，尤其注意建构中国考古学文化的谱系，为阐明中国古史

---

① 夏鼐：《放射性同位素在考古学上的应用——放射性炭素或炭14的断定年代法》，《考古通讯》1955年第4期。另，夏鼐后来又根据已公布的四组碳-14测定年代数据，探讨史前文化年代序列及其相互关系，并再次强调碳-14测定年代方法对中国史前考古研究的促进作用，指出"由于利用了碳-14测定年代法，全世界的史前考古学可以说进入了一个新的时代"，见氏著《碳-14测定年代和中国史前考古学》，《考古》1977年第4期。

② 夏鼐：《三十年来的中国考古学》，《考古》1979年第5期。

③ 夏鼐：《前言》，载中国社会科学院考古研究所编著《新中国的考古发现和研究》，文物出版社1984年版，第1页。

④ 夏鼐：《前言》，载中国社会科学院考古研究所编著《新中国的考古发现和研究》，文物出版社1984年版，第3页。

提供了重要依据。《新中国的考古收获》"原始氏族社会"的内容，分黄河中下游、黄河上游、长江流域、华南地区、北方草原地区、东北地区六大区域加以叙述，这本身已涉及中国新石器的文化分区和谱系问题。这些内容在《新中国的考古发现和研究》中则以专章"新石器时代"加以详细阐述，并有所扩展和丰富，除了黄河流域、长江流域、东南沿海、西南和北方五大区域的新石器文化之外，该章还设有"中国石器时代人种成分的研究"和"中国新石器时代的家畜"两节内容。不过，叙述体系的转变，并不意味着《新中国的考古发现和研究》不再叙述社会发展史的内容。恰恰相反，对社会发展史的探讨仍占有一定篇幅。例如"新石器时代"部分，不仅涉及不同考古学文化的分区和分期、村落布局和房屋建筑、墓地与葬俗等内容，还注意探讨各自文化的社会经济形态以及所处的社会阶段。从《新中国的考古收获》到《新中国的考古发现和研究》，既反映了中国考古学学科体系不断完善、理论思想不断深化的进程，也体现了中国考古学者阐述古史的持续努力以及叙述体系的变化特点。

夏鼐后在《中国大百科全书·考古学》卷首语中，对上述做法进行了理论总结。他认为，考古研究的最后阶段应注重综合性和理论性的研究，即"从史前考古学到历史考古学，考古学研究的总的目标是要究明人类社会的历史，其中包括人类进化史、民族形成史和社会发展史"[①]，由此呈现中国古史发展的多元图景。

随着全国各地考古学材料的丰富，苏秉琦开始反思考古学界"中原中心"的倾向。1975年8月，他在给吉林大学考古专业师生作报告时谈到区、系、类型的理论。[②] 80年代初，"区系类型"学说正式提出，随即产生广泛影响。苏秉琦所提出的区、系、类型研究，"实际上就是考古学

[①] 夏鼐、王仲殊：《考古学》，载《中国大百科全书·考古学》，中国大百科全书出版社1986年版，第15页。

[②] 苏秉琦：《迎接中国考古学的新世纪》，载氏著《华人·龙的传人·中国人——考古寻根记》，辽宁大学出版社1994年版，第239页。

文化的谱系研究"①。中国考古研究的一项基本课题在于厘清一定地区考古学文化的基本特征以及时间和空间关系的谱系，前述尹达1963年发表的文章《新石器时代考古工作的回顾与展望》即曾明确提出这方面的学术任务，但此种谱系研究，只有科学、系统的考古资料累积到相当程度，才能真正提上日程，并成为广大考古学者的共同实际研究活动。苏秉琦正是在考古资料和研究条件基本具备的情况下，从考古学的学科实际出发，适时地提出了"区系类型"学说。

苏秉琦指出"要选择若干处典型遗址进行科学的发掘，以获取可资分析的典型材料"，然后"在准确划分文化类型的基础上，在较大的区域内以其文化内涵的异同归纳为若干文化系统"，简言之，"区是块块，系是条条，类型则是分支"。他还认为，中国远古人类"以血缘为纽带，并强固地维系在氏族、部落之中。这样，不同的人们共同体所遗留的物质文化遗存有其独特的特征也是必然的。今天我们恰可根据这些物质文化面貌的特征去区分不同的文化类型，同时，通过文化类型的划分和文化内涵的深入了解以及它们之间相互关系的探索，以达到恢复历史原貌的目的"②。苏秉琦旨在通过"区系类型"学说，梳理不同地区中国考古学文化的发展序列以及同一考古学文化的不同类型，进而达到"恢复历史原貌的目的"。

由白寿彝总主编、苏秉琦主编的《中国通史》第2卷《远古时代》一书，集中反映了苏秉琦等考古学者关于重建中国史前史的理论思想以及具体的实践方法，是中国通史撰述与考古学成果相结合的有效尝试。③该书是多卷本《中国通史》的有机组成部分，"它从考古资料探索有文字

---

① 张忠培：《关于中国考古学的过去、现在与未来的思考》，载氏著《中国考古学：走近历史真实之道》，科学出版社1999年版，第111页。
② 苏秉琦、殷玮璋：《关于考古学文化的区系类型问题》，《文物》1981年第5期。
③ 苏秉琦在该书"后记"（作于1990年冬）中提到，1985年3月，他应白寿彝之邀，负责《中国通史》第2卷《远古时代》编写工作，随即召集吕遵谔、俞伟超、张忠培、严文明和郭大顺，就他对编纂该卷设想进行多次讨论，根据他关于史前社会的基本认识形成了提纲，然后责成张忠培、严文明分工撰写。该书初稿成于1990年年底，1994年6月由上海人民出版社正式出版。另，关于此书编纂过程，参见严文明先生访谈录，访谈时间：2019年3月13日，访谈地点：北京市蓝旗营小区。

记载以前的原始社会的状况。上起人类的原始,下与夏商周对接,涉及中国史前考古学及其相关学科研究对象的各方面,理论与实践相结合的诸课题"①。全书共 38.7 万字,插图 155 张,书中除"序言"和"后记"外,共分四章,具体章节名称如下。

  第一章 我们的远古祖先(约 180 万年前至 1 万多年前)
   第一节 远古时代的地理环境
   第二节 最早的人类及其文化
   第三节 从蓝田人到北京人
   第四节 早期智人的出现
   第五节 原始蒙古人种的形成
  第二章 新石器时代(约公元前 1 万年至前 3500 年)
   第一节 从灵井到磁山
   第二节 仰韶时代前期
   第三节 仰韶前期的黄河下游和长江中下游
  第三章 铜石并用时代(约公元前 3500 年至前 2000 年)
   第一节 这一时期的概观
   第二节 铜石并用时代早期
   第三节 铜石并用时代晚期
  第四章 周边地区的远古文化
   第一节 东北地区
   第二节 甘青地区
   第三节 东南与华南
   第四节 西南地区

与之前同类著作相比,苏秉琦主编的《中国通史》第 2 卷《远古时代》的一个显著特点是:编写工作由考古学者独立完成,用考古学文化谱系

---

① 苏秉琦:《序言》,载苏秉琦主编《中国通史》第 2 卷《远古时代》,上海人民出版社 1994 年版,第 1 页。

阐述中国远古时代的面貌（包括聚落形态、经济形态以及宗教风俗等各方面内容），是一种考古学的历史叙述模式。

苏秉琦意识到白寿彝"愿意看到考古学的研究，希望考古学家参加通史的编写工作"，他应白寿彝之邀主编《远古时代》，"除了他们之间存在的半个世纪的友谊外"，更重要的是他钦佩白寿彝"对考古学研究成果的认同"。①白寿彝在该书"题记"（作于1990年12月）中评价，"本卷的完成，在极大程度上概括了远古时代考古学研究尤其是他们本人的研究成果，他们坚持实事求是，认真地从考古学文化入手，理清了中国史前民族、文化及社会的发展脉络。这在以往的通史撰述中是没有前例的。这在考古学工作上，也是一项创举"②。该书出版不久，即有观点指出"完全由考古学家撰写完成，这是过去所不曾见过的新举动……过去出版的一些版本的《中国通史》……史学家们也试图利用考古资料，对中国史进行复原或订补，甚至是进行改写，我们再读远古史，开始有了一些焕然一新的感觉。但一直以来，编写中国通史都没有考古学家的直接参与，在运用考古资料方面不够系统，有时显得明显不足，留下一些缺憾"③，从这一点而言，《中国通史》第2卷《远古时代》的出版在很大程度上弥补了这一"缺憾"。

1980年，内蒙古自治区考古学会成立之际，苏秉琦提出用考古学复原历史面貌的四项重点课题，即中国文化起源问题、中华民族形成问题、中国社会发展史问题、统一多民族国家形成和发展问题。④这四项课题，对恢复中国历史尤其是中国古史的本来面貌尤为关键。苏秉琦在20世纪80年代初，提出了"区系类型"学说，后来他在此学说的基础上又继续阐发，通过考察中国考古学文化的系谱，探讨以汉族为主体的中国统一

---

① 张忠培：《永不忘却的纪念——悼念白寿彝老》，《史学史研究》2000年第3期。
② 白寿彝：《题记》，载苏秉琦主编《中国通史》第2卷《远古时代》，上海人民出版社1994年版，第2页。
③ 王仁湘：《溯渊源于尘壤 化传说为信史——读苏秉琦主编的〈中国通史〉第二卷》，《史学史研究》1996年第3期。
④ 苏秉琦：《现阶段内蒙古文物考古工作问题——在内蒙古自治区考古学会成立大会上的讲话（摘要）》，载《苏秉琦考古学论述选集》，文物出版社1984年版，第294页。

多民族国家的形成过程，尝试用中国考古学旧石器时代、新石器时代、铜石并用时代的文化谱系重建中国史前史。白寿彝称赞苏秉琦"以考古类型学理论、考古学文化区系类型论和文明起源、形成及走向帝国道路等科学理论，推动了中国考古学的发展"①。

苏秉琦将人口分布密集的地区分为六大区系，即：第一，以长城地带为中心的北方地区；第二，以晋、陕、豫三省接邻地区为中心的中原地区；第三，以洞庭湖及其邻境地区为中心的长江中游地区，以及面向太平洋的三大区；第四，以山东及其邻境为中心的黄河下游地区；第五，以江、浙（太湖流域）及其邻境为中心的长江下游地区；第六，以鄱阳湖—珠江三角洲一线为主轴的南方地区。这六大区并不是简单的地理区划，而"主要着眼于其间各有自己的文化渊源、特征和发展道路"。② 所谓"渊源"，指的是"相当于新石器早期的文化"；"特征"指的是"各自在新石器中期（大都反映原始公社氏族制从繁荣到解体转折点阶段）具有明显区别于其他区系的考古学文化"；"发展道路"指的是"相当新石器晚期和铜石并用阶段具有明显的自己独具的较高文化特征因素的典型地点"。③ 20世纪90年代初，苏秉琦撰写了三篇"重建"的文章，一是为《中国通史》第2卷《远古时代》所写的序言《重建中国古史的远古时代》，二是《关于重建中国史前史的思考》，三是《重建中的"中国史前史"》。④ 这三篇文章虽然在内容上各有侧重，但它们表明"重建中国上古史的课题已具备了主、客观条件，并提到了考古学发展的日

---

① 白寿彝：《题记》，载苏秉琦主编《中国通史》第2卷《远古时代》，上海人民出版社1994年版，第1页。
② 苏秉琦：《迎接中国考古学的新世纪》，载氏著《华人·龙的传人·中国人——考古寻根记》，辽宁大学出版社1994年版，第239页。另，此六大区系的考古学文化年表，参见苏秉琦《中国文明起源新探》，商务印书馆（香港）有限公司1997年版，"附录：中国考古学文化区系年表"。
③ 苏秉琦：《重建中的"中国史前史"》，载氏著《华人·龙的传人·中国人——考古寻根记》，辽宁大学出版社1994年版，第125页。
④ 此三文分别刊于《史学史研究》1991年第3期、《考古》1991年第12期、《百科知识》1992年第5期，后均收入《华人·龙的传人·中国人——考古寻根记》一书之中。

程上"①。

苏秉琦审视此前已出版的中国通史的史前部分，感慨这类著作"虽大都企求在理论指导下运用考古材料和古史传说，但限于目前的研究水平，理论与材料、考古材料与古史传说之间，难免缺乏系统的、有机的结合，尚未形成中国史前史的科学体系"。与夏鼐等人的观点相似，苏秉琦亦认为"考古学的最终任务是复原古代历史的本来面目"。苏秉琦意识到"除了传说材料，史前时代没有确切的文献记载可供依据，建立史前时代信史的任务自然就落在考古学家的肩上"，并建议可以重点从四个方面加以考虑：第一，"区系观点是个纲，纲举目张"；第二，"文明开始是把金钥匙，是要大力开拓的课题"；第三，"文化传统的根系要上溯到旧石器时代"；第四，"由近及远，一个课题、一个课题逐步积累"。② 苏秉琦指出，中国远古历史涉及两个重大的理论问题，一是"从猿到人"，二是"从氏族到国家"。关于前者，主要依据远古人类化石的发现进行探讨；关于后者，整个新石器时代及以后的铜石并用时代的历史，可以说都涉及这个重大问题，即要阐明中国境内是如何从氏族发展到国家的。③

《中国通史》第 2 卷《远古时代》的主要撰写者之一张忠培在北京大学攻读考古专业副博士研究生时，就在中国科学院考古研究所参加过"修改《中国通史》的原始社会篇"座谈会。④ 1987 年，张忠培在一篇谈论中国考古学的现状与未来发展趋势的文章中提到"一系列考古新发现，不仅改变了考古学本身面貌，同时也使古史研究的状况为之一新。中国原始社会史及夏、商、西周历史的探索，早已奠基于考古学研究"，以往考古学的新发现"不仅是证实、订证及补充文献史料的过程，而且使传统史学得以开辟新的研究课题和新的研究领域"。⑤ 20 世纪 80 年代，张忠

---

① 苏秉琦：《迎接中国考古学的新世纪》，载氏著《华人·龙的传人·中国人——考古寻根记》，辽宁大学出版社 1994 年版，第 236 页。
② 苏秉琦：《关于重建中国史前史的思考》，《考古》1991 年第 12 期。
③ 苏秉琦：《序言》，载苏秉琦主编《中国通史》第 2 卷《远古时代》，上海人民出版社 1994 年版，第 2—5 页。
④ 《夏鼐日记》卷六，1960 年 11 月 10 日，华东师范大学出版社 2011 年版，第 132 页。
⑤ 张忠培：《浅谈中国考古学的现在与未来》，《瞭望周刊》1987 年第 36 期。

培还发表了一系列用考古材料探讨中国原始社会制度的文章,① 并于 1990 年 3 月在文物出版社出版了《中国北方考古文集》一书。在白寿彝看来,张忠培对"中国北方考古学文化谱系、史前社会制度的变迁和考古学基本理论及方法,进行了系统、深入的探索"②。1991 年,张忠培又研读大约 60 年前出版的吕振羽《史前期中国社会研究》,后将研读心得发表在白寿彝主编的《史学史研究》上。张忠培认为吕振羽是"第一个具有专门知识而想以马克思主义给中国的史前史建立一个确定的系统的人",《史前期中国社会研究》一书"使中国史前史从神话传说中解脱出来,为恢复它的本来面目奠定了坚实的基础"。张忠培强调,考古学遗存、神话传说和民族志资料是"探讨和恢复史前史的重要凭据"。③ 在《中国通史》第 2 卷《远古时代》出版之际,张忠培重读吕振羽的著作,并且思考重建中国史前史的方法以及所应依据的材料。他认为《史前期中国社会研究》虽然出版了近 60 年,但此书依然可为中国远古历史的编纂工作提供宝贵借鉴。

《中国通史》第 2 卷《远古时代》的另一位主要撰写者严文明,在 20 世纪 60 年代初,就编写了新石器时代考古学讲义并于 1964 年铅印。该讲义在当时是"研究中国新石器时代考古前 40 年成果的唯一专著。书中不仅收集了当时可能见到的全部资料,经过分析消化并初步建立一个体系"④,具体论述了长城以北的新石器文化、黄河流域的仰韶文化和甘肃仰韶文化、龙山文化和齐家文化、长江流域的新石器文化、华南地区的新石器文化。20 世纪六七十年代,严文明还发表了多篇关于中国新石

---

① 张忠培:《母权制时期私有制问题的考察》,《史前研究》1984 年第 1 期;《中国父系氏族制发展阶段的考古学考察——对含男性居本位的合葬墓墓地的若干分析》,《吉林大学社会科学学报》1987 年第 1 和第 2 期;《黄河流域史前合葬墓反映的社会制度的变迁》,《华夏考古》1989 年第 4 期。

② 白寿彝:《题记》,载苏秉琦主编《中国通史》第 2 卷《远古时代》,上海人民出版社 1994 年版,第 2 页。

③ 张忠培:《立学高风世馨香——再读〈史前期中国社会研究〉》,《史学史研究》1992 年第 1 期。

④ 严文明:《中国新石器时代》,文物出版社 2017 年版,"关于本书"第 2—3 页。

器时代考古学文化研究的论文。① 他在 80 年代参加翦伯赞《中国史纲》第 1 卷 "原始社会" 部分的修订整理工作以及该书文物图片的调整工作,② 主要是校对这本书引用的考古学资料。③ 在龙山文化遗址不断丰富的情况下,严文明于 1981 年提出 "龙山时代"。他指出 "我国的历史究竟是怎样由原始社会发展为阶级社会的,历史文献给我们提供的消息实在太少,人们不得不转而依靠考古的发现,因而对于龙山文化的研究就显得特别重要了",他又根据碳 – 14 数据所得的龙山时代各文化的绝对年代,并慎重参照古本《竹书纪年》等所推定的夏朝年代(约为公元前 2033—前 1562 年),认为 "龙山时代诸文化正好都在夏朝以前,相当于古史传说中唐尧虞舜的时代"。④ 1984 年,严文明又发表《论中国的铜石并用时代》一文,申述龙山时代仍然属于铜石并用时代的理由,并分析了中国铜石并用时代的开端及其向青铜时代的转变过程,即 "龙山时代之后,中国历史开始进入文明时代,同时开始了由铜石并用时代向青铜时代的转变。在中原,属于这一阶段的考古学文化被为二里头文化","以二里头文化为代表的整个时代,应是中国的早期青铜时代"。⑤ 1985 年,严文明在《文物》上发表《新石器时代考古研究的回顾与前瞻》《新石器时代考古研究的两个问题》二文,除了论述中国新石器时代考古研究所取得的成果外,他特别强调新石器时代考古研究对 "再现" 中国原始社会晚期历史的重要支持作用。⑥ 稍后,严文明又重点探讨了中国史前文化的 "统一性" 与 "多样性",并且在苏秉琦 "区系类型" 学说的基础上,提出了 "重瓣花朵式" 的中国史前文化格局。为了便于阐述中国石器时代文化发展序列,他还制作了表格 "中国旧石器文化的谱系""中国新石器文化的谱系",前者主要呈现华北地区(周口

---

① 严文明:《论庙底沟仰韶文化的分期》,《考古学报》1965 年第 2 期;《半坡仰韶文化的分期与类型问题》,《考古》1977 年第 3 期;《甘肃彩陶的源流》,《文物》1978 年第 10 期;《黄河流域新石器时代早期文化的新发现》,《考古》1979 年第 1 期。
② 张传玺:《校定本序》,载翦伯赞《先秦史》,北京大学出版社 1990 年版,第 11 页。
③ 严文明先生访谈录,访谈时间:2019 年 3 月 13 日,访谈地点:北京市蓝旗营小区。
④ 严文明:《龙山文化和龙山时代》,《文物》1981 年第 6 期。
⑤ 严文明:《论中国的铜石并用时代》,《史前研究》1984 年第 1 期。
⑥ 严文明:《新石器时代考古研究的两个问题》,《文物》1985 年第 8 期。

店系统、匼河系统)、华南地区(西南、东南)的地质年代、文化分期和距今年代,后者主要呈现旱地农业经济文化区(甘青、中原、山东、燕辽)、稻作农业经济文化区(江浙、长江中游、闽台、粤桂、云贵)、狩猎采集经济文化区(东北、蒙新、青藏)的文化分期和距今年代。①1989年,严文明出版了专门研究仰韶文化的著作,从"典型遗存""类型、起源和发展阶段""聚落形态""埋葬制度""彩陶"等不同方面对仰韶文化加以综合分析,他想"通过对仰韶文化的深入解剖和研究,找到一把开启整个中国新石器时代考古研究的钥匙,以推动新石器时代考古的研究工作"②。在已有研究的基础上,严文明又探讨了如何把仰韶文化的研究再向前推进的问题,具体为:一是关于分期、分区和划分类型的问题,二是关于生产力和经济发展水平的估计问题,三是关于遗址分布规律和居住类型的研究问题,四是关于房屋用途和村落布局的研究问题,五是关于墓地分期与年代的研究问题,六是关于社会性质和发展阶段的研究问题。在他看来,"考古学文化是一个非常复杂的综合体,需要从各方面进行研究,才能揭示它的全貌,进而复原当时的社会历史面貌"。③

上述苏秉琦、张忠培、严文明的著述,有一个共同观点,即探讨考古学文化的目的在于复原当时的社会历史面貌。他们不仅有丰富的田野考古经验、能够及时掌握最新考古学材料,并且长期从事考古学的教学与研究工作,对中国人种起源及文明形成、新石器时代考古所见中国氏族社会、中国农业起源、考古学与古史建构等理论问题也十分关注,提出了"区系类型"学说、"龙山时代"、"重瓣花朵式"的中国史前文化格局等理论观点。《中国通史》第2卷《远古时代》容纳了丰富的中国史前考古成果和文化编年,假如作者没有大量的亲身研究经历,没有驾驭庞杂考古资料的能力,是很难在一定时间、一定篇幅内完成这样一本高质量著作的。资料的积累,理论的思考,都为他们撰写该书奠定了

---

① 严文明:《中国史前文化的统一性与多样性》,《文物》1987年第3期。
② 严文明:《仰韶文化研究》,文物出版社1989年版,"前言"第2页。
③ 严文明:《仰韶文化研究》,文物出版社1989年版,第337—350页。

基础。例如苏秉琦在1980年提出的用考古学复原历史面貌的四项重点课题，实际上基本构成了《中国通史》第2卷《远古时代》的四条叙述线索；张忠培、严文明先前提出的学术观点也在该书的具体论述中有所反映。就当时学术发展水平而言，"这本书的质量还是比较高的"，整体来看，"这本书反映了当时考古学界对中国史前社会的一个基本认识"。①

关于中国远古人类，《中国通史》第2卷《远古时代》指出，"有了人类，就开始有了人类的文化。正如中国的远古人类化石有其自成体系的特征一样，中国的旧石器文化也有其自成体系的特征，而且表现得更为鲜明一些"②。该书对新石器时代及以后的铜石并用时代的论述也很详细，这一部分内容占全书约55%的篇幅，其中插图共82张，占插图总数的53%，涉及的核心理论问题是"从氏族到国家"，主要包含四个方面的内容，即农业的发生与发展、社会的分工与分化、区系的组合与重组、历史的传说与真实。③

20世纪60年代初，夏鼐曾将以汉族为主体的中华民族共同体的形成过程问题，视为中国考古学研究的基本课题之一。他指出"我国是一个多民族的国家。这许多民族都有它们的族源问题和它们的发展的历史面貌问题。考古研究可以在解决这些问题方面起巨大的作用"④。这一课题也成为后来中国考古工作的重点。1975年8月，苏秉琦在一次讲课中谈及"学科改造与建设"问题，并就如何发展考古学科阐述自己的看法。他列举了考古学科中长期的、带有普遍性的五项课题，其中也包括"关于以汉族为主的统一多民族国家的形成"问题。他提到"不研究我国各族（包括汉族）人民的历史，解决不了以汉族为主的统一的民族国家形成的问题"，"不研究一个个具体人们共同体的历史，解决不了汉族的形

---

① 严文明先生访谈录，访谈时间：2019年3月13日，访谈地点：北京市蓝旗营小区。
② 苏秉琦：《序言》，载苏秉琦主编《中国通史》第2卷《远古时代》，上海人民出版社1994年版，第3页。
③ 苏秉琦：《序言》，载苏秉琦主编《中国通史》第2卷《远古时代》，上海人民出版社1994年版，第5页。
④ 夏鼐：《新中国的考古学》，《红旗》1962年第17期。

成的问题，也解决不了历史的、现实的各族人民间相互关系问题"①。80年代初，以考古学的视角重建中国史前史逐渐被学术界提上日程。苏秉琦强调考古学为恢复中国历史的本来面貌要重点关注统一多民族国家形成和发展问题，并认为"我国统一多民族国家形成和发展问题，特别是对于这一发展过程的阶段性的探讨，考古学具有比其他兄弟学科特别优越的条件"②。无独有偶，白寿彝在80年代思考中国通史编纂体系时，也在思考中国统一多民族历史的编写问题。1989年出版的白寿彝主编的《中国通史》第1卷《导论》首章标题为"统一的多民族的历史"，开篇就说："中国是一个统一的多民族的国家。中国的历史是中华人民共和国境内各民族共同创造的历史，也包含曾经在这块广大国土上生存、繁衍而现在已经消失的民族的历史。"该书紧接着指出"远古文化遗存，表明中国境内在那遥远的时代，曾经在不同地区发展着不同系统的文化"。③ 可以说，中国史前时期多民族形成问题，正是通过考古学成果证实的。中国远古遗存在不同地区发展着不同系统的文化，也是通过考古发掘及相关技术手段揭示出来的。苏秉琦"区系类型"学说提出以后，很多考古学者注意从宏观层面考察不同地区不同考古学文化之间的联系和发展轨迹，并试图勾勒中国史前文化的整体面貌。④《中国通史》第1卷《导论》中也提到，"中国的历史有自己的特点。首先是因全国地域辽阔，各民族各地区间在经济、文化上发展得不平衡。这不只是在汉族跟各兄弟民族间发展得不平衡，而且在汉族内部，在某些少数民族内部也不平衡。从更高的高度把这些不平衡的历史现象概括起来，既要看到各种社会现象中的差异，又要从差异性中看到它的同一性。这是一件复杂的工作"⑤。这种多民族历史发展的"不平衡性"，可通过考古学文

---

① 苏秉琦:《学科改造与建设——1975年8月间为吉林大学考古专业同学讲课提纲》，载《苏秉琦文集》第2册，文物出版社2009年版，第211—213页。
② 苏秉琦:《现阶段内蒙古文物考古工作问题——在内蒙古自治区考古学会成立大会上的讲话（摘要）》，载《苏秉琦考古学论述选集》，文物出版社1984年版，第294页。
③ 白寿彝主编:《中国通史》第1卷《导论》，上海人民出版社1989年版，第1页。
④ 俞伟超、张忠培:《探索与追求》，《文物》1984年第1期。
⑤ 白寿彝主编:《中国通史》第1卷《导论》，上海人民出版社1989年版，第289页。

化及其相互关系进行考察。① 所谓差异性，也是多样性；同一性，也可理解为统一性。白寿彝和苏秉琦等人都表现出对统一多民族国家形成和发展史的理论兴趣，《远古时代》是多卷本《中国通史》的有机组成部分，该书通过探讨不同考古遗址及其考古学文化内涵，论证中国多民族的形成、分布及相互交流与融合，这也符合整个多卷本《中国通史》关于统一多民族历史的撰写旨趣，并反映出史学家和考古学家之间是可以相互合作的。当史学家和考古学家关注同一课题时，他们才可以借鉴及吸收对方学科的理论观点和实际研究成果，进而推动对此课题的深入认识和研究，并落实到历史编纂之中。

从《中国通史》第 2 卷《远古时代》、第 3 卷《上古时代》所述历史的时间范围来看，第 2 卷所述的远古时代与中国史前时代（史前史）的指代内容相同，但是表述方式不同。在苏秉琦等人笔下，中国远古史不等同于一般意义上的中国原始社会史。20 世纪 80 年代初，苏秉琦提出考古学研究应该关注中国社会发展史问题，因为"从原始社会到阶级社会，中国的考古材料无比丰富。我国近十亿人口的历史，尽管迂回曲折参差不齐，但总归都经历过从原始社会到阶级社会。……我国古代社会的发展，特别是从原始社会到早期阶级社会的发展，在世界史上具有特别重要的典型意义，这项研究主要依靠的是考古材料"②。研究中国原始社会史，固然要依靠考古学材料，但史前史又不简单地等同于原始社会史。严文明主张，史前考古学研究要避免使用"一个干瘪的社会发展公式"，而要关注考古学文化所体现的丰富多彩的具体的社会面貌。③ 苏秉琦也注意阐述史前史与原始社会史之间的区别，他既承认人类社会的一般发展规律，又致力于探究中国社会独特的文化传统。以新石器时代的考古研究为例，苏秉琦认为"广义的新石器时代的历史是一部从氏族社会向早期国家发展的历史"，对其研究的"一根主线是技术、经济的发

---

① 佟柱臣：《中国新石器时代文化的多中心发展论和发展不平衡论——论中国新石器时代文化发展的规律和中国文明的起源》，《文物》1986 年第 2 期。
② 苏秉琦：《现阶段内蒙古文物考古工作问题——在内蒙古自治区考古学会成立大会上的讲话（摘要）》，载《苏秉琦考古学论述选集》，文物出版社 1984 年版，第 294 页。
③ 严文明：《仰韶文化研究》，文物出版社 1989 年版，第 348 页。

展,特别是社会本身的发展",具体则包括两方面内容:一方面"要研究社会发展的规律在中国史前史中的具体体现的过程",另一方面"要具体研究中华民族的形成,中国文化的形成及其特征,中国文化传统的组合与重组的史实"。① 前者与原始社会史阐释的内容有相似之处,后者则是史前史研究所应揭示的独特内容。原始社会史的发展阶段,也可以和考古学文化上的不同阶段大致相对应。一般而言,史前人类社会由低级向高级阶段大体上经历了原始群、前氏族公社、氏族公社以及早期国家等几个不同的发展过程。通过考古学文化谱系、史前人类的居住结构和墓葬制度,亦可以考察母系氏族社会及其向父系氏族社会的过渡、演变与发展情形等。因此,史前史和原始社会史是相互联系又有区别的概念范畴。郭沫若主编的《中国史稿》第1册是以社会发展史的体系展开叙述的,在具体的叙述过程中,考古学材料充实了中国原始社会史的叙述内容。苏秉琦主编的《中国通史》第2卷《远古时代》的叙述体系是考古学文化系谱,在这一体系之下,中国原始社会史成为该书的重要论证内容。两书相比,均呈现出各自的理论体系,论述的内容也各有侧重,反映了中国古史的不同撰写模式。作为《中国通史》的总主编,白寿彝表现出远见卓识,希望加强中国历史学界与考古学界的学术联系和合作。《中国通史》第2卷《远古时代》出版后,有观点就提到,由考古学家主编、全部由考古学家撰写的《中国通史》之"远古时代"卷,"我们过去还不曾读到",该书是"一次史学家和考古学家成功的联袂合作",同时是"对中国史前考古学研究的新贡献,也是一次阶段性的研究总结"。②此书被认为是"一本植根于史实,自成科学体系的远古时代的力著"。③可以说,《中国通史》第2卷《远古时代》是有着半个世纪以上友谊的苏秉琦和白寿彝联袂的结晶,也是中国通史撰述与考古学成果相结合的成

---

① 苏秉琦:《关于重建中国史前史的思考》,《考古》1991年第12期。
② 王仁湘:《溯渊源于尘壤 化传说为信史——读苏秉琦主编的〈中国通史〉第二卷》,《史学史研究》1996年第3期。
③ 章华天:《中国史前史建设的力著——白寿彝总主编〈中国通史〉第二卷简介》,《史学史研究》1996年第3期。

功尝试。①

第四节　重建中国远古历史：中国考古学的学术使命

近代考古学在中国诞生之日起，便与重建中国远古历史这一中国历史撰述中的重要课题密切相联。

20世纪20年代，"疑古"学说被提出之时，激发了时人建设新古史的热情。中国传统的古史体系很快被推翻，但重建新的中国古史体系一时难以实现。不少学者将目光投向已经兴起的中国近代考古学，期望考古学能为重建中国古史提供坚实可靠的新资料，甚至考古学领域的学者，也将重建古史视为自己工作内容的重要部分。李济在30年代中期，谈及中国考古学现状及未来发展趋势时提到，"这几年中国古史所辨论的完全是如何联缀起来这些地下出土的若干新材料。这辨论又可以分三个阶段来说"，即"如何把这些材料本身联起来""如何把它们与传统的中国史实联起来"与"如何把它们与整个的人类史联起来"。② 考古工作不仅要将支离破碎的材料聚集起来，更重要的是将分散的事实联缀起来。这些联缀起来的事实在很大程度上可反映中国古史的真实面貌。联缀考古学材料，既要将同一出土地点的材料联系起来，同时在一定前提下也要将不同出土地点的材料相互比较。梁思永发现"后冈三叠层"之后，侯家庄等地又发现了堆积情形与后冈相同的遗址，李济认为这更可证明小屯文化、龙山文化、仰韶文化之间的相互关系，这可"替中国建筑'新中国上古史'的同志辟开了一个比较可靠的出发点，由此往前就可以渐渐

---

① 2010年7月，上海人民出版社将《中国通史》第2卷《远古时代》更名为《中国远古时代》单独出版，另增加张忠培《仰韶时代——史前社会的繁荣与向文明时代的转变》《中国古代文明形成的考古学研究》和严文明《龙山时代城址的初步研究》《黄河与长江：东方文明的摇篮》共四篇文章作为附录。书中"后记"提到"该书出版以来的近十六年中，相关时代的考古学虽有一些重要的新发现，但这些新发现基本上仍未动摇本书的基本论点"。新的考古发现主要是对原有论述的补充，整体上并没有改变原来《远古时代》一书的理论框架和主要论点。

② 李济：《中国考古学之过去与将来》，《东方杂志》第31卷第7期，1934年4月。

的到那平坦大路"①。殷墟发掘之初，李济主要期望依靠殷墟考古材料"能渐渐的建筑一部可靠的殷商末年小小的新史"。在他看来，这是建设中国古史的基础，由此上溯，通过考古材料，探究中华民族的原始问题，进而撰写新的中国古史的"出发点"，这是李济建构整个"新中国上古史"发展体系的宏伟目标。

1936年8月，《田野考古报告》第1期出版，李济在"编辑大旨"中特别强调，"健全的民族意识，必须建筑在真实可靠的历史上；要建设一部信史，发展考古学是一种必要的初步工作"②。在"疑古"学者"打破"中国古史之后，李济更关注应该如何"建设一部信史"。有意思的是，时在英国留学的夏鼐也意识到"治上古史，考古学是占中心的地位"。他就申请延长留学年限及转学埃及考古学之事，曾致信清华大学校长梅贻琦，信中提到"今年所学者，多为田野工作之技术……故进一步观其如何就各种古物，依其形制，以探求其发展过程，如何探求其相邻文化交互影响之迹，由古物以证古史，以建设一科学的考古学"③。因此在夏鼐看来，古史建构工作与建设科学的考古学有紧密关联。可以看出，李济、夏鼐已经以重建中国远古历史为己任。然而，安定的社会环境是学术研究得以发展的重要保障，对于以田野工作为基础的考古学而言，这一点尤为重要。20世纪三四十年代的中国，战乱频繁，考古学者在中国境内做过发掘工作的地区很少，存在很多地域空白，中国史前文化的基本框架和谱系编年尚不清楚。在这种情况下，"重建中国远古历史"基本上只能成为一种期待与梦想。

1954年1月，李济在中国台湾大学法学院"蔡孑民先生87岁诞辰纪念会"上发表讲演，再次思考重建中国古史的有关问题，他说："一部能说明中国民族文化之原始的上古史，是现在一般人渴望好久的了。但是如何达到这一目的，却有若干不同的看法"，他认为"中国民族的原始"和"中国文化的原始"是重建上古史应该重点关注的

---

① 李济：《中国考古学之过去与将来》，《东方杂志》第31卷第7期，1934年4月。
② 李济：《编辑大旨》，《田野考古报告》第1期，1936年8月。
③ 夏鼐：《夏鼐致梅贻琦》（1936年4月11日），载王世民、汤超编《夏鼐书信集》，社会科学文献出版社2022年版，第18页。

两个课题。① 时隔八年，李济又谈论中国上古史的重建问题，此次他的"着重点是根据史学家的察古今之变的立场，把中国上古史整个的问题，做一个全盘的讨论"，他从"问题的性质""材料的范围""材料的选择""古史料的整理与古史的写作"以及"可以供史学家参考的几条意见"等方面加以阐述，并指出"若干重要的结论，似乎可以用作奠定新的中国上古史写作的基础"。② 李济晚年已将撰写中国古史提上了工作日程。1972年12月，他主编的《中国上古史（待定稿）》第1本《史前部分》由历史语言研究所出版。因为李济等人当时所能见到的考古新材料十分有限，故在该书之中，他们对一些古史建构中的关键问题（如文明起源问题、不同区域不同民族的分布问题等）未能利用新发现的材料并提出新观点。该书收录了阮维周《东亚大陆第四纪自然环境的衍变与人类的演化》、李济《"北京人"的发现与研究及其所引起的问题》《红色土时代的周口店文化》《跨入文明的过程——中国史前文化的鸟瞰》，以及张光直的九篇文章，更倾向于专题研讨，相关史前文化的编年序列并不清晰。李济将此书以"待定稿"命名，应有其深意，他或许期望将来有机会加以补充和完善。1979年李济去世后，该书于1985年6月再版时，"待定"字样仍予以保留。另外，历史语言研究所于1985年4月出版的《中国上古史（待定稿）》第2本《殷商编》，基本上也不属于系统的历史撰述，而更像是专题研讨文章的汇编，收入李济《安阳发掘与中国古史问题》、屈万里《〈史记·殷本纪〉及其他纪录中所载殷商时代的史事》、李孝定《中国文字的原始与演变》、张秉权《殷代的农业与气象》、董作宾《殷历鸟瞰》、杨希枚《河南安阳殷墟墓葬中人体骨骼的整理和研究》等文。

《中国上古史（待定稿）》第1本《史前部分》卷前冠以李济撰写的《〈中国上古史〉编辑计划的缘起及其进行的过程》以及《〈中国上古史〉

---

① 李济：《中国上古史之重建工作及其问题》，载《李济文集》第1卷，上海人民出版社2006年版，第353—360页。

② 李济：《再谈中国上古史的重建问题》，《历史语言研究所集刊》（台北）第33本，1962年2月。

编辑大旨》。①但是，1949年之后，李济已离开"中国考古事业的主流"②。受当时社会环境的影响，身在中国台湾的李济，探讨重建中国上古史的理论问题时，无法掌握20世纪五六十年代中国大陆不断涌现的考古新资料。③同时，他关于重建中国远古历史的理论观点也没有及时作为思想资源被彼时中国大陆学术界所吸纳。但他关于此问题长期的理论思考，仍给后来从事此课题的学者带来重要启示。

20世纪50年代起，大规模、多区域、成系统的考古发掘活动逐渐展开，学术界对考古学文化的理论探讨，用科技手段对史前文化的绝对年代加以测定，都促使中国史前考古学出现了繁荣发展的局面。自80年代起，以夏鼐为代表的考古学家开始系统反思中国文明起源、国家起源等中国古史建构的关键问题，④为进一步重建中国远古历史奠定了重要的理论基础。

苏秉琦是20世纪80年代中后期至90年代考古学界重建中国远古历史的代表人物。他在《远古时代》一书的"序言"中强调"重建中国古史的远古时代是当代考古学者的重大的使命"⑤。对于史前时代而言，"当代学者们的责任已不是改写人类早期历史的某一个局部，而是重构一部完整的史前史"⑥。与之前的学者强调"建设"或"改写"中国古史相比较，苏秉琦更加强调"重建"中国古史，即用新的观点和理论体系建构一部新的中国古史。他主张，"从宏观的角度、从世界的角度、从理论与实践结合的高度"可以把中国古史的框架与脉络概括为"超百万年的文

---

① 后均收入《李济文集》第5卷，上海人民出版社2006年版。
② 张光直：《编者后记》，载张光直、李光谟编《李济考古学论文选集》，文物出版社1990年版，第977页。
③ 1962年，李济探讨重建中国上古史问题时坦言"所用的材料，都是近五十年来，很多科学家辛勤工作累集起来的。这些工作，大半是五四运动以后的北京大学，及国民政府成立以后的中央研究院所领导的"，见氏著《再谈中国上古史的重建问题》，《历史语言研究所集刊》（台北）第33本，1962年2月。
④ 夏鼐：《中国文明的起源》，文物出版社1985年版。
⑤ 苏秉琦：《序言》，载苏秉琦主编《中国通史》第2卷《远古时代》，上海人民出版社1994年版，第1页。
⑥ 王仁湘：《溯渊源于尘壤　化传说为信史——读苏秉琦主编的〈中国通史〉第二卷》，《史学史研究》1996年第3期。

化根系，上万年的文明起步，五千年的古国，两千年的中华一统实体"，这同时也是中国历史的"基本国情"。① 值得注意的是，苏秉琦将重建中国远古历史提升至学科建设的高度加以探讨，认为这是一项长期任务，需要久久为功。他意识到"我们现在提出重建中国史前史，是从学科建设的角度、从学科建设的高度来谈，而不仅仅是编写一本书"，因为编书是"阶段性研究成果"，但"学科建设是长期任务"。②

从中国考古学的不同发展阶段来看，虽然不同时期有不同的时代背景及不同的工作重心，但"重建中国远古历史"成为中国考古学长久不变的学术使命。陈星灿将近一个世纪的中国考古学分成三个发展阶段：1949年之前、1949年至20世纪90年代初、90年代初期之后，"每个阶段的中国考古学，都有自己的特点，也都跟中国的社会、政治、经济和文化发展密不可分，但一言以蔽之，似都可以说以重建中国古史为主要目的"，并且他明确指出"在未来可以看到的岁月里，重建古史恐怕仍将是中国考古学家的主要任务之一"。③ 因此，对考古学界而言，重建中国远古历史的工作一直处于"进行时"。

"考古学家在对客观世界的观察中面临种种显而易见的局限性"④，虽然中国考古学家致力于重建远古历史，但通过考古学反映史实和社会面貌也有一定困难或局限。在重建中国远古历史方面，考古学表现出的局限性，一方面是考古学材料和方法本身所致，另一方面也与考古学在中国的学科定位和学术界对考古学的期待有关。严文明曾表明，新石器时代考古学虽然可以探索"原始社会的生产力、生产关系、氏族部落的组织、意识形态和文化关系等方面的问题"，但"研究每一个问题都有一定的局限"，因为人类社会的一切事物并不是都能以物化的形式表现出来，

---

① 苏秉琦：《迎接中国考古学的新世纪》，载氏著《华人·龙的传人·中国人——考古寻根记》，辽宁大学出版社1994年版，第245页。

② 苏秉琦：《关于重建中国史前史的思考》，《考古》1991年第12期。

③ 陈星灿：《以古史重建为己任——中国考古学的百年使命》，《中国社会科学报》2015年1月14日第B07版。

④ V. Gordon Childe, *Piecing Together the Past: The Interpretation of Archaeological Date*, Lodon: Routledge & Kegan Paul, 1956, p. 13.

保留下来的遗迹或遗物仅仅是整个社会活动中实物的极小一部分，考古学者能够发现和研究的，则是更小的一部分，"靠它们来反映当时社会的全貌，自然是很困难的"。此外，利用考古资料探索上述问题"往往不是很直接"，"这种间接的反映也使得探索问题的深度受到一定局限"。[①] 后来又有学者反思"中国古史重建目前存在的最大问题"，即"一大堆出土材料如果要成为一门科学，并转化为历史学家所能利用的具体知识，那么考古学除了类型学和地层学之外，还需要其他理论方法的开拓与帮助"[②]。如果中国考古学者能够充分意识到考古学材料和学科手段的局限性，那么"考古学还是可以提供丰富的历史线索的"，"这使我们有理由对考古学参与古史建构的能力和前景感到乐观"。[③]

苏秉琦曾说："我们将要有的《中国史前史》，正如当代一些科学巨著一样，可以一版一版地编下去，随着学科的发展，每一新版从内容到体例都可以而且必然有发展、变化。"[④] 基于此，具有"进行时"性质的重建中国远古历史的重大任务，对于中国考古学者而言依然任重而道远。

---

① 严文明：《中国新石器时代》，文物出版社 2017 年版，第 15 页。
② 陈淳：《疑古、考古与古史重建》，《文史哲》2006 年第 6 期。
③ 许宏：《何以中国：公元前 2000 年的中原图景》，生活·读书·新知三联书店 2016 年版，第 165 页。
④ 苏秉琦：《关于重建中国史前史的思考》，《考古》1991 年第 12 期。

第四章

民族情感与历史叙述：中国历史撰述对人种起源问题的阐释

"人种"或"民族"是历史的基本要素之一。中国人种起源或民族溯源问题是近代中国历史撰述所遭遇的一个重要话题，甚至大多数近代中国历史撰述将此问题置于绪论或首章之中进行阐释。梁启超曾言"欲成一适合于现代中国人所需要之中国史"，首先需要解决的问题便是"中华民族是否中国之原住民，抑移住民"。① 近代中国历史编纂者关于人种起源问题的探讨，关系国家形象的建构、民族自信心的确立、国人爱国心的养成等重要问题。关于拉克伯里（Terrien de Lacouperie）中国人种"西来说"于 20 世纪初在中国的引进、文本传播情况，学术界已有相当研究，② 但仍有继续深化的空间。具体到 20 世纪的中国历史撰述，中国人种"西来说"是如何传布并发生内在演化、各种外来说是如何被质疑、"土著说"又是如何渐居主流认知，马克思主义史家对人种起源问题如何阐释，个中原因何在，这些相关问题仍值得进一步探讨。

---

① 梁启超：《中国历史研究法》，载《饮冰室合集·专集之七十三》，上海中华书局 1936 年版，第 5 页。
② 李帆：《民族主义与国际认同之间——以刘师培的中国人种、文明西来说为例》，《史学理论研究》2005 年第 4 期；孙江：《拉克伯里"中国文明西来说"在东亚的传布与文本之比较》，《历史研究》2010 年第 1 期；扎洛：《"中国人种西来说"与清末的汉藏同源论》，《青海民族研究》2013 年第 4 期。

第四章　民族情感与历史叙述：中国历史撰述对人种起源问题的阐释

第一节　中国人种"西来说"之流行

在中国古代文献记载中，鲜有关于中国人种[①]起源问题的探讨。"吾国学者，自昔无人种学研究，故于本国人种来源，初无论述"[②]，"往昔史家，从未生此问题，自十七世纪中叶以降，欧洲耶稣会士来华传教，探索中国文化，震于吾华立国之悠久，及其在世界史上地位之夐绝，始倡中国民族西来之说，以证中西文化之同源"[③]。此后中西学者对此问题解释纷纭。19世纪末，西方及日本的学人对该问题的种种解释开始进入中国学者的视野。中国人种"非土著"的观点，促使近代学者"读史之眼光"发生转变。[④] 在各种说法中，巴比伦和帕米尔—昆仑山两种"西来说"在中国知识界的认可度较高。其中，法国人拉克伯里提出的巴比伦"西来说"影响较大，此说经由日本学者的著作（如白河次郎、国府种德合著《中国文明史》，1900年东京博文馆出版，1903年上海竞化书局出版中译本）传入中国，[⑤] 引起中国学者的关注，并得到一部分知识分子的认同。

1901年，梁启超《中国史叙论》谈及"人种"问题，其中提到"汉种"："我辈现时遍布于国中，所谓文明之胄，黄帝之子孙是也。黄帝起于昆仑之墟，即自帕米尔高原，东行而入于中国，栖于黄河沿岸，次第

[①] 清末民国初年，时人并未将"人种""民族""种族"的概念严格区分，在使用时出现混用的现象。以下论述，涉及相关引文时，"人种""民族""种族"等词均会使用，特此说明。

[②] 罗香林：《高级中学本国史》上册，南京正中书局1938年版，第39页。

[③] 缪凤林：《中国通史纲要》第1册，南京钟山书局1932年版，第27页。

[④] 吕思勉指出"汉族自有史以前，久居其土乎？抑自他处迁来，其迹尚可考者乎？此近人所谓'汉族由来'之问也。昔人暗于域外地理，即以其国为天下，此说自无从生。今则瀛海大通，知中国不过世界列国之一；远览他国史乘，其民又多非土著；而读史之眼光，始一变矣"，见氏著《中国民族史》，上海世界书局1934年版，第10页。

[⑤] 刘师培《中国历史教科书》第1课"上古时代述略"之中"自西徂东以卜居于中土"句下标明"用日本白河氏"之说，见氏著《中国历史教科书》，载《刘申叔先生遗书》第69册，宁武南氏校印，1936年，第1页。

蕃殖于四方，数千年来，赫赫有声于世界。"① 梁启超对中国人种起源于"昆仑之墟"的观点颇为赞同。另外，蒋智由、章太炎等人十分关注拉克伯里的中国人种"西来说"，他们对此说颇为信奉并积极宣传。虽然巴比伦与昆仑山之间还存在着一个广阔的地理区域，中国人种来自巴比伦和来自昆仑山也不能混为一谈，但这两种观点都蕴含着中国人种"西来说"的主旨，至于"西来"具体指哪一区域的地理空间，不同的历史叙述文本中有不同的表述与解释。中国人种"西来说"作为一种"公共知识"被传播主要体现在历史教科书之中。曾鲲化以日文中国历史教科书为蓝本，编辑了《中国历史》，书中指出"汉人种"起源自帕米尔高原。他认为所谓的"西方本土"即昆仑山，是汉族源起的地方。关于拉克伯里的中国人种"西来说"，曾鲲化一方面认为此说"崭新而奇，似不可尽信"；另一方面他又根据"民族变迁之形势"和"社会发达之原则"，觉得此说"亦确有所据"。② 可见对于两种"西来说"，曾鲲化都给予了关注。

　　20世纪初年，刘师培关于中国人种西来说的阐述值得注意。1903年，刘师培《中国民族志》论及"亚东民族述略及汉族之起原"时，引用了日本学者桑原骘藏《中等东洋史》关于中国人种西来的观点，然后指出："由桑原氏之说观之……吾因此而溯汉族所从来，则中土儒书咸谓其始为盘古，而西书所记载复有巴枯民族之称。巴枯、盘古，一音转耳……盖世界人种之开化，皆始于帕米尔高原，故汉族初兴，亦大抵由西方迁入。"③ 他后来发表《古政原始论》，又提到"神州民族，兴于迦克底亚"④，赞同中国人种起源于巴比伦之说。在《中国历史教科书》之中，刘师培又进一步强化了此种观点，并表明他采用拉克伯里之说的原因，即"拉氏为法国考古大家，则所言必非无据。按以中国古籍，亦多

---

① 梁启超：《中国史叙论》，载《饮冰室合集·文集之六》，上海中华书局1936年版，第6页。

② 横阳翼天氏（曾鲲化）：《中国历史》上卷，东京东新译社1903年版，第36—39页。

③ 刘师培：《中国民族志》，载《刘申叔先生遗书》第17册，宁武南氏校印，1936年，第2页。

④ 刘师培：《古政原始论》，载《刘申叔先生遗书》第19册，宁武南氏校印，1936年，第1页。

相合。而人种西来之说,确证尤多,故此编于种族起源,颇用其说"①。刘师培关于中国人种"西来说"的认识有一个变迁的过程,即从认同"帕米尔—昆仑山说"到服膺"巴比伦说"。整体上,刘师培认为拉克伯里所言"必非无据",并从中国典籍中找出证据(如从"开辟"至"获麟"的"十纪")。他也能找到巴比伦部落中与之相对应者,即"西人谓巴比伦部落有王于循米耳者,即中国之循蜚","西人谓巴比伦部落有王于因提尔基者,即中国之因提"。② 由此论证"人种西来之说",从而使得拉克伯里的主张更具合理性。刘师培将拉克伯里的中国人种"西来说"引入历史教科书之中,由于教科书传播公共知识的特殊作用,使得此说在中国知识界广为流传。更进一步,至中华民国初建时,孙中山发表《中华民国临时大总统宣言书》,提出"五族共和",强调汉满蒙回藏五族和谐相处,共同建立共和国。受此观念之影响,作为初级师范学校用书的《新制本国史教本》"以五族共和为纲"③,因此该书讨论种族起源问题时,直接将"五族"的起源问题一同论述。此书第一编第一章为"邃古",其第一节阐述"五族之缘起",指出"汉满蒙回藏五族,同为黄种,同出一原,皆由西而移于东"④,将"汉族西来说"衍伸为整个"黄种西来说"。

20世纪二三十年代,仍有历史撰述将中国人种"西来说"奉为定论,"西来说"的影响依旧存在。更有甚者,为形象地说明汉族东迁情况,有的著作还在书中插入了"汉族入中国之图"⑤。吕思勉强调研究种族由来问题的重要性,即"要晓得一个国家最古的历史,必须要晓得他最初的民族"⑥,这也可解释为何《白话本国史》将"汉族的由来"作为第1章内容加以分析。吕思勉认为,关于此问题的回答"要算是'西来说'最

---

① 刘师培:《中国历史教科书》,载《刘申叔先生遗书》第69册,宁武南氏校印,1936年,第1—2页。
② 刘师培:《中国历史教科书》,载《刘申叔先生遗书》第69册,宁武南氏校印,1936年,第2页。
③ 钟毓龙:《新制本国史教本》上册,上海中华书局1915年版,"编辑大意"第1页。
④ 钟毓龙:《新制本国史教本》上册,上海中华书局1915年版,第2页。
⑤ 冰壶主人:《注释白话中国历史教科书》上编,上海会文堂书局1923年版,第1页。
⑥ 吕思勉:《白话本国史》第1册,上海商务印书馆1923年版,第1页。

为有力。近来人关于这一个问题的著述,要算蒋观云的《中国人种考》最为详博。但是他所举的证据,还不尽可靠"①。和先前刘师培等人的做法相似,吕思勉亦从中国古籍中寻找新证据。他重新举出"似乎都还谨严的"两条证据:其一,"古书上说昆仑的很多",经考证,《史记·大宛列传》的记载"其说自极可靠",因此"昆仑"是在"如今于阗河上源一带",此处"一定是汉族古代的根据地";其二,"汉族二字,是后起之称,古代汉族自称。他族称汉族,或说'华',或说'夏'","大夏"在"阿母河流域,似乎也是古代汉族的居地"。他意识到这两条证据"如假定为不谬,则汉族古代,似居今葱岭帕米尔高原一带,这一带地方,据人种学历史家考究,原是各大人种起原的地方。汉族入中国,所走的,大概是如今新疆到甘肃的路",由此可以判断"近来人多说,'汉族沿黄河东徙',这句话,似乎太粗略。现在的黄河上源,在古代,是氐羌人的根据地"。② 在基本立论层面,吕思勉并没有否定"西来说",而是认为蒋智由所举证据"不尽可靠"。他在重新举出证据的基础上,认为汉族起源于帕米尔高原一带,并主张汉族入中国的路线大概是从新疆到甘肃,而不是近人常说的"汉族沿黄河东徙"③。"路线"虽然不同,但仍属"西来说"。吕思勉所推断的汉族由西至东入中国的路线,反过来也可论证"汉族西来"的观点。此外,他还意识到"'汉族西来',现在虽没有充分的证据",然而"蛛丝马迹,是很多的","将来古书读得更精,古物发见得更多,再借他国的历史参考,一定可以大为明白"④。整体而言,吕思勉是偏向于认同"汉族西来说"的,并认为此说还不能成为定论,关键在于用何种证据加以解释,认为将来或许还会出现更为"充分的证据"。对于彻底解决"汉族西来说"的问题,他寄期望于未来。一些著作不仅信奉"西来说",还为此说添

---

① 吕思勉:《白话本国史》第1册,上海商务印书馆1923年版,第2页。
② 吕思勉:《白话本国史》第1册,上海商务印书馆1923年版,第2—3页。
③ 如陈庆年《中国历史教科书》(上海商务印书馆1909年版)等便采用此说。实际上,此种提法在20世纪二三十年代的中国历史撰述中仍有采用。
④ 吕思勉:《白话本国史》第1册,上海商务印书馆1923年版,第3页。

加论证。① 甚至有观点指出，不仅"中国民族来自昆仑"，整个"亚洲人类"都起源于"帕米尔高原"。②

中国人种"西来说"作为一种思想资源，19世纪末经由日本传入中国时，本身具有强烈的政治色彩。作为国粹派学者，刘师培在20世纪初接受此说是出于"排满兴汉"的现实政治需要，并且他从中国典籍中找到了论证"西来说"的证据。在刘师培等人看来，人类文明起于一源，汉族是中国人种的主体部分，中华民族与欧洲民族同样优等，黄种与白种并无优劣之分。鸦片战争（尤其是甲午战争）之后，中国"天朝上国"观念受到严重冲击，迎来的是"东亚病夫"之讥讽，因此彼时知识分子论证中华民族与欧洲民族一样优等，正好可以增加国人的民族自信心，这同20世纪初中国学术界寻求国际认同感的希冀相契合。从民族主义的立场出发，承认拉克伯里的中国人种"西来说"，符合当时"排满兴汉"的特殊政治需求。但中国人种"西来说"又会为西方强国在东方大陆"开疆拓土"提供理论支撑，故服膺中国人种"西来说"不久，大致在1907年以后，刘师培便放弃了"西来说"。更有意思的是，刘师培等人放弃"西来说"之后，彼时大部分历史课本依然信奉此说。1919年，朱希祖撰文指出："近日中小学校所课历史，均言中国上古之时……汉种来自西方，荐居其土，渐次攘逐……全国学子，大抵信而不疑"，实际上这种观点"初无本柢"。③ 甚至到20世纪30年代初，仍有中国历史教科书坚持"西来说"，即使有的将中国"人种"从"汉族"扩充至"黄种"，但"西来说"的内在表述并未变更。大概在20世纪30年代中期，"西来说"在中国历史撰述中便不复存在。刘师培等人将中国人种"西来说"纳入历史教科书之中，加之外界的政

---

① 有著作强调，"汉族西来之说，世人颇有疑虑，然研究古史，与地质学至有关系。近世西人有潘伯赖者，在中亚细亚，发掘地层，证明纪元前八千二百五十年前，该地土质膏腴，当为古代文化散布之地。后经地质上之大变动，骤变为干燥之沙漠。其地居民，不得不纷纷迁散，移殖于世界各地"，这可视为"汉族东迁之一确证"，见李岳瑞编，印心修订《评注国史读本》第1册，上海世界书局1926年版，第6页。

② 孟世杰：《中国史》，天津百城书局1931年版，第14—15页。

③ 朱希祖：《驳中国先有苗种后有汉种说》，《北京大学月刊》第1卷第1期，1919年1月。

治宣传，此说便作为一种"公共知识"开始在类似的著述中流传。虽然后来刘师培很快否定此说，但"公共知识"一旦形成，便会产生一定的思想惯性，直到另一种有冲击力的证据出现，此说的可信性才会在学术界发生改变。20世纪20年代至30年代初的多部中国历史教科书信奉中国人种"西来说"，其所参考的著作多包含蒋智由的《中国人种考》。即使蒋智由在20世纪初极力介绍拉克伯里的观点，并在很大程度上认同中国人种"西来说"，然而对于这些内容，他本人也并非深信不疑。[①] 但到20世纪20年代仍有学者参鉴《中国人种考》，以此阐述中国人种"西来说"，这或许是蒋智由始料未及的。20世纪20年代中期，缪凤林指出"西来说"经蒋智由、刘师培等人的传播，在后来的历史撰述中产生重要影响，"一般讲述历史、编纂地理者，大率奉为圭臬……盖西来说之成定论也久矣"[②]。

就此而言，"西来说"在学理探讨与历史叙述之间存在着时间差。[③] 刘师培等人一开始信奉"西来说"，但当他们从学理层面否定"西来说"后，历史叙述层面的"西来说"并未立刻消失，反而仍在中国知识界持续了一段时间，占有一定市场。历史教科书通常代表着国家和彼时政权对历史的解释和态度，并承担着将历史知识、对历史的评价等问题向受众传播的任务，这些都潜移默化地影响着受众群体的历史观。历史教科书作为传播"公共知识"的载体，其特殊性即在于此。

---

① 1904年，蒋智由为陶成章《中国民族权力消长史》所作的序言中指出："抑夫我种族之所始来，迄今尚无定论，余尝著《中国人种考》，网摭各说，然非能下确实之断案也，惟必推本于黄帝"，见氏著《中国民族权力消长史序》，载汤志钧编《陶成章集》，中华书局1986年版，第447页。

② 缪凤林：《中国民族西来辨》，《学衡》第37期，1925年1月。

③ 蒋智由《中国人种考》中的观点在学理探讨层面很快受到质疑。1906年年底，宋教仁在日记中写道："观《中国人种考》，系诸暨寿观云所作，搜罗众说颇众，但不免ж支蔓而已。至其主张汉族西来说中……则犹无确切之解释。"见《宋教仁日记》，1906年12月29日，载陈旭麓主编《宋教仁集》下册，中华书局1981年版，第702页。但在历史叙述层面，《中国人种考》对知识界的影响仍有所持续。

第二节　中国人种外来说渐被质疑及 "土著说"渐居主流

一　中国人种外来说渐被质疑

拉克伯里的中国人种"西来说"提出之时，西方汉学家牛津大学教授理雅各（James Legge）、莱顿大学教授施列格（Gustave Schlegel）即提出反对意见。此说传入日本后，桑原骘藏等人又提出不同观点，那珂通世的《中国通史》认为汉族是土著居民。虽然中国人种"西来说"在20世纪初的中国历史撰述中颇有影响，但对于"西来说"，当时知识分子的反应较为复杂，赞同者有之，质疑者亦有之。

与刘师培的观点相比，夏曾佑就有不同认识，他的《最新中学教科书中国历史》即对中国人种"西来说"持怀疑态度。他主要根据"巴比伦故墟掘地"所发现的证据来质疑"吾族从巴比伦迁来"，认为"吾族"与古巴比伦人"恐非同种"。[1] 由于当时中国尚未有"掘地"所发现的材料，因此夏曾佑还无法根据中国本土材料质疑"西来说"。但"西来说"在彼时知识界较为流行，夏曾佑的观点并未受到足够关注，此现象有点类似缪凤林后来所描述的，即对于"西来说""间有一二持反对论调者，亦未能动人观听"[2]。随着近代中国民族—国家建设的开展，及20世纪20年代中国近代考古学逐渐兴起，质疑甚或反对"西来说"和其他外来说的声音越来越强，中国人种"土著说"渐居主流地位。

20世纪20年代，有的中国历史撰述开始怀疑中国人种外来说，倾向于"土著说"。李泰棻的《中国史纲》第6篇谈及"种族"问题，指出："种族由来，有一元多元诸说；一国种族，又有土著外来之别。一元多元，未敢明其孰是。土著外来，有史以后可知，有史以前难晓。"他列举了中国人种外来的各种说法，如"巴比伦说""中央亚细亚说""美洲说""于阗说""埃及说""印度说"等，在不同说法当中，"惟咸趋重来

---

[1]　夏曾佑：《中国古代史》，上海商务印书馆1935年版，第3页。
[2]　缪凤林：《中国民族西来辨》，《学衡》第37期，1925年1月。

自巴比伦之说,吾国学者,亦附和之"。整体而言,李泰棻主张"汉族外来各说之难信",他从政治、社会、文字、思想四个方面加以论证,认为"吾汉族果为土著外来,愚不敢定;以有史不过四千余年,有史以前,甚难考证;故不必牵强为说,断定其来自何方,与何族同种也。纵自外来,亦不知若干岁,若有史以后之文明,则中土独创,可断言也"。① 李泰棻将人类历史区分为"有史以前"和"有史以后",由此分别探讨中国人种起源问题。他认为,汉族外来各说难以令人信服,虽然有史以前之汉族是否为土著还不能作定论,但他还是倾向于"土著说",至于有史以后的汉族是"中土独创"已经毫无疑问。

与此表述类似,顾颉刚的《现代初中教科书·本国史》、王桐龄的《中国史》也举出中国人种来源的不同说法,然后解释他们所倾向的观点。顾颉刚认为"华族的来源,说者并不一致,似乎各有各的理由",其中"比较有力的两说"是"东来说"和"西来说"。他指出,这两说"都不免牵强附会。东来说取材于不可凭信的谶纬传说,更不可靠。西来说较为近情,然也不能必验。不过我们总得承认中国的民族一定经过了许多变化,受到外来的影响一定很多罢了"。他质疑"东来说"和"西来说",实际上是更倾向于"土著说"。因为"华族"最初"繁殖在黄河的两岸,逐渐拓展,便占领了中国本部,建成大一统的帝国"。② 顾颉刚后来在《春秋战国史讲义》中设专章"中国民族由来的推测"对此问题详加讨论。他说:"中国民族在始就住在中国,他们共同有一个祖先,这是二千余年来不变的信仰,直到现在还是如此。这本来是不成问题的。自从和欧洲交通频繁之后,这不成问题的事实忽然生出问题来了。在欧洲人的见解,大概以为中国民族是从外面进入中国的。他们的主张也各有不同……这许多说法虽不一致,但有一共同之点,就是中国民族由西方来。"在他看来,"中国民族由西方来"的观点是缺乏"科学证据"的,已有的史料和学术研究成果尚不能对完全解决此问题提供支撑,这一问

---

① 李泰棻:《中国史纲》第1卷,武学书馆1922年版,第59—67页。
② 顾颉刚、王钟麒:《现代初中教科书·本国史》上册,上海商务印书馆1925年版,第10—12页。

题的解决仍有待于将来，因为"这是历史记载以前的一件事情，我们要求这个问题的解决，没有历史记载可以根据，只该静静地等待人类学家、地质学家、考古学家去求得各人工作的方便，多多从事于地下的发掘，让充分的事实来作证明而已"。[①] 对于此问题，顾颉刚的态度已很明显。他之后在《中国古代史述略》中也明确提道，"中国民族西来说""实在没有多少的证据，都只是一种假设罢了"，并且"北京猿人""是民国十年以后陆续在北平西南房山县的周口店地方发掘所得的猿人骨骼，大约是五十万年以前的，这一发现也许可以说中国民族就是本地土著了，这自然是我们所乐闻"。[②]"乐闻"一词形象地说明了顾颉刚倾向"土著说"的认知心态。王桐龄同样首先指明西方学者关于中国人种来源的看法"无确凿证据"，然后参考白鸟库吉在日本东京帝国大学的讲义《东洋史概说》，认为中国"上古之文化发源地，实在北带。汉民族起黄河流域，以人力战胜天然力之压制，首先创造东亚文明，在历史上不可谓非特别现象也"，"黄河流域全土，农业发达最早。汉族文明所以发生于此地者，职是之由"。[③]

顾颉刚、王桐龄都强调黄河流域是汉族以及中国上古文化的发源地。金兆梓《初级本国历史》也认为"黄河流域"是"汉族始定居之地"[④]。此处作者虽未提及中国人种来源问题，但"汉族始定居之地"在黄河流域，已暗示出作者倾向于"土著说"。与此书对应的教学参考用书又进一步解释："黄帝以上诸帝王之建都，自不得尽信之以为确。然其所指之地，要不出于今黄河流域，则汉族于有信史以前之已卜居此土，固当可信也。至汉族究是否为外来民族入居此土，抑为中国本部之土著民族，说者纷纷不一。而以拉克伯里……汉族西来之说也，其持论殊嫌穿凿。杨朱曰：'太古之事灭矣，孰志之哉？'屈原曰：'邃古之初，谁传道之？'杨朱、屈原去古未远，言犹如此。可知尧舜以前，即中国固有之传说且

---

① 顾颉刚：《春秋战国史讲义第一编》，载《顾颉刚全集·顾颉刚古史论文集》卷四，中华书局2010年版，第102—104页。
② 顾颉刚：《中国古代史述略》，《学术季刊·文哲号》第1卷第2期，1943年1月。
③ 王桐龄：《中国史》第1编，北京文化学社1927年版，第161—164页。
④ 金兆梓：《初级本国历史》上册，上海中华书局1926年版，第1页。

多附会，至以巴比伦为汉族所从来，尤不可信。"① 显然，对于拉克伯里的中国人种起源于巴比伦的观点，金兆梓认为此说穿凿附会，尤不可信。

上引李泰棻、顾颉刚、王桐龄、金兆梓的历史撰述中关于中国人种起源问题的看法，基本上都质疑外来说而倾向于"土著说"。值得注意的是，他们所持观点相似，但所依据的材料却有所不同。李泰棻主要根据中国古籍记载，从政治、社会、文字、思想四个方面论证"西来说"的不可信之处。顾颉刚虽认为"东来说"和"西来说"都不免牵强附会，相比之下，他更愿意选择"土著说"。但选择"土著说"主要是出于推测，并未举出支撑"土著说"的切实证据，且对经由"地下的发掘"所获考古材料证实"土著说"充满期待。王桐龄参考日本学者白鸟库吉的论点，从而认为"土著说"更为可靠，而不是从中国本土材料或本土学者的著述中寻找证据。金兆梓则根据上古帝王建都的传说和杨朱、屈原对上古史事的态度推断汉族是在黄河流域土生土长的。基于这些证据，他们对于"土著说"的论述更多是一种选择性倾向。中国历史编纂者在已有史实的基础上，通过有选择的论述表达了个人的价值判断。随着相关考古资料逐步问世，考古学知识渐渐介入中国历史撰述中，关于中国人种起源问题的认知，中国历史编纂者从倾向于"土著说"开始转为更加肯定"土著说"。

二 从"存而不论"到"暂行断定"：考古学知识与中国人种"土著说"

虽然20世纪20年代初，中国境内已有新石器时代遗址发现，此后旧石器时代遗址及"北京猿人"化石也陆续发现，但这些考古成果反映在中国历史撰述中尚存在一定的"时间差"。大致从20世纪30年代起，中国历史编纂者才开始引用中国本土的考古发现和相关研究成果，以此探讨中国人种起源及有关问题。

彼时出版的中国历史撰述，已注意到考古发掘所得的"古物"对于研究中国人种起源问题的重要性。韦休的《中国史话》认为，中国人种

---

① 金兆梓：《初级本国历史参考书》上册，上海中华书局1926年版，第1—2页。

第四章 民族情感与历史叙述：中国历史撰述对人种起源问题的阐释　　205

起源于帕米尔高原"不过是一种推测"，"究竟是否确实，要等将来发现更多的古物，以及别种古史的资料，来详细考定"①。韦休并未具体谈及当时中国境内已发现何种古物，他只是强调中国人种起源问题要等将来发现更多的古物以后再详细考定。相比之下，李云坡的《本国史》较早注意到"北京猿人"对解决中国人种来源问题的促进作用。该书绪言谈及中国"民族和地域"问题，指出要"讨论中国的民族问题"可分两点展开：一是民族成分，二是民族来源。汉族"开化最早，在四千余年前，即定居于黄河流域"②。李云坡认为，中国民族来源的"东来说"和"西来说"均无科学依据，并利用考古成果论证自己的观点。他说：

> 自近年中外考古学者努力合作的结果，在陕甘河套及外蒙辽宁各地，先后有旧新石器时代遗物的发现（旧石器时代距今二十万年至一万年，新石器时代距今一万年至二千年），且证明在旧石器时代，陕甘河套等地，人类极为繁殖；去年（1929）在北京附近房山县周口店发掘的结果，竟有"北京人"的发现，轰动全球，据专门学者的研究推断，这至少是五十万年前的人骨化石，世界现所发现的无更古于此者。由此看来，则中国北方各地，在数十万年或百万年以前，即有人类栖息，已有很确实的科学证据，在"彼时此等人类绝与现存中国民族无关"的反证能以充分成立以前，彼等汉族外来诸说，自少考究的价值了。③

李云坡强调，在数十万年或百万年前中国北方各地已有人类栖息，且中国境内的考古发现可为这一观点提供"确实的科学证据"。相比之前李泰棻、王桐龄、金兆梓等人利用中国古籍记载、外国学者著述、神话传说等材料证明中国人种"土著说"，本土考古材料在论证中国人种起源问题

---

① 韦休：《中国史话》第 1 册，上海商务印书馆 1931 年版，第 2 页。
② 李云坡：《本国史》上册，北平文化学社 1931 年版，第 2 页。
③ 李云坡：《本国史》上册，北平文化学社 1931 年版，第 5—6 页。按，引文中"去年"一词值得注意。1929 年 12 月周口店"北京猿人"被发掘，李云坡在 1930 年就注意到此项考古发掘活动并写进自己的著作中，可见他对考古发掘成果的敏锐观察。

时，不仅是一种全新的材料，也是更为科学的材料。基于此，考古发现逐渐受到中国历史编纂者的重视，成为古史叙述的一项重要内容，"北京猿人"等考古发现及其意义成为叙述的重点。

上文提及金兆梓的《初级本国历史》有关论述，该书于1926年4月出版第17版，1932年6月出版的第37版增加了相关考古学内容。为了直观说明具体增加了哪些考古学内容，兹将该书第17和第37版的文本内容加以比照，见表4-1。

表4-1 《初级本国历史》两个版本之考古学内容比较

版本	《初级本国历史》上册（上海中华书局1926年4月第17版）	《新中学本国历史》上册（上海中华书局1932年6月第37版）
书中内容"汉族始定居之地——黄河流域"	我国以汉、满、蒙、回、藏五族组成，均为东亚大陆黄色人种。其有史最早者，实为汉族。据可考之上古历朝都会所在地——如伏羲之都陈，神农之都曲阜，黄帝之始居有熊，继都涿鹿，可知汉族在立国之前，即定居于现今中国本部之黄河流域。平原沃土，乃资以发达其文化焉。（第1页）	我国以汉、满、蒙、回、藏五族组成，均为东亚大陆黄色人种。其有史最早者，实为汉族。据向来传说中可考之上古历朝都会所在，如伏羲之都陈在河南，神农之都曲阜在山东，黄帝始都有熊在河南，继都涿鹿在河北，尧都平阳、舜都蒲坂、禹都安邑，皆在山西。今此一带皆有石器时代之遗物发见，虽未能断定即为汉族史前文化之遗存，然其为太古人类繁殖之地，则无可疑。以是证之传说，则汉族之定居于此一带地域，以发展其文化，自属可能之事也。（第7页）

可见，第37版内容增加了石器时代之遗物发现，发现地点可看作"太古人类繁殖之地"；同时添加了上古帝王建都所在地，河南、山东、河北、山西又恰好是石器时代遗物的发现地点，由此互证，说明这一区域极有可能是汉族发展其自身文化的地方。另外，与第17版相比，第37版在第一章前又增加了引言，谈及"地球初成""生物之始""人类之始""石器时代""铜器铁器时代""中国石器时代"等内容。金兆梓强调："至于吾国则远古时有无经过石器时代，十余年前尚是问题。近

十余年来，经西人及吾国地质学家及考古学家，先后在甘肃、陕西、河南、山西、河北、山东、辽宁诸省发掘之结果，陆续有新石器时代末期及铜器时代初期遗物之发见；至民国十二年，更于河套及甘肃、陕西邻境，发见有旧石器时代之大宗石器。徒以未发见有充分足资考证之人骨化石，未能遽断定为汉民族古文化之遗迹，亦未能确定其年代；又以人类进化有先后，不能以与欧洲所已推定之年代相比附。顾此种发掘之结果，皆在黄河流域一带，与吾国向来文字上所纪载古代文化发展之地域相符，将来对于吾国远古文化之渊源，必大有贡献无疑。故特述于本书篇首，俾学者得略知其梗概焉。"① 金兆梓所言意在说明：第一，不能用欧洲学者所推定的史前年代与中国的相比附，而应根据中国本土所发现的史前遗迹和遗物研究中国史前年代；第二，已发现的遗址皆在黄河流域一带，且与中国已有文字记载的上古文化发展地域相符合，考古发掘对于探索中国远古文化将有大贡献；第三，虽然人骨化石等仍待进一步发掘和研究，但他基本上已认定太古时期汉民族是在黄河流域土生土长的。

在考古学成果的刺激下，质疑中国人种外来说的声音越来越多、越来越强。周予同的《开明本国史教本》明确指出，中国人种"西来说"和"东来说"都"不免于牵强附会，而没有什么可以相信的价值"，"最近在河南仰韶村及其他各处所发见的陶器，虽可为'西来说'的证据；但在考古学家没有一致的决定以前，也只好暂时存而不论"。② 1923 年，安特生发表《中华远古之文化》，复倡"中国文化西来说"，旋即引发国内外学者的讨论，中国考古学者裴文中、李济对此均有探讨。大概在 20 世纪 30 年代初，安特生的这一观点才在中国历史撰述中有所体现。此观

---

① 金兆梓：《新中学本国历史》上册，上海中华书局 1932 年版，第 4—6 页。
② 周予同：《开明本国史教本》上册，上海开明书店 1932 年版，第 13 页。另，周予同后来出版《本国史》第 1 册，专设"中国本土原人的发见"一节内容，指出"在中国猿人的同一地层中，发见有多数的石器、骨器以及烧过的动物骨骼和灰烬，似乎火的发明已远在中国猿人时代。总之，从这发见以后，中国本土已成为人类祖先的一个发祥地；但这种原人究竟和中国民族或历史有怎样的关联，在现在还是无法说明"，见氏著《本国史》第 1 册，上海开明书店 1936 年版，第 20—21 页。

点在周予同看来还不能成为定论,需要考古发掘进一步提供证据。①

随着中国近代考古学的不断发展,中国人种"土著说"渐渐受到近代学者的关注。何祖泽的《初中本国史》"编辑旨趣"即指出,"本书于史料力求正确。例如:汉族西来说,全出西人附会"②。就全书编写工作而言,"编辑旨趣"具有提纲挈领式的指导意义。主张"汉族西来说"出于附会,是何祖泽《初中本国史》的基本立场,书中的具体论述亦循此展开。该书绪论第 3 章为"中国疆土开辟的大势",内中谈及"中国民族的外来说和土著"。何祖泽说:"中国的民族,是否最初就住在中国境内?这问题经过许多人的聚讼。有人以为中国的民族,系从他处迁来,尤其以从西方巴比伦迁来的一说,为最有力量。但近年来经中西学者的详细推论,已知道此说是毫无根据。因而对于中国民族由来的问题,也渐多放弃外来说,而倾向于土著说,不过还待研究罢了。"③ 他根据步达生关于中国石器时代人骨的研究成果,更倾向于中国人种"土著说"。虽然他提到"中国民族是否土著?虽还不能确定",但他认为能确定的是"有史以后,华夏民族的根据地,则确在黄河的下游",具体原因有三点:其一,"当时长江流域还在水泽沮洳时代,人类不易栖息;黄河流域土旷地高,较便居住";其二,"黄河中流以下的两岸地带,都属黄土层,生产力甚强,适于农耕";其三,"黄河流域系平原,和四围诸族容易接触,所以进步较速,成为文化集中点。至于其开化的次第,大约最初是由东而西,后来更由北而南,这是历史上所可证明的"。④ 既然有史以后华夏民族的根据地在黄河下游,那么在何祖泽看来,有史以前华夏民族也在黄河流域一带生长繁衍的可能性已很明显。

如前所述,吕思勉的《白话本国史》倾向于"汉族西来说"。有趣的

---

① 余逊也持相似的看法,他认为中国人种起源于巴比伦说"本身缺乏科学的根据,欧人早不置信。最近因河南、甘肃新石器时代着色陶器出土,有几个欧洲学者研究它的花纹,认为与西亚所出土者相像,于是重将中华文化西来之说提出;但论证还不能认为健全。要想确实断定中华民族是否土著抑或是移殖,还须待地下材料的继续发现,现在只好阙疑,存而不论",见氏著《高中本国史》上册,上海世界书局 1934 年版,第 10 页。

② 何祖泽:《初中本国史》上册,上海新亚书局 1932 年版,"编辑旨趣"第 2 页。

③ 何祖泽:《初中本国史》上册,上海新亚书局 1932 年版,第 10 页。

④ 何祖泽:《初中本国史》上册,上海新亚书局 1932 年版,第 10—11 页。

是，大概十年后，吕思勉又感慨"予昔亦主汉族西来之说。所立证据，为《周官》郑注。谓古代之祀地祇，有昆仑之神与神州之神之别。入神州后仍祀昆仑，则昆仑为汉族故土可知。自谓所据确为雅言。迄今思之，郑氏此注，原本纬候，纬候之作，伪起哀、平，亦在西域地理既明之后。虽多取材故记，未必不附以新知。则其所言，亦与《山海经》《穆天子传》等耳。据此议彼，未免五十步之笑百步"①。受考古学"发掘所得"材料的影响，吕思勉认为可以把"西来说"及其他中国人种外来说都推翻掉。他的《初中本国史》第1册指出："极远的史迹，是不能靠记载，并不能靠传说，而要借助于掘地考古的。中国现在，此项工作，还做得不多，一时难得确实的结论，我们现在，只知道汉民族的由来很早；其居于此土业，已很为久远就够了。"② 虽然中国民族由来问题尚待考古发现进一步解决，但他根据已有发掘所得器物都没有关于汉族"外来的确据"，遂认为中国文化"实可说是在本地方发生的"③。这从一个侧面反映了他对中国人种"土著说"的倾向。中国人种来源问题颇受近代史家关注的一个重要原因在于，"人种"与"时间""地理"共同构成历史的基本要素。缪凤林认为，"史实之三要素"是"宇""宙""人"，亦即"地理""年代""民族"。他从"地理之阻碍""人种之不同""年代之悬殊""文物之各异""论证之不确"五个方面论证中国人种起源"巴比伦说"的不当之处，并根据中国考古发掘，强调"民族外来之说，今皆不得其征……以中夏古史之悠久，文化之夐绝，由今稽考所及，皆无外来痕迹。民族土著之说，虽未能十分断言，继自今人类考古诸学，日益发达，地下之发掘日多，史前之遗存日出，或不患无谳定之一日"④。缪凤林一方面对中国人种及文化的诸项外来学说加以否定，

---

① 吕思勉：《中国民族史》，上海世界书局1934年版，第11页。
② 吕思勉：《初中本国史》第1册，上海中学生书局1935年版，第9页。
③ 吕思勉：《初中本国史》第1册，上海中学生书局1935年版，第8页。
④ 缪凤林：《中国通史纲要》第1册，南京钟山书局1932年版，第29—41页。按，孙正容后来认为，关于中国人种起源于巴比伦说，缪凤林提出的"地理阻碍""人种不同""论证不确"都是"很有力的反证"，见氏著《高中新本国史》上册，上海世界书局1947年版，第45—48页。

另一方面根据"北京猿人"等考古发现及洛斯的《中国民族由来论》、罗素的《中国文化论》、韦尔斯的《世界史纲》等著述，对"土著说"持肯定态度，并认为随着考古学、人类学的进一步发展，"土著说"会得到准确证明。

九一八事变后，尤其是七七事变后，中华民族危机日益严重，中国历史撰述对中华民族"土著说"的态度表现得更加明显、更为坚定。白进彩的《高中本国史》提道，"有史以前，中国民族已生息于东亚，则凡主有史以后，外来说者，不攻自破。最近河南又发现陶器及人骨二十多件，虽尚未断定为新石器时代抑系旧石器时代之遗物。但自古所称中原之河南，至少在五万年前已有人类，已信而有征矣。此土著说之所以占优胜也"①。上文提到，李泰棻虽然认为有史以前之汉族是否为土著还不能作定论，但他还是比较倾向于"土著说"，而此处白进彩已指出"有史以前，中国民族已生息于东亚"。之所以有这种认知转变，主要是因为中国旧石器时代遗物的发现。白进彩认为，考古学成果促使中国人种外来说"不攻自破"，"土著说"更占优势。与上引顾颉刚、王桐龄、金兆梓等人观点相比，从叙述的语气程度来看，白进彩更加确定远古时期汉族在黄河流域生长繁衍，中国本土是人类发祥地之一。

钱穆编写的大学教本《国史大纲》同样主张考古材料陆续改变了先前学术界出现的推论，其中之一便是推翻了中国民族、中国文化西来之说。②曾经颇为流行的"西来说"已"不攻而破"，这也暗示着"土著说"的地位更加巩固。黎东方的《中国历史通论·远古篇》作为"部定大学用书"，也主张中国人种外来说"已不能成立"。该书第一章为"年代、地域、人种"，其中"人种"部分，黎东方提道："在最古的时候，中国人住在什么地方？是在黄河下流，抑为黄河中部？或根本不在黄河沿岸，甚至是外来的？"最后一种观点"现已不能成立"，原因在于"周口店之中国遗骨"和"仰韶村等地的新石器遗址"之发现，故"华族西来之说……不足视为定论"。至于中国人种最初起源于黄河中部，"拿世

---

① 白进彩：《高中本国史》上册，北平文化学社1935年版，第18页。
② 钱穆：《国史大纲》上册，上海国立编译馆1947年版，第3页。

界其他古国的历史来参证……都足以支持我们的观点"。① 吕思勉此前期待"借他国的历史参考",以证明"汉族西来"的观点,而黎东方用"其他古国的历史来参证",以说明中国人种源起于黄河中部。虽然吕思勉、黎东方二人都用"域外"历史知识对同一问题作参证,但他们所秉持的观点是截然不同的。

同样作为"部定大学用书",缪凤林的《中国通史要略》强调:"史前遗骸测量研究之结果,则自土著说外,皆已不攻自破……吾民族自有史以前,久已生息东亚,有史以来之民族,决无外来之可能……史前遗存之用器形范,如陶鬲、陶鼎、瓦尊、瓦甗等,多与三代之铜器相似,其进化之迹,历历可见;则吾有史以来之民族,自有史前固已久为土著,有史以来之文化,亦皆吾土著之祖先所自创,盖不烦言而辨。"② 缪凤林在《中国通史纲要》中提出,对"民族土著之说"还未能"十分断言",尚有待于考古学、人类学的继续推进,但到了《中国通史要略》,他则在参考步达生研究报告的基础上对"土著说"持更加坚定的态度,甚至指出"吾有史以来之民族,自有史前固已久为土著"。20 世纪 20 年代初,李泰棻谈到有史以前汉族是否为土著还不能作最终结论,但能确定的是有史以后的汉族是"中土独创"。至 20 世纪 40 年代,缪凤林明确主张,有史以前的中国民族"已久为土著",有史以后的中国文化亦为"吾土著之祖先所自创"。如此,"土著说"的时间范围便从"有史以后"扩充到"有史以前"了。

上文提及金兆梓关于"黄河流域"是"汉族始定居之地"的论述,他后来的《中国史纲》对此问题又有详细的解释,并且表明"中国民族非外来人种"。在确定新石器时代人类与现代华北人同属一脉的前提下,金兆梓又加以上推,认为旧石器时代黄河流域似乎早已有人类居住,"中原人非外来人种"已经没有疑义。③ 他之后的《新编高中本国史》更是强化这一判断。他说:"中国北部石器时代——尤其是新石器时代的主人

---

① 黎东方:《中国历史通论·远古篇》,重庆商务印书馆 1944 年版,第 3—4 页。
② 缪凤林:《中国通史要略》第 1 册,上海商务印书馆 1946 年版,第 17 页。
③ 金兆梓:《中国史纲》,上海中华书局 1945 年版,第 26—32 页。

翁，已可确定和现代北中国人同属一种了。那么西来说也就不攻自破。所以在没有其他地下史料发现以前，可以暂行断定汉族在石器时代，已经是黄河流域的主人翁。"① 孙正容《高中新本国史》也主张新石器时代的人类与"国族"确属一派。他先否定了中国人种"西来说"，然后指出："我们现在为审慎态度起见，对于中华民族起源问题，暂作了这样的断语……新石器时代的人类，据步达生博士研究，则和国族确属一派，这种推断，已成为学术界的定论。"② 步达生的观点，即使在他本人看来也不一定完全能成为"定论"。③ 但在孙正容笔下，步达生的"推断"已成为"学术界的定论"。"定论"一词，暗含着孙正容对中国人种"土著说"的坚定态度。这种现象正好反映了学术"研究"与历史"叙述"之间的张力。

从中国人种外来说被质疑到"土著说"渐居主流，中国历史编纂者关于中国人种起源的认知大致经历了三个阶段：一是中国人种外来说遭到李泰棻、顾颉刚、王桐龄等人质疑，但彼时考古发现十分有限、考古成果未及时公布，他们难以提出新的有力证据来解释中国人种起源问题，因此"土著说"在他们的历史撰述中属于一种倾向性推测；二是20世纪30年代初，随着考古发现及研究成果的介入，质疑甚或否定中国人种外来说的声音越来越强烈，然而关于中国人种及文化来源的诸多问题，彼时考古学家也只是初步展开研究，尚未形成共识，故周予同、余逊等人主张对这一问题暂作阙疑，存而不论；三是随着全民族抗战工作的开展，中国历史编纂者难以回避对中国人种起源问题的探讨，"土著说"的叙述渐居主流，白进彩、钱穆、缪凤林等人强调在中国境内石器时代遗址的支撑下，关于中国人种外来的不同学说都"不攻自

---

① 金兆梓：《新编高中本国史》上册，上海中华书局1948年版，第15页。
② 孙正容：《高中新本国史》上册，上海世界书局1947年版，第49页。
③ ［英］步达生：《奉天沙锅屯及河南仰韶村之古代人骨与近代华北人骨之比较》，李济撰译，《古生物志》丁种第1号第3册，农商部地质调查所印，1925年；《甘肃史前人种说略》，李济译，《地质专报》甲种第5号，农商部地质调查所印，1925年；《甘肃河南晚石器时代及甘肃史前后期之人类骨头与现代华北及其他人种之比较》，裴文中节译，《古生物志》丁种第6号第1册，农矿部直辖地质调查所印，1928年。

破",金兆梓、孙正容甚至"暂行断定"汉族在石器时代已是黄河流域的"主人翁"。

20世纪二三十年代的考古发现,之所以能作为一种知识资源介入中国历史撰述中对中国人种起源问题的探讨,也与中国史前考古的工作定位有关。中国近代考古学建立之初,中国民族和文化起源问题便成为史前考古学的重点研究内容。中国近代考古学的奠基者之一李济在哈佛大学留学期间就已开始关注相关议题,后以《中国民族的形成》为题完成博士论文。不只考古学者重视中国民族源起问题,该问题同样是历史学者长期热衷探讨的话题。"人种"既然与"年代""地理"一起构成历史的基本要素,那么历史研究中不可缺少的一部分内容便是对人种起源问题的探讨。"历史者,人类所衍成,无人类则无历史……欲述中国历史,必先叙中国种族。"[1] 可见历史学者对此问题的重视。20世纪初,夏曾佑便注意到"掘地"材料对解释中国人种"西来说"的重要性。吕思勉后来也强调"古物发见得更多"有助于进一步解决"汉族西来"问题。随着史前考古工作的展开,历史学者对运用考古材料解决中国人种起源问题抱有很大希望。何炳松在批评中国人种外来说的同时,还强调"假使吾国考古学上发掘之事业不举,则吾国民族起源之问题即将永无解决之期,而吾人亦唯有自安愚鲁之一法"[2]。正是因为中国史前考古学的发展,才使"土著说"在中国知识界更具说服力和影响力。即使中国历史编纂者参考了外国学者洛斯、罗素、韦尔斯对中国人种"土著说"的分析,但支撑"土著说"的核心资料仍是中国本土的考古材料。值得注意的是,赞成"土著说"的历史编纂者并未将视野仅局限于中国本土,他们探讨中国人种起源问题时已经具备"世界"眼光,将"北京猿人"同"爪哇猿人"等进行比较,指出北京猿人早于爪哇猿人,进而认为中国是世界人类的发祥地之一。为了叙述的形象化,还将中国猿人和爪哇猿人头骨"意想图"插入书中,见图4-1。

抗战期间中国考古工作基本停止(除西南、西北等地区的少数考古

---

[1] 王桐龄:《中国史》第1编,北京文化学社1927年版,第15页。
[2] 何炳松:《中华民族起源之新神话》,《东方杂志》第26卷第2期,1929年1月。

图 4-1　周予同《本国史》第 1 册插图 "爪哇猿人头骨的
意想图"（左）和 "中国猿人头骨的意想图"（右）

（引自该书，上海开明书店 1936 年版，第 20 页）

工作外），所以 20 世纪 30 年代中期出版的历史撰述，所用的史前考古学材料基本上来源于 20 年代初至 30 年代初的考古调查及发掘。同样，20 世纪 30 年代中期至 40 年代中后期出版的历史撰述，所利用的史前考古学材料并未增加新的内容。在此期间，中国人种"土著说"渐居主流地位，除了考古发掘形成的史料依据，另一个重要原因则是民族情感的影响。刘师培等人在 20 世纪初赞同中国人种"西来说"，是想表明中华民族并非落后民族，在很大程度上是出于政治宣传的需要。大致从 20 世纪 20 年代开始，中国历史编纂者开始既反对"西来说"，也反对"东来说"等其他各种外来说。当"土著说"渐居主流时，中国历史编纂者逐渐强调中国为世界文明发祥地之一，中华民族、中国文化的主体性意识逐步凸显。近代是中国真正意义上文化自觉的思想起点，近代传统文化重建与转化的初衷和旨归均以民族文化的自强自立为核心。① 何炳松曾将中国人种外来说与"帝国主义"联系起来，他强调："西洋人自大轻人之心事，并亦

---

① 孙墨、周琳：《论中国近代思想的文化自觉理路》，《理论探讨》2022 年第 5 期。

流露于学术研究之中，殊出吾辈崇拜西学者之意外；而各种新神话之兴起，此或即其主要之原因。吾国学者对于西说，每每不分皂白，活剥生吞。遂至堕入此辈学术界'帝国主义者'之玄中而不自觉。"① 罗香林更是参考《旧约》之中"亚洲为世界人种产地，近世西人且主张世界之第一人类为中国人"的观点，支持"土著说"。② 既然赞同中国人为"世界之第一人类"，罗香林的民族优越感也就不言而喻。李云坡从"民族心理"的角度审视中国人种外来说，在他看来，"此等外来诸说的动机，全在东西洋学者'抬高自己民族的历史地位，攘夺他种民族文化'的一种卑鄙心理，所以他们所主张的汉族来源，全与他们自己的本国相近，这是一望而知的"③。孙正容后来也意识到欧洲学人倡导"中华民族西源论"的目的在于完成"其白种人包办世界文化的野心"④。

  促使中国人种"土著说"渐居主流的原因，除考古资料提供坚实的证据支撑外，另一个因素是抗战情境的到来，中国历史编纂者在民族危机中建构起民族认同感。1940年，张荫麟大声疾呼："第一次全民族一心一体地在血泊和瓦砾场中奋扎以创造一个赫然在望的新时代……在这时候，把全部的民族史和它所指向道路，作一鸟瞰，最能给人以开拓心胸的历史的壮观。"⑤ 要整理"全部的民族史"，中国民族起源问题自然应当慎重对待。抗战期间，有学者意识到"亡国"危机。章巽为金兆梓的《中国史纲》作序时，强调"'亡人国者必先亡其历史'，这句话已够道尽历史的重要性。目前的世界，是一个民族和民族、国家和国家竞争冲突极激烈的世界，因此更将历史的重要性大大地增加了。每一个民族及国家，都要求生存，都有他们求生存的经过，历史便是这种经过的纪录"，《中国史纲》一书"注重中国民族及文化之由来"等问题的探讨。⑥ 战争年代，"著书立说"是书生得以报国的重要方式。1943年6月，缪凤

---

① 何炳松：《中华民族起源之新神话》，《东方杂志》第26卷第2期，1929年1月。
② 罗香林：《高级中学本国史》上册，南京正中书局1938年版，第39页。
③ 李云坡：《本国史》上册，北平文化学社1931年版，第5页。
④ 孙正容：《高中新本国史》上册，上海世界书局1947年版，第44页。
⑤ 张荫麟：《中国史纲》，重庆青年书店1941年版，"自序"第1页。
⑥ 章巽：《序》，载金兆梓《中国史纲》，上海中华书局1945年版，第1、3页。

林在重庆沙坪坝中央大学为自己的《中国通史要略》写序。他说："我国族所以开拓广土抟结庶众及历久长存之本原,与其政治文化社会各种变迁之荦荦大者,略述其根柢与趋向,以饷学子。亦书生报国之一端。"①"国族"由来问题遂成为缪凤林所探讨的重要内容。"国难"期间,不管是著书还是讲学,大多数史学家选择"注意事功,以为经世之学在是矣"②。

与流传已久的神话传说中关于人种起源的论述相比,近代学者在中国历史撰述中实际上重建了对人种起源问题的叙述。从20世纪初中国知识分子信奉"西来说",到后来质疑各种外来说乃至建立"土著说"的过程,反映了近代知识分子致力于增强中华文化自信的学术自觉和曲折历程。从民族情感的角度分析,中国历史撰述中所反映的知识分子对人种"西来说"的信奉、对人种外来说的质疑乃至批判,以及对"土著说"的"暂行断定",彼此之间不仅并不矛盾,反而是一脉相承的。这一变化恰好体现了近代中国知识分子在民族危机中积极寻求民族认同、增强民族自信心的努力。中国人种"土著说"得以立足于学术界,并基本上得到中国历史编纂者的一致赞同,主要源于"北京猿人"的发现及古人类学等相关研究成果的支撑,而抗战语境下"民族主义"意识的自觉也推进了"土著说"历史认识的发展,这也是特殊时代背景下史学经世致用的反映。

第三节　中国马克思主义史家对人种起源问题的阐释

中国马克思主义史家宏观阐述史前社会不同发展阶段时,亦非常关注人种起源这类"古史"建构中的具体问题,因为探讨此问题可"把中国历史研究的领域,提前到中国历史的出发点"③。"中华民族,土著欤?

---

① 缪凤林:《中国通史要略》第1册,上海商务印书馆1946年版,"自序"第1页。
② 陈垣:《陈垣致席启駧》(1950年初),载陈智超编注《陈垣来往书信集》(增订本),生活·读书·新知三联书店2010年版,第247页。
③ 翦伯赞:《历史哲学教程》,长沙生活书店1938年版,第275页。

外来欤？此问题在中国旧史界，甚鲜人注意。由近世欧洲人之越俎代庖，始成为问题"①。考古学材料是证实"从猿到人"乃至中国原始社会形态特点的最有说服力的重要论据之一。20世纪30年代，中国马克思主义史家在以唯物史观为指导研究和撰写中国古史之初，就对以考古学等材料论证中国人种起源问题尤为重视。

郭沫若《中国古代社会研究》着重考察殷周社会情形，因此对史前人类起源问题未作具体探讨。吕振羽《史前期中国社会研究》则设专节探讨此问题，他提到"自北京人的发现（周口店人牙的研究），虽然还不能确定其是否和现在之中国人有关……然在五十万年前，今日的中国北部已有人类踪迹，却大抵能确定了"②。后来他根据"河套人""北京人"化石判断，"太古时代的蒙古华北一带，是人类起源的'圣地'之一"③。吕振羽后将《史前期中国社会研究》增订再版时，则持更为肯定的结论："自'北京人'的发现（周口店人牙的研究），已能盖然地肯定其为现在之中国人的祖先。"④ 许立群也指出"北京人"与现代中国人的祖先是存在关联的，"北京猿人大概便是今天中国的祖先，这虽未十分确定，但最少他们也不能和今天的中国人完全没有关系"⑤。

尹达主张探寻中国民族及其文化的起源问题比较可靠的办法是要应用考古学等材料。他说："正因为远古的中国有其丰富且灿烂的史迹遗留在地下，所以这短短的几十年里，就已经获得了极可宝贵的惊人的成绩。我们依据着这些丰富的考古学和古生人类学上的材料，去探寻中华民族及其文化之起源问题，我深信是一条比较可靠的道路。"他还提到，根据已有考古材料可知：旧石器时代中国华北一带已有人类遗迹，"他们曾经遗留下不少的文化遗存。这是不可否认的事实"；新石器时代末期的仰韶文化分布区域相当广，"中国西北部的甘肃、陕西、山西和河南的西部都发现了不少这种文化的遗址。这些遗址里有不少是经过正式发掘的"；新

---

① 钟月秋：《高中本国史》，长沙湘芬书局1932年版，第2页。
② 吕振羽：《史前期中国社会研究》，北平人文书店1934年版，第300页。
③ 吕振羽：《简明中国通史》，北平生活书店1945年版，第7页。
④ 吕振羽：《中国原始社会史》，桂林耕耘出版社1943年版，第179页。
⑤ 许立群：《中国史话》，上海文华出版社1948年版，第3页。

石器时代末期的龙山文化,"分布在山东、河南、南满和安徽北部的地带,山西境内也曾发见过这样的遗址。就多方面的分析,知道它和殷商文化有极密切的关系,它很可能就是殷代文化的前身";中国新石器时代末期之人类骨骸和文化遗存之研究,"证明那时候在广大的华北地带已经有着人类的存在,且遗留下丰富的文化遗存。从体质人类学上观察,当时的人就是现代华北居民的祖先,从文化遗物的特征上看,龙山文化和其后殷代文化又有极密切的关系"。他又根据中国古典文献上的传说证明远古文化的序列,并对中国人种"东来说"和"西来说"加以批判,进而认为"中华民族和其文化是在中国这块广大的土地上发荣滋长起出的,并不是由他处移殖过来的……中国社会不是孤立的,在某一时期或某一地区受到外来的种族或民族的影响,种族或民族的混合,以及种族或民族文化的交流都是不可避免的事;但是,这并不能否认基本上中华民族及其文化之来源有其独立和自别的特点"。①

吴泽《中国原始社会史》的观点也比较鲜明,认为中国人种外来的说法均不成立,并批判安特生中国人种自西向东迁徙的观点,指出"一个民族和另一个民族发生交通关系,固可互相模仿,互相影响其文化,反之,纵令这民族不受其他民族的文化影响,也有完全独立的产生出某一定的文化的可能",因此安特生的观点也不能成立。在周口店发现的"北京人",表明"中国本土在数十万年前,早就有人类生存着了",并据解剖结果可知"它与现代华北人体的构造相近,它与仰韶系(甘、陕、蒙古、北满一带)出土人骨的原始人当亦相近。由此证知'北京人'是我们中华民族的最古的祖先;中华民族起源于华北,中国人种起源于中国本土"。②吴泽后来出版的《中国历史简编》,对此问题的态度更加坚定,甚至根据"甘肃陕西河南仰韶六期赤陶文化的分布,和渤海流域山东龙山河南小屯黑陶灰陶文化的分布情形"及传说记载,"推论出当时中国人种之分布状况"。③

---

① 尹达:《中国原始社会》,延安作者出版社1943年版,第138—147页。
② 吴泽:《中国原始社会史》,桂林文化供应社1943年版,第18—19页。
③ 吴泽:《中国历史简编》,上海峨嵋出版社1947年版,第5—6页。

翦伯赞《历史哲学教程》曾提到，从"北京人"的旁边掘出了石器和骨器，可证明"这一时代居住在中国的人类，已经开始进入旧石器时代"，故应承认"北京人""至少与我们的原始祖先有着相当的关系"。①他的《中国史纲》第1卷对此问题的看法更为肯定，他说"'北京猿人'的发现，就无异是中国人种起源于中国的一个宣告，因而对于中国人种'外来说'是一个现实的批判"，在考古发掘不充分时，"不能把'考古学上的缺失'，当作人种自己发展过程中之'现实的中断'"，因此"在没有新的地下发现以前，我以为'北京猿人'就是中国人种的原始祖先"。自从"北京猿人"出现以后，"中国这个地理领域内，才有最初的人类。这种最初的人类——'北京猿人'的族类，就用他们拙笨的双手，在蒙古高原太古大内海的周围，揭开了中国历史的帷幕"。②为了形象地说明"北京猿人""由类人猿转化而来的痕迹"，翦伯赞还将图片"北京猿人的头盖骨"插入书中。③

中国马克思主义史家关于人种起源的探讨，一方面是基于事实的阐释，同时也在参与中国近代民族国家的建构过程。尤其在抗战期间，塑造民族精神、增强民族自信尤为重要。上述关于人种起源的观点，其结论部分用语程度，从"暂定性"转变为"肯定性"。中国人种起源问题在19世纪末就受到学术界关注，但在20世纪三四十年代，"为了加强民族自信心，为了使中华民族的子孙了解过去这光辉灿烂的史迹……重新提出这样的问题，加以说明"仍十分必要。根据各项证据可知"欧美和日本的学者为着他们的统治阶级的利益，在证明'中华民族和其文化是从他处移殖过来的'这种谬论已经被铁的事实击得粉碎了"。④吴玉章在许立群《中国史话》"序言"（作于1941年9月18日，即九一八事变十周年）提道，"我们要提高民族的自尊心和自信心，就须要知道自己民族底历史，因为一切有生物都能够爱护他自己的本身和自己的根本……民族

---

① 翦伯赞：《历史哲学教程》，长沙生活书店1938年版，第267页。
② 翦伯赞：《中国史纲》第1卷，五十年代出版社1944年版，第9—12页。
③ 翦伯赞：《中国史纲》第1卷，五十年代出版社1944年版，第7页。另，翦伯赞《先秦史》一书出版时（北京大学出版社1990年版），将此图改为"北京人复原像"。
④ 尹达：《中国原始社会》，延安作者出版社1943年版，第138、147页。

的自尊心和自信心,常常是从历史中动人的事实得来","现在抗战还在艰难困苦中挣扎,很需我全民族优秀的儿女团结一致,力求进步,再接再励,不屈不挠,才能驱逐日寇出中国,在这个很需要发扬爱国热忱,继承革命传统底时候,研究自己民族的历史,有特别重大的意义"①。吴泽亦指出"七七事变"以来"每个青年关心着民族国家的前途——是殖民地亡国道路呢?是独立自由幸福,新中国复兴前途呢?这个中国社会历史发展规律问题和抗战实践过程中,主观努力的方向与任务问题,自必急切要求对中国社会史作正确的研究"②。他论证中国人种起源于本土的同时,旨在证明中华民族文化是独立自生、独具体系的。"从很早的古代起,我们中华民族的祖先就劳动、生息、繁殖在这块广大的土地之上"③,马克思主义史家关于中国人种起源的论证,对中国共产党的文化建国、民族话语建构等工作亦有贡献。

此外,中国马克思主义史家探究此问题时所表现出的另一特点是将中国人种起源问题与世界人类起源问题相联系,在世界历史发展进程中考察中国史。吕振羽认为"中国人种的起源问题是与世界人类起源问题相关联的"④,像北京猿人"这样邃古时代的人类遗迹,到现在止,世界其他各处都还不曾有发现"⑤。尹达在考察中国人种起源及文化发展的基础上也承认"中国社会是整个世界组成的一部分",但不能否认"中国文化发生的渊源,基本上有其独立性和其特异之处"⑥。1940年,时在延安的杨松指出在历史学方面,不仅"要用马克思列宁底历史唯物主义的观点",还要用世界史的眼光"去整理中国的历史",把它变成"真正的中华民族和中国人民的公民史"⑦。中国马克思主义史家关于人种起源问题的探究,说明中国史不仅是世界史的重要组成部分,而且是其中特殊的

---

① 吴玉章:《序言》,载许立群《中国史话》,上海文华出版社1948年版,第1—2页。
② 吴泽:《中国历史简编》,上海峨眉出版社1947年版,"序"第1页。
③ 毛泽东:《中国革命和中国共产党》,载《毛泽东选集》第2卷,人民出版社1991年版,第621页。
④ 吕振羽:《简明中国通史》,北平生活书店1945年版,第5页。
⑤ 吕振羽:《史前期中国社会研究》,北平人文书店1934年版,第300页。
⑥ 尹达:《中国原始社会》,延安作者出版社1943年版,第144—145页。
⑦ 杨松:《关于马列主义中国化的问题》,《中国文化》第1卷第5期,1940年7月。

一部分。

20世纪下半叶，伴随着考古学的全面发展，中国人种外来说在学术界已无太多影响，中国历史编纂者根据考古新发现进一步论证中国人种源于本土、不断繁衍生息。夏鼐于50年代讲授"考古学通论"时就强调，曾经有一些外国学者"别有存心，谓中国无石器文化，乃由西方传入"，但30多年中国本土的地下发现，"不仅有了许多新石器文化，且有惊人的旧石器文化出现，事实揭穿了他们的谎言"。[①] 稍后，王玉哲《中国上古史纲》介绍了"中国猿人""丁村人""河套人"和"资阳人"的发掘情况及其各自特点外，然后指出过去欧美国家内"有些带有种族偏见的'学者'们，总以为世界上只有西方的白种人的文化是悠久的，种族是优秀的。他们硬说中国没有'史前'文化……他们并且把这种谬论，推而广之，虚构出'中国民族西来说'的荒唐的说法"，但"由于近几十年来，我国境内远古人类遗址及骨化石陆续被发现，并且从骨骼特点上看，中国猿人、丁村人和河套人的上门齿的舌面，都呈现明显的铲形，这是现代蒙古人种的征状；中国猿人的头骨的若干性质和山顶洞人、资阳人与现代的蒙古人种也有若干相似之处，可见与蒙古人种是有一定的关系的。我们已经有充分的事实证明，在我国祖国这块宽广的土地上，自古就有我们的祖先，在生息着、劳动着，创造了远古以来的辉煌文化"。[②] 吕振羽《史前期中国社会研究》"补编之二"《地下出土的远古遗存和我国原始公社制时代的历史过程》的"结语"部分提道："我国的自然条件，从远古以来就是最适宜于人类发展的；以汉族为主体的我国各兄弟民族的祖先，从原始公社制时代起，大都就劳动、生息在我国广大、壮丽、富饶的土地上；作为主体民族的汉族，在进入到国家时代以前的仰韶文化、齐家文化、龙山文化，就在各系新石器文化中起着先进的主导的作用，它不只吸收了其他各系文化的积极因素，而又更多地给了其

[①] 夏鼐：《考古学通论讲义（之二）》，载《夏鼐文集》第1册，社会科学文献出版社2017年版，第155页。

[②] 王玉哲：《中国上古史纲》，上海人民出版社1959年版，第16—17页。按，关于"中国猿人""山顶洞人""资阳人"与蒙古人种之间的关联，王玉哲参考了吴汝康、贾兰坡《中国发现的各种人类化石及其在人类进化上的意义》（载《科学通报》1955年第1期）的观点。

他各系文化以影响和推动作用；从新石器时代，即开化时代起，各民族的祖先就开始建立起相互影响、相互渗透和日益紧密的不可分割的联系。"① 郭沫若《中国史稿》第 1 册开篇也谈道："我国是历史文化悠久的国家，是人类发祥地之一。从四、五十万年以前起，远古的人类就已经劳动、生息、繁衍在祖国的土地上。在北京周口店，在山西境内，已经发现了他们活动的遗迹。"② 苏秉琦主编的《中国通史》第 2 卷《远古时代》论及"最早的人类及其文化"时，甚至指出"考古发现证明，至少在 180 万年以前，在中国的大地上就已有了人类的足迹，其时正是地质史上的更新世早期龙川冰期以后的一个时期"③。在中国人种源于本土的立论基础上，中国历史编纂者转而阐述国家起源和中华文明形成等问题，其中涉及学术界所争论的"一元说""多源说"与"满天星斗"说等不同叙述内容。

---

① 吕振羽：《史前期中国社会研究》，生活·读书·新知三联书店 1961 年版，第 298—299 页。
② 郭沫若主编：《中国史稿》第 1 册，人民出版社 1962 年版，第 3 页。
③ 苏秉琦主编：《中国通史》第 2 卷《远古时代》，上海人民出版社 1994 年版，第 3 页。

第 五 章

20世纪中国国家起源问题的
三类历史书写

中国国家起源问题涉及中华五千多年文明史的肇端，在学术界长期备受关注，相关研究成果层出不穷。[1] 以往学术界大都从历史研究的视角出发，对这一重大学术问题进行探究。然而，从历史叙述（书写）的角度而言，国家起源问题也是中国历史编纂所要处理的重要内容。包括国家起源问题在内的诸多古史问题的不同编纂方式，使得20世纪中国历史撰述出现了观念各异、流派纷呈的书写面相。在20世纪中国历史撰述中，国家起源问题亦呈现出不同的书写类型。相较而言，在长时段学术发展史的视野下探讨国家起源问题的历史书写还有相当大的空间。结合学术自身发展脉络和时代背景，对20世纪中国国家起源问题的不同书写方式进行分疏论析，仍有必要。

第一节 "黄帝建国"的历史叙述及其
符号性象征意义

在中国古代历史叙述中，黄帝更多的是政治权威的象征，其地位有一个逐渐演进的过程。春秋以前涉及前代之历史，仅上溯至禹、稷等；

---

[1] 吴恩裕：《中国国家起源的问题》，上海人民出版社1956年版；谢维扬：《中国早期国家》，浙江人民出版社1995年版；李学勤主编：《中国古代文明与国家形成研究》，云南人民出版社1997年版；高光晶：《中国国家起源及形成》，湖南人民出版社1998年版；沈长云、张渭莲：《中国古代国家起源与形成研究》，人民出版社2009年版；王震中：《中国古代国家的起源与王权的形成》，中国社会科学出版社2013年版。

春秋时期的铜器，"其上溯之人物，与《诗》《书》同，皆止以禹为最高最古之帝王，黄帝、尧、舜非所及"，"《论语》《墨子》《孟子》，亦惟盛称尧、舜、禹、稷之道，黄帝亦尚非所及也。黄帝首见于《竹书纪年》"。[①] 司马迁《史记》将黄帝列为五帝之首。晚清时期知识分子开始将"黄帝"视作一个文化象征符号，重新加以阐释，以界定中国国族边界与成员，增强国族内部的凝聚力。时人将黄帝视为建构国族认同的媒介，"主要的用心便是因为黄帝作为一项祖源符号，恰可与家族制度长期形塑而成的社会深层意识相呼应"[②]。随着近代国族意识的日益凸显，"黄帝"作为"中华民族"的共同始祖开始出现在历史叙述中，以增强国人的自信心与认同感。在历史撰述中涉及"始祖黄帝"的内容突出表现为有关"黄帝建国"的历史书写。

20 世纪初有关"黄帝建国"的历史叙述主要体现在国人自编的中国历史教科书中，他们大都把黄帝看作国家的创始者、中华文明的奠基者，着重阐述黄帝的文治武功。曾鲲化在《中国历史》一书中即强调："黄帝者，我现今四万万汉种之鼻祖也"，在扉页配以黄帝肖像并加以文字介绍，意在"令我国国民作一大纪念，以发达我伟大雄毅之种魂，扩张我膨胀纵横之国界"[③]。他指出，黄帝"交通四方各部落……建立一统帝国"，创立"一统政治之基础"。[④] 夏曾佑在《最新中学教科书中国历史》中对"黄帝之政教"叙述得更为详细："今日中国所有之文化，尚皆黄帝所发明也"，如天文、井田、文字、衣裳、岁名、律吕、壬禽、神仙、医经。此九项"皆取汉以前之说，最雅驯者"。他甚至认为，"试读古人之典籍，游今日之社会，有能出于此九事以外者乎？则中国文化，自黄帝开之，可无疑义矣"。[⑤] 可见，"始祖黄帝"的观念在时人历史叙述中的

---

① 杨宽：《中国上古史导论》，载吕思勉、童书业编著《古史辨》第 7 册上编，上海古籍出版社 1982 年版，第 189 页。
② 沈松侨：《我以我血荐轩辕——黄帝神话与晚清的国族建构》，《台湾社会研究季刊》（台北）第 28 期，1997 年 12 月。
③ 横阳翼天氏（曾鲲化）：《中国历史》上卷，东京东新译社 1903 年版，扉页。
④ 横阳翼天氏（曾鲲化）：《中国历史》上卷，东京东新译社 1903 年版，第 40—42 页。
⑤ 夏曾佑：《中国古代史》，上海商务印书馆 1935 年版，第 15—17 页。

重要意义。

民国初期，中国历史教科书依然注重叙述黄帝统一中国、建立国家及其在文化创制上的重要意义，以达教化之目的。潘武编写的《中华中学历史教科书》在"上古史概论"一章中谈及"国家原起"，主张建立国家之制者即黄帝，时在民国纪元前4609年，① 其"历代大事简表"也从民国纪元前4608年"帝既灭蚩尤而即天子位"开始记载，② 强调正是由于黄帝的武功文治，才使得古初各部落转变为"君主国家之制"。③ 1911年公布的《小学校令》指出"本国历史要旨，在使儿童知国体之大要，兼养成国民之志操。本国历史宜略授黄帝开国之功绩……"④ 章嶔、丁锡华据此编写的《新制中华历史教科书》亦旨在"使儿童知国家文化之源流、民族之特色，以养成尊崇国粹、融合各族之观念"⑤。其中"黄帝"一课提到"帝又创甲子算数，制律度量衡，定衣冠，铸货币，作宫室，造舟车，利民之政毕举。古初之部落，至是乃变为国家。帝之元妃嫘祖，始教民育蚕，后世赖之，迄于今日"⑥。书中还插入了黄帝肖像，见图5-1。

汤存德指出，"由酋长而变为君主，由部落而形成国家，则黄帝是也"，原因即在于黄帝之时"民知耕稼，则粒食有资，生计既充，斯武力日竞，此黄帝所以能禽杀蚩尤，而统一诸部也。诸部既统一，斯国家之形成矣"⑦。此外，傅运森《共和国教科书新历史》（上海商务印书馆1920年版）、吴研因等编《新法历史教科书》（上海商务印书馆1920年版）等亦有类似表述。作为历史教科书，如此叙述"黄帝建国"，自有其

---

① 潘武：《中华中学历史教科书》第1册，上海中华书局1913年版，第12—15页。

② 潘武：《中华中学历史教科书》第1册，上海中华书局1913年版，"历代大事简表"第1页。

③ 潘武、章嶔：《新编中华历史教科书》第1册，上海中华书局1915年版，第2页。

④ 《小学校令附小学校教则及课程表》，《教育部编纂处月刊》第1卷第1期，1913年2月。

⑤ 章嶔、丁锡华：《新制中华历史教科书》第1册，上海中华书局1915年版，"编辑大意"第1页。

⑥ 章嶔、丁锡华：《新制中华历史教科书》第1册，上海中华书局1915年版，第2页。

⑦ 汤存德：《新制中华历史教授书》第1册，上海中华书局1913年版，第4页。

**图 5-1 章嵚、丁锡华《新制中华历史教科书》
第 1 册插图 "黄帝" 肖像图**

(引自该书,上海中华书局 1915 年版,第 2 页)

现实意义,即激发国人的民族自豪感,促使国人为振兴国家而奋发图强。正如汤存德所言:"黄帝以武力战胜异族,以造成中国之国家。吾人今日,以固有之国家,而使积弱如此,对于黄帝,能无愧乎!"[①]

20 世纪 20—40 年代,中国历史撰述中仍有关于"黄帝建国"的叙述,见表 5-1。

由表 5-1 可知,与之前相比,20 世纪 20—40 年代中国历史撰述对"黄帝建国"的叙述既有"延续性"又有"相异性"。一方面,基本延续了 20 世纪初中国历史教科书的叙述内容,仍然强调黄帝是"中华始祖";另一方面,整体上将"黄帝建国"列入古史传说的范围,肯定"黄帝建国"在上古社会中的象征意义,但对黄帝的真实存在表示怀疑。

---

① 汤存德:《新制中华历史教授书》第 1 册,上海中华书局 1913 年版,第 5 页。

第五章 20世纪中国国家起源问题的三类历史书写　　227

表5-1　20世纪20—40年代中国历史撰述中关于"黄帝建国"的记述

书名	编著者	出版信息	章节名称	叙述内容
《现代初中教科书·本国史》上册	顾颉刚、王钟麒	上海商务印书馆1925年版	第二编"上古"第一章"社会的进化和国家的雏型"	民间由聚族而居的时候慢慢扩大自族的领域,这国家观念,自然会跟着起来。那黄帝的传说便是代表这造成国家雏型的时期。(第24—25页)
《评注国史读本》第1册	李岳瑞编,印水心修订	上海世界书局1926年版	"远古史"第四章"黄帝之开国"	黄帝者,少典之子,姓公孙,号轩辕,五帝之首,而吾汉族开国之始祖也……黄帝诚古今第一伟人哉。(第7页)
《初级本国历史》上册	金兆梓	上海中华书局1926年版	第一编"上古史"第二章"国家之成立"第四节"黄帝之建国"	黄帝遍行天下,划野分州,得百里之国万区。既给符以羁縻之;复置左右大监,监理万国。由部落进为封建之国家,统一之业渐告成功矣,时民国前四千五百余年也。(第6页)①

① 该书的教学参考用书亦持相同的观点,见金兆梓《初级本国历史参考书》上册,上海中华书局1926年版,第16页。后来出版的该书第37版对此表述未变,见金兆梓《新中学本国历史》上册,上海中华书局1932年版,第12页。

续表

书名	编著者	出版信息	章节名称	叙述内容
《高中本国史》上册	陆东平、朱翊新	上海世界书局1929年版	第二编"民族"第二章"远古民族接触的传说"	旧史中还说，公孙轩辕在战败蚩尤以后，为汉族诸部落所拥戴，建国而为天子，就是黄帝。当时的势力，东到海，南到江，西到崆峒……（第12页）
			第三编"政治"第一章"初民领袖与国家组织"第三节"黄帝的立国"	相传黄帝姓公孙，号轩辕，战胜了蚩尤、蚩尤，诸侯中有不服从的，黄帝便发兵征讨。等到四方既定，乃谋政治上的建设，以武力的守能力为成：划野分州，建百里之国万国，营国邑，置左右二监，监理万国，这是后世封建制度的起源。（第102页）①
《中国史》第1册	王钟麒	上海商务印书馆1931年版	第二编"上古史"第三章"中华民族的建国"	中华民族最初繁殖于黄河流域的当儿，仍系多数散处的部落，各戴酋长，原无所谓统一的国家。约当民国纪元前四六〇八年时，相传有黄帝其人出，用武力来并合各部落……于是各部落的酋长大为震动，不得不公推他做领袖；大一统的雏型遂自然而然地树立起来了。（第38页）

① 后来出版的该书第4版对此表述未变，见陆东平、朱翊新《高中本国史》上册，上海世界书局1931年版第12、102页。

第五章　20世纪中国国家起源问题的三类历史书写　229

续表

书名	编著者	出版信息	章节名称	叙述内容
《本国史》上册	李云坡	北平文化学社1931年版	第一编"上古史"第一章"史前期的原始社会"第二节"传说上的黄帝建国"	据古史的传说，神农氏后，初民社会，大概为多数散漫的部落。约当民国前四六○八年顷，汉族有大英雄号黄帝者，以强盛的武力，威服各部落，并战胜炎帝于阪泉，擒杀蚩尤于涿鹿，各部落遂共推他为共主，俨然像后世的天子，中国民族正式建国的开始，或者就在于此。（第10页）
《中国史》	孟世杰	天津百城书局1931年版	第一篇"黄帝尧舜的伟业"第一节"黄帝建国"	相传民国前四六○八年时有黄帝者，立国于有熊（河南新郑县）。值神农氏衰，诸侯相侵伐，神农氏不能征。黄帝乃习用干戈，以武力并合附近诸部落，于是诸侯皆去神农氏而归之。斯时与黄帝为对抗者，有炎帝与蚩尤……蚩尤大雾来攻，军士皆迷；黄帝乃造指南车以示四方，遂擒蚩尤而杀之。于是诸侯尊黄帝为天子。黄帝既胜蚩尤，益经营四方，诸侯有不服者，辄举兵征之。披山通道，未尝宁居……中国版图日扩大。于是黄帝遍行天下，划野分州，得百里之万国，复置左右大监，监理万国，由部落进为封建之国家，亦中央集权之表征。（第22—23页）

续表

书名	编著者	出版信息	章节名称	叙述内容
《初中本国史》上册	何祖泽	上海新亚书局1932年版	第二编"上古史"第二章"中华民族的建国"第一节"黄帝建国的传说"	相传黄帝姓公孙，名轩辕，国号有熊，诸侯，又战胜炎帝于阪泉，擒杀蚩尤于涿鹿，诸侯推为共主，这是中华民族建国的起原。（第21页）
《高中本国史》	钟月秋	长沙湘芬书局1932年版	第二编"政治"第二章"初期之封建政治"第一节"黄帝之建国立制及子孙相继"	前纪传说之帝皇，皆部落之酋长，既如所述矣。农而后，民生已渐进化，事物亦多发明，社会关系，因之愈扩大且愈繁复杂；所以政治上亦自然需要由部落扩大而初型之国家组织，黄帝轩辕氏因应运兴起而建国矣……中国至是始有国家组织。（第187—188页）
《本国史》第1册	傅纬平	上海商务印书馆1933年版	第一编"上古史"第二章"中华民族之建国"第二节"黄帝建国"	炎帝神农氏的末期，北方有黄帝轩辕氏出来，和南方的炎帝神农氏相对峙。据古书上记载：黄帝姓公孙，国于有熊（今河南新郑县）……和蚩尤大战，把蚩尤灭掉，炎帝也亡了，中国完全属于黄帝。（第10页）

第五章　20世纪中国国家起源问题的三类历史书写　231

续表

书名	编著者	出版信息	章节名称	叙述内容
《谢氏初中本国史》第1册	谢兴尧	上海世界书局1933年版	卷一"上古史"第二章"中国民族之建国"第三节"黄帝之建国"	黄帝既战胜蚩尤，益经营四方，诸侯有不服者，辄举兵征之，遂受诸侯之拥戴，为诸侯之共主，乃思建设一统一之国家……于是诸部落渐进而成为地方自治政府，为后来封建之始祖。中国本部之疆域，因此渐开。（第9页）
《初中本国史》第1册	姚绍华	上海中华书局1934年版	第一编"上古史"第二章"中华民族之建国"第二节"黄帝的建国"	汉族最初定居在黄河两岸的时候，还不曾有统一的国家，都是散处各方的部落……黄帝想要建立一个统一的国家，便练习干戈，先后征服附近诸部落，然后带兵打败炎帝于阪泉之野中……汉族便开始确立了国家的规模。（第5页）
《初中本国史》第1册	杨人楩	上海北新书局1934年版	第一编"上古史"第二章"中华民族之建国"第二节"黄帝的建国"	黄帝（姬姓）以前，上面所讲的缝人、伏羲、神农三皇，也只是部落的首长，不是一系相承的君主。至黄帝出，我中华民族才正式建立国家，其子孙世世为生民主。（第9页）
《初中本国史》第1册	吕思勉	上海中学生书局1935年版	第一编"中国民族之建国"第五节"汉民族的建国"	从黄帝以后，其统系就直接连续不断。可见众黄帝所认为共主的天下，未曾中断过，如此，许多部落之间，就有了一个连结，和一盘散沙，大不相同了。所以我说：中国民族的建国，是到黄帝时代，而其规模确立的。（第12页）

续表

书名	编著者	出版信息	章节名称	叙述内容
《建国初中本国史》第1册	应功九	南京正中书局1936年版	第一编"上古史"第二章"中华民族之建国"第二节"国家的建立"	黄帝是建立中国国家基础的第一人。说到中国国家的建立，不能不详细叙述黄帝的历史……从此，中国便由部落进而为封建的国家了。(第9页)①
《初中新本国史》第1册	蔡丏因	上海世界书局1937年版	第一编"上古史"第二章"中华民族之建国"第二节"黄帝的建国"	汉族最初在黄河流域，还不曾有统一的国家。每个部落由酋长率领着，那些酋长也称"诸侯"。相传神农氏衰，各部落互相侵伐，神农氏不能制，有个建国于有熊的黄帝轩辕氏，先把附近诸部落征服，又攻击神农氏的后代榆罔，占有黄河流域的土地，势力大盛，诸侯推他为共主，代神农氏而兴……据说那时各部落便推他为共主，代神农氏而兴……据说那时的势力，东至海，南至江，西至崆峒，都属于黄帝的势力。汉族建成一个伟大的国家，就是黄帝开始的。(第9—11页)

① 应功九出版的《初中本国史》此处表述未变，见氏著《初中本国史》第1册，南京正中书局1936年版，第11—12页。

续表

书名	编著者	出版信息	章节名称	叙述内容
《中国史话》	鲍文希	上海万叶书店1947年版	第一编第三单元"中国历史的序幕"第二节"创造中华民族的始祖是那一个"	黄帝生在河南开封的新郑县，姓公孙……诛灭蚩尤，统一全国。他的疆域便扩充了……（第18页）[1]
《本国史》第1册	周予同	上海开明书店1947年版	第一编"上古史"第二章"中国民族的建国"第一节"黄帝的建国"	据古书上记载：黄帝姓公孙、名轩辕，在有熊建立国都……擒杀蚩尤，驱逐九黎民族，于是各部落拥戴他做"共主"，以替代神农氏……汉族才逐渐形成一个国家。（第7页）

[1] 另可参见鲍文希《本国史》第1编《上古史》，上海万叶书店1935年版，第18页。

韦休在《中国史话》中提出，撰写一部中国史，"第一个问题，我们要考究谁开创这个中国？……我们不能指出那一个人开创中国，我们只能指出开创中国的是那一伙人"①。显然，从"一个人"到"一伙人"，历史叙述已经发生了转变。20世纪20年代，因"古史辨"运动的兴起，三皇五帝的传统古史体系遭到人们的质疑。顾颉刚、王锺麒编写的《现代初中教科书·本国史》即对"黄帝"的真实性表示怀疑，他们指出："只要看这黄帝的称号，便可与再前一点的炎帝一类同样看待，或许是后来的人推想出来的一个奠土建国的古帝，便用什么五行里的土德来表示他"，与黄帝开国功绩有关的人物如仓颉等"都只是集合了无数无名创作者积成的成绩，才显出较有统系的效用的，决不是突然而来的创始，更无所谓首出群众的圣人"。②王桐龄《中国史》一书亦将"黄帝之政绩"（如"黄帝之外征""黄帝之内治""黄帝子孙之相续"等）归入"上古史"中的"传说时代"加以叙述。③同时受近代考古学知识的影响，此后的中国历史撰述叙及"黄帝建国"问题时，大都标明其传说性质，行文中出现大量的"相传""据说"等词，如李云坡《本国史》"传说上的黄帝建国"、何祖泽《初中本国史》"黄帝建国的传说"、周予同《本国史》"黄帝制作的传说"等。李云坡认为："黄帝二字，亦显系后世阴阳五行家附会'中央'二字之义所追加，不能与后世死后上谥的皇帝相并论，故黄帝之建国，仍以'传说的'视之为妥。"④何祖泽也意识到，"其实黄帝有无其人，也还是问题，不过古史是这样传说罢了"⑤。周予同甚至指出，有关黄帝功绩的记载"仍是不足信的传说"，因为"黄帝时代，经济上的生产方法已进步到耕种，政治上的组织形态已渐成为国家；说社会上一般的生活工具到这时候逐渐完备，那是可以相信的；说这些

---

① 韦休：《中国史话》第1册，上海商务印书馆1931年版，第1页。
② 顾颉刚、王锺麒：《现代初中教科书·本国史》上册，上海商务印书馆1925年版，第23—24页。
③ 王桐龄：《中国史》第1编，北京文化学社1927年版，第173—186页。
④ 李云坡：《本国史》上册，北平文化学社1931年版，第10—11页。
⑤ 何祖泽：《初中本国史》上册，上海新亚书局1932年版，第20—21页。

都是黄帝和他的臣子突然发明，那是不足相信的"①。周予同将黄帝建国及其功绩的传说区别为"可以相信"的和"不足相信"的。在此基础上，他强调黄帝是汉族传说上的始祖，是没有疑义的。《谢氏初中本国史》也持类似的观点，即"古史所载，虽不尽实，然黄帝为中国民族建国之最早者，则无疑义"②。有的历史著作不再专设章节叙述"黄帝建国"的问题，如傅运森《新学制历史教科书》（上海商务印书馆1924年版）将其融入"中国太古的传说"中，李直《新中华历史课本》（上海中华书局1931年版）仅在开篇"初民的生活"中顺带述及"黄帝建国"。

"黄帝建国"极具符号性象征意义，在舆论宣传、国民教育等方面有助于推进"国家统一"运动。尤其是北伐结束后，"黄帝建国"的历史叙述受到国民政府的高度重视，③ 国民政府甚至倡导祭祀中华始祖黄帝轩辕氏的活动。"黄帝之陵"在"陕西中部县西北桥山，国民政府定清明节为'民族扫墓节'，派员致祭，以示不忘民族初祖的意思"④。正如王桐龄所论："凡有关于盛衰兴亡事迹，一一详述其原因结果，以为当代及后世借镜之资。"⑤ 对黄帝的建国功绩及其文化创制进行叙述，不仅可以帮助"我们在现在与未来的世界中，永久保存贡献福利给人类全体的机会"⑥，而且有助于"说明中华民族的伟大性，藉以引起学生研究历史的兴趣，和爱护国家的观念"⑦。20世纪40年代末，作为上海商务印书馆"国民教育文库"之一的《中国史简编》，也将"黄帝"视为"传说中的中华民族的祖宗"⑧。

---

① 周予同：《本国史》第1册，上海开明书店1936年版，第9页。
② 谢兴尧：《谢氏初中本国史》第1册，上海世界书局1933年版，第9页。
③ 1929年，国民政府教育部颁布的《初级中学历史暂行课程标准》规定"上古史"部分要设专章讲授"中华民族的建国"（见《初级中学历史暂行课程标准》，《湖南教育》第13期，1929年11月），何祖泽《初中本国史》等书即据此"课程标准"编写。修正后的"课程标准"仍规定了此部分的讲授内容（见《修正初级中学历史课程标准》，《云南教育公报》第5卷第2期，1936年6月），蔡丏因《初中新本国史》等书据此编写。
④ 蔡丏因：《初中新本国史》第1册，上海世界书局1937年版，第10页。
⑤ 王桐龄：《中国史》第3编，北平文化学社1929年版，"凡例"第1页。
⑥ 周予同：《开明本国史教本》上册，上海开明书店1932年版，第3—4页。
⑦ 蔡丏因：《初中新本国史》第1册，上海世界书局1937年版，"凡例"第1页。
⑧ 胡玉堂：《中国史简编》，上海商务印书馆1948年版，第2—3页。

"黄帝建国"作为历史叙事符号,带有浓厚的政治性色彩。在对"黄帝建国"进行历史叙述时,编纂者既坚守"信史"的学术立场,在相关传说中力求探寻历史的真实,同时兼顾近代国族建构的现实诉求。19世纪末20世纪初,近代意义上的"民族"概念传入中国之初,就成为中国近代国族建构过程中的核心概念,影响其概念诠释的因素远远超出学术范畴。"黄帝"被看作中华民族的始祖,"黄帝建国"作为建构中华民族认同的象征性符号,在加强国民教育、增进民族凝聚力等方面发挥着重要作用。

需要提及的是,上述中国历史撰述中,论及"黄帝建国"时,对"国家"的概念并没有明确、严格的界定,更多是在移用近代学术语境下的"国家"这一称谓。大部分著作认为"国家"是由"部落"演进而成的,具体行文内容中又有"君主国家""封建国家"等不同表述。在近代中国的知识体系中,所谓"国家"的定义含有很多西方的话语概念,这与中国古籍记载中的"国家"概念是不相同的。

第二节 理论与实证相参证:马克思主义史学视域

"疑古"思潮兴起后,传世文献中记载的古史传说的可信度受到很大质疑,但甲骨文的发现又为古史研究提供了新的材料。作为"甲骨四堂"之一,马克思主义史家郭沫若借鉴恩格斯《家庭、私有制和国家的起源》的理论架构,通过解读甲骨文、金文与可靠的传世文献材料,第一次系统地对国家起源问题进行了科学研究。

恩格斯的理论来源于摩尔根的《古代社会》而有所发展,可称为"氏族模式",即"国家在氏族制度的废墟上兴起"。恩格斯认为,氏族社会与国家是根本对立的,氏族社会中"由血缘关系形成和联结"的社会组织被"按地区来划分它的国民"取代、"居民的自动的武装组织"被"公共权力"取代,标志着国家的形成。① 这是社会内部阶级分化和私有

---

① 恩格斯:《家庭、私有制和国家的起源》,载《马克思恩格斯文集》第4卷,人民出版社2009年版,第188—190页。

财产制度发展的结果。

郭沫若参照摩尔根与恩格斯的理论,对中国古史进行解读。他将中国国家起源的时间定在殷周之际,认为此时已存在政治组织以及"大人""君子"与"小人""刑人"的阶级对立,并指出"在国家初始成立的时候是纯粹的一种奴隶制……那时候的阶级可以说就只有贵族和奴隶的两种",随着"生产的力量愈见增加,女子的家庭生产便不能不降为附庸,而女子也就由中心的地位一降而为奴隶的地位,这在社会的表现上便是男权的抬头,私有财产制的成立,奴隶的使用,阶级的划分,帝王和国家的出现"。[①] 因此,在后来古史分期问题大讨论时期,国家起源与奴隶制的上限合为一个问题。郭沫若的研究开一代之风气,但同时也受到其他学者的一些批评,后来郭沫若对自己的观点进行了反思和纠正。[②]

郭沫若主要从阶级对立的视角论述国家的产生,而吕振羽则从血缘氏族过渡到地域组织的角度切入,论述商代国家产生,详细地讨论了中国史前社会是如何像希腊、罗马一样进入"政治社会"的。他说:"照古代希腊、罗马的例子来说,由氏族社会发展到最后的古代市区,是为由氏族社会到政治社会之一最后的过渡形式……古代市区的出现,并不是偶然的,也并不是由于当时人类之一种新的政治理想的企图;而是古代社会自身之自然的发展的结果——构成一般的历史发展法则之一过渡形式。"他认为,"中国的古代,如若没有这一阶段的经过,我们便不会进到现在",但限于当时可以利用的材料,吕振羽意识到"关于这一过渡期之诸特征,我们在传说中所找着的证据,便比较的更薄弱,这是应该声明的"。[③] 吕振羽稍后出版的《殷周时代的中国社会》在"殷代——种族国家的奴隶制"下特设"国家的出现及其政治诸形态"一节,论述了"殷代国家形成的过程""社会诸阶级的构成""政治的组织""奴隶所有者国家的没落"等问题,进一步阐述他的观点。他指出,"殷革夏命"是

[①] 郭沫若:《中国古代社会研究》,上海群益出版社1947年版,第6—7页。
[②] 郭沫若1944年发表的《古史研究的自我批判》(收入《十批判书》,重庆群益出版社1945年版)、1952年完成的《奴隶制时代》(新文艺出版社1952年版),对他之前由摩尔根等人的理论而得出的中国古代社会分期的观点有所纠正。
[③] 吕振羽:《史前期中国社会研究》,北平人文书店1934年版,第231—235页。

"国家"创立的表现,"由氏族社会到国家的历史的变革,主要为把那在氏族长支配下的土地所有而转化为由国家去支配的国家所有"。① 吕振羽后来在《简明中国通史》中又进一步强调:"到传说的'夏桀'时期,氏族已到末日……父家长的一夫多妻制,也正疾急地向着一夫一妻制过渡。这种过渡形态的政治权力和婚姻制度,随同父家长的奴隶制向生产奴隶制转化的完成,也完成其转化了。从而氏族制社会,便为'文明'的'政治社会'所代替,而首先走完这种过程的,是商族。"② "文明"的"政治社会"正是"国家"的表现形态。

翦伯赞的观点与吕振羽相近,他在《中国史纲》一书中专设一章题为"殷族的起源与中国古代国家的成立",同时将"古代的中国"置于"古代的世界"背景下加以考察。翦伯赞认为,"当中国历史走进古代社会的时代",殷族"在中国的黄河腹部,创造出崭新的青铜器文化,并且在这种文化的基础上,建立起前所未有的庞大的古代国家,揭开了中国文明时代之历史的帷幕"。③ 为了把"无数血族不同的氏族,放在一个权力的统治之下","国家"便在"这种客观要求之下出现了";国家的出现,不仅仅是"种族对种族之征服的结果",最主要的是"社会经济的发展,已经达到了由原始公社制转向奴隶制的时代"。翦伯赞还指出不同地域社会发展的不平衡性,认为在商汤时代,"殷族"就可能"形成了中国最初的种族国家",不过这并不意味着,"在当时,整个的中国,都已从氏族社会转向古代社会,而只是说,进入黄河腹部的殷族,已经转向古代社会";至盘庚时代,"殷代的种族国家,便达到了完全的成熟时期"。④

20世纪40年代,范文澜在《中国通史简编》中首次提出夏代已经进入奴隶社会,将夏商一起作为"原始公社逐渐解体到奴隶占有制度的时代"加以叙述。他指出,"《礼运》说禹是财产公有和私有的转变时代,这是非常确切的见解","私有财产制度在夏代发展起来"。⑤ 但在后来的

---

① 吕振羽:《殷周时代的中国社会》,上海不二书店1936年版,第89—90页。
② 吕振羽:《简明中国通史》,北平生活书店1945年版,第49—50页。
③ 翦伯赞:《中国史纲》第1卷,五十年代出版社1944年版,第159—161页。
④ 翦伯赞:《中国史纲》第1卷,五十年代出版社1944年版,第171—173页。
⑤ 范文澜:《中国通史简编》,上海新知书店1947年版,第16、18页。

修订版中，范文澜对夏代的态度转为"保守"，认为"《礼运》说禹时财产公有制度转变到私有制度，这是比较可信的传说"，并解释道："禹、启和夏朝，虽然确立了私有财产制度，产生了阶级社会……原始公社制度逐渐在解体，但原始公社制度所占的地位还是主要的，不能看作奴隶制度国家已经成立，只能看作原始公社正在向奴隶制度国家过渡"。[①] 对于夏朝"确立了私有财产制度"这一看法，有论者指出，"在奴隶制国家尚未形成的原始社会内部，虽然已经有了某些私有财产关系，但是这时私有财产还没有成为确立的制度。私有财产的制度化，是奴隶制国家用法律来确立的"[②]。尽管对夏朝存在"私有财产制度"还是"私有财产关系"的看法有所不同，但当时的学者对"奴隶制国家"的看法已经基本趋于一致。

此外，吴泽、陈怀白也对国家起源问题有所阐述。吴泽认为，"及于'夏'末，社会团体大分化形成，于是一个集团压迫别个集团的统治机关——国家，通过'夏代'过渡社会，准备了奴隶制社会的一切历史条件，经过'成汤革命'，便正式出现"，因此殷代以前的史前原始公社制社会没有集团对立，是没有国家的社会。有关国家运行的种种机构设置，殷代甲骨文字已有很多相关内容的记载。吴泽根据这些"历史事实"，强调殷代是"有政治法律设施的有国家的社会，换言之，是奴隶制社会"，而不像日本学者秋泽修二、森谷克己所言的"殷代还是氏族社会"。[③] 陈怀白指出，"商代奴隶主的革命得到胜利以后，第一件大事就是如何来统治和剥削奴隶……在奴隶的生活痛苦到不能忍受时，当然会起来反抗的，

---

① 范文澜：《中国通史简编》修订本第1编，人民出版社1953年版，第26—27页。另，该书后来的版本提到"不能把夏朝看作奴隶国家已经完全成立，只能看作原始公社正在向奴隶制度国家过渡。在过渡期中，国家也就不知不觉地发达起来了。（龙山文化遗址里，已有俯身葬，俯身者很可能是奴隶。）"，见范文澜《中国通史简编》修订本第1编，人民出版社1955年版，第101页。

② 北京大学历史系中国古代史教研室：《关于范文澜〈中国通史简编〉修订本第一册座谈会的纪录》，《历史研究》1954年第2期。

③ 吴泽：《中国历史简编》，上海峨眉出版社1947年版，第69—71页。该书设专节论述"国家构造及其形态"，包括"殷代国家的起源及其特征""殷代国家的形态及其解体"等内容。吴泽《殷代奴隶制社会史》（上海棠棣出版社1949年版）对此问题有更为细致的分析。

于是压迫和剥削奴隶的机关——国家就产生了",并强调"这国家不是旧的氏族联合了"。关于"国家"的定义,陈怀白特意作了说明:"国家是随私有制度产生出来的。有了私有制度,就有剥削阶级和被剥削阶级,剥削阶级就用国家那个工具来统治被剥削阶级。"①

郭沫若、吕振羽、翦伯赞、范文澜的观点,代表老一辈马克思主义史家对国家起源问题的基本认知。其中,郭沫若的研究是开创性的,吕振羽的研究是在郭沫若的基础上进行了深化,翦伯赞、范文澜二人对国家起源的论述附属于各自的通史编纂,受"历史分期"等编纂主题所限,实际并未对国家起源问题进行系统详细的探讨,但他们的论述深刻地影响了古史分期大讨论时的国家起源研究。

"马克思主义史学五老"之中,侯外庐的研究最富创新性。他虽仍然使用"氏族模式"解读中国古代社会发展,但其理论导向突破了《家庭、私有制和国家的起源》,广泛参考马克思恩格斯著作,包括《反杜林论》《资本论》《德意志意识形态》等。《家庭、私有制和国家的起源》的理论体系主要依据古代希腊罗马社会建构,将之照搬套于中国古代社会,会产生诸多矛盾的地方。这也是郭沫若等人的研究最受批评之处。侯外庐注意到这一问题,引用马克思"亚细亚古代社会"的提法,认为与古代希腊"正常发育"的古典文明不同,古代中国是"早熟"古代文明。这实际为研究中国国家起源问题指出了一条合乎中国实际的道路。侯外庐也主张"中国奴隶社会起源于周初"②,但他认为这一时期出现的最早的国家是"城市国家",这类性质的国家是随着周族人广泛的武力征服而建立起来的,无论统治者还是被统治者,旧有的氏族组织基本都被保留下来,即"在东方形态之下,真正由劳动征服的条件起着重要作用的是灌溉与交通,在这场合,氏族首长的传统成为延续的,亦即所谓共同体的保留"③。侯外庐的论点至今看来仍闪耀着卓识的光芒,尤其是系统阐述氏族组织的保留,对后来的理论更新和今天的中国古史理论建构都极

---

① 陈怀白:《中国通史讲话》,山东新华书店1948年版,第13—15页。按,该书偏向通俗性,属于"中学课本及青年自修读物",第1章第6节标题为"国家的起源——奴隶社会的制度"。
② 侯外庐:《中国古代社会史》,上海新知书店1948年版,"自序"第2页。
③ 侯外庐:《中国古代社会史》,上海新知书店1948年版,第20页。

具启发性。后来张光直在《中国青铜时代》中也利用"亚细亚式国家"的提法解释重血缘关系的殷商与地缘国家之间的关系。

1949年之后,古史分期大讨论拉开序幕,并逐渐成为当时中国古代史若干重大历史理论问题即"五朵金花"大讨论的"花中之冠"①。借助当时学术争鸣的时代大环境,国家起源问题被转换为奴隶制社会上限问题得以继续讨论。继"马克思主义史学五老"的开创之功后,1949年到"文化大革命"前,这一时期的中国历史撰述关于国家起源问题的阐述基本局限于"历史分期"的框架之内,并未突破侯外庐早在20世纪40年代就已达到的认知高度,②甚至也没有引起多少注意。③

综上可见,在国家起源问题的历史阐述上,老一辈马克思主义史家以科学的态度对中国国家起源问题进行了开创性探究,倡导理论范式与实证材料相结合的思想理路。这一思想理路至今仍被很多学者视为继续深入研究该问题时所应秉持的基本方法。虽然针对他们所提出的一些观点,其他学者有时候表达了不同意见,但马克思主义史家对具体问题的卓见及其认知高度,要给予充分而客观的肯定。

第三节 本土化探索:考古学视野下的国家起源新探

国家起源本身经历了很长时间,是极其复杂的问题。随着国内外学者对这一问题思考的深入,逐渐认识到摩尔根和恩格斯对原始氏族社会的描述过于笼统。尤其是单一地将氏族社会视为自由、平等、博爱、无差别、无矛盾的和谐境界,是与事实不相符合的。随着考古学等学科材

---

① 张越:《"五朵金花"问题再审视》,《中国史研究》2016年第2期。
② 侯外庐曾指出,他研究中国古代社会的原则之一,即"主张把中国古代的散沙般的资料,和历史学的古代发展法则,作一个正确的统一研究,从一般的意义上言,这是新历史学的古代法则的中国化",见氏著《中国古代社会史》,上海新知书店1948年版,"自序"第4页。
③ 有学者认为,侯外庐《中国古代社会史论》(即最初出版的《中国古代社会史》一书)"应该受到更多重视,因为它研究的是一个文明发展路径的重大课题,更因为这一研究自觉地将人类社会一般规律与中国社会特殊规律结合起来,对于认识中国古代社会作出了独创贡献",见张岂之、刘宝才《前言》,载侯外庐《中国古代社会史论》,河北教育出版社2000年版,第1页。

料不断丰富，有学者认识到"前国家"社会中等级、特权、物质资料占有不均、不同集团乃至个人之间政治影响力和权力的不平等现象都是大量存在的。因此，研究国家起源需要一个更细化的理论，以解释人类社会自发产生到国家产生的渐变历程。塞维斯（Elman R. Service）的理论就在此背景下产生并被介绍到中国。

20世纪60年代，美国人类学家对摩尔根的理论进行了重要修正——加入不平等的氏族社会阶段，形成了一套早期人类社会进化的新说。其中，塞维斯的理论最引人注目。塞维斯在1962年出版的《原始社会组织》[①] 以及1975年出版的《国家与文明的起源》[②] 二书中，将人类社会自发产生到国家产生经历的社会组织分为四种类型，也是四个连续发展的进化阶段，分别是游团（bands）、部落（tribes）、酋邦（chiefdoms）、国家（states）。塞维斯等人的理论使前国家社会与国家社会之间的衔接更为紧密，对二者之间过渡的解说也更加合理，因此很快风靡起来。因其最大的发明是"酋邦"阶段的提出，在中国学术界常常称为"酋邦理论"。经典的"酋邦理论"在70年代趋于成熟。1983年，通过张光直《中国青铜时代》一书介绍至中国学术界。张光直将塞维斯的四个社会进化阶段与中国考古学文化、常用的历史分期相对应，见表5-2。

表5-2　考古学文化、社会进化阶段与中国常用历史分期对照

文化名称	新进化论	中国常用的分期
旧石器时代	游团	原始社会
中石器时代		
仰韶文化	部落	
龙山文化	酋邦	
三代（到春秋）	国家	奴隶社会
晚周、秦、汉		封建社会（之始）

[①] *Primitive Social Organization: An Evolutionary Perspective*, New York: Random House, 1962.
[②] *Origins of The State and Civilization: The Process of Cultural Evolution*, New York: W. W. Norton, 1975.

但是，张光直也明确指出："上表的分类中有一个相当大的问题，即三代，尤其是夏商两代和西周的前期，究竟应当是分入酋邦还是分入国家的问题。酋邦和国家在概念上的区分，在两极端上比较容易，在相衔接的区域则比较困难。"[1] 这主要看用什么标准来划分酋邦与国家这两个阶段，也与国家成立的标志有关。不久，童恩正在《文化人类学》（上海人民出版社1989年版）一书中详细介绍了塞维斯的学说。与此同时，运用酋邦理论对国家起源问题的研究逐步展开。[2] 此后兴起酋邦理论研究的热潮，尤其是良渚文化反山、瑶山墓地发现后，很多学者都认为良渚文化就是酋邦。[3] 关于酋邦理论与中国考古学文化的对应，一个基本的认识是龙山时代已经处于酋邦阶段，甚至很多学者把龙山时代之前的仰韶文化后期、红山文化后期、大汶口文化后期都归入酋邦阶段。

酋邦理论带来的最大启示是在部落和国家之间，还存在一个相对独立的社会发展阶段，这是一个带有不平等、含有社会分层的历史阶段。这样一个阶段在中国的考古学材料中得以明确的证实。至此，酋邦理论的运用即走入一个理论困局——所谓尖锥体式的血缘结构和由酋长控制的生计资料再分配的经济体制都无法在考古学上得以证实。因此关于酋邦理论究竟有怎样的适用尺度问题，也很难得到明确的答案。

酋邦理论是在前国家阶段分出一个"酋邦"阶段，作为向国家社会的过渡时期。早期国家理论则是从国家社会阶段的起始处分出一个"早期国家"阶段，作为国家最早的原始类型。该理论最早由美国、苏联的人类学家提出。早期国家是原始社会解体后的直接继承者，区别于以古典时代雅典城邦为代表的成熟国家，早期国家中血缘关系对政治还有很大的影响作用、不同形式的剥削手段并存、原始社会的特征很浓厚但不断被扬弃。美索不达米亚的苏美尔·阿卡德国家，埃及前王朝、早王朝、古王朝时期国家，印度河流域巴哈拉文化的城市国家等都属于早期国家。具体到中国，酋邦理论多运用于龙山时代或稍早的新石器时代考古学文

---

[1] 张光直：《中国青铜时代》，生活·读书·新知三联书店1983年版，第52页。
[2] 谢维扬：《中国国家形成过程中的酋邦》，《华东师范大学学报》1987年第5期。
[3] 叶文宪：《略论良渚酋邦》，《历史教学问题》1990年第4期；戴尔俭：《从聚落中心到良渚酋邦》，《东南文化》1997年第3期。

化的解释，而"早期国家"理论多用于解释夏商周三代的国家形态。自20世纪90年代初，一些学者开始自发使用"早期国家"理论讨论中国古代国家形态。何兹全认为从殷商盘庚到东周初期是中国的"早期国家"①，赵世超认为西周是"早期国家"②。此后，谢维扬在《中国早期国家》（浙江人民出版社1995年版）一书中系统地介绍了"早期国家"理论，并提出中国自夏代到春秋战国时期属于早期国家阶段，夏代是中国早期国家的发生期，商周是中国早期国家的典型期，春秋战国是中国早期国家的转型期。早期国家理论因其适用性广泛地运用于中国国家起源问题的研究中，现在大部分研究该问题的学者都接受了"早期国家"的概念。将国家发展阶段分为早期与成熟两段，大大推进了中国国家起源问题的理论探索。

然而，借用国外理论始终存在一个无法解决的问题，即理论的适用性，这些理论是否适用于中国古代社会的实际情况。依据其他民族、国家及地区的材料而得出的国家起源理论是否能够解释中国国家起源问题，是值得再三考量的。摩尔根《古代社会》和恩格斯《家庭、私有制和国家的起源》以希腊、罗马和日耳曼国家的产生归纳出其理论体系，这一理论的核心是氏族制度解体，而中国氏族制度一直延续到春秋时期，显然不能完全套用。"酋邦理论"主要依据波利尼西亚土著社会的考察记录，即使经过后来的修正，在对中国的适用性上仍未走出理论困局。中国考古学者对国家起源的探索是自有渊源的，与侧重理论探索的学者不同，他们更熟悉中国考古材料的各个细节，更倾向注意到国外理论与中国实际的差异性。西方的社会进化理论虽然有时看似精辟，但毕竟不是立足中国本土的资料提出的，自然不可能完全适用于解释中国国家起源。因此中国本土国家起源理论的创新工作，主要由考古学者初创，也得到了众多考古学者与历史学者的响应和支持。

中国考古学发展的早期阶段，由于材料匮乏，不具备系统考察国家

---

① 何兹全：《中国古代社会》，河南人民出版社1991年版；《中国的早期文明和国家的起源》，《中国史研究》1995年第2期。按，何兹全有关"早期国家"的观点，与他坚持"魏晋封建论"有密切联系，见氏著《中国古代社会·序言》。

② 赵世超：《西周为早期国家说》，《陕西师大学报》1992年第4期。

起源的条件。以郭沫若为代表的马克思主义学者在"疑古"思潮的影响下探索国家起源问题，但上限只能推到商周之际或商代。不少学者对传统古史传说体系保持审慎态度，没有轻易全盘否定，因此存在着将考古学对早期人类的历史分期（即石器时代—铜器时代—铁器时代）与古史传说中某位帝王时期相对应的做法。虽然有徐炳昶《中国古史的传说时代》（中国文化服务社1946年版）这样的将考古学材料与传说时代较好结合的严谨之作，但类似的作品并不多见。

1949年以后，随着"国家级"考古研究机构的设立、高校考古专业的筹建以及考古专业人才的培养等，中国考古学迎来全新的发展时期。新石器时代的文化分布、分期和相互关系的研究（即谱系研究）被置于重要位置，与夏文化密切相关的二里头遗址，自从1959年发现后一直被作为中国科学院考古研究所发掘工作的重点。1962年7月，夏鼐撰写了《新中国的考古学》一文，从学科理论的高度提出"国家起源和夏代文化问题及城市发展问题"应当成为中国考古学的基本课题之一，并强调"我国的国家起源和夏代文化问题，虽已有了一些线索，但还需要进一步地研究，才能得到解决"。[①] 夏鼐时为中国科学院考古研究所所长，是新中国考古工作的重要组织者和领导者，他对中国考古学基本研究课题的界定，不仅促进了中国考古学学科体系的建立与完善，也进一步明确了包括"国家起源"在内的中国考古学研究的方向。随着早于安阳殷墟的郑州二里冈商城和偃师二里头宫殿建筑基址发掘资料的公布，中国国家起源的研究开始转向二里头文化时期，有学者还就夏代国家的问题进行了探索。[②]

将考古学的时期划分系统对应中国古史传说中的"三皇五帝"的做法，固然能够提升"民族自信心"，但由于缺少大量考古材料的支撑，中国国家起源问题的探索难以深入，也很难得到国际学界的认可。20世纪80年代初，随着中国考古学体系基本确立，考古发掘材料的积累已经使

---

① 夏鼐：《新中国的考古学》，《红旗》1962年第17期。
② 徐旭生：《1959年夏豫西调查"夏墟"的初步报告》，《考古》1959年第11期；佟柱臣：《从二里头类型文化试谈中国的国家起源问题》，《文物》1975年第6期。

探讨国家起源乃至中华文明形成问题的条件逐渐成熟起来,对于这个重大问题本身的研究目的、研究途径、研究方法等理论探讨便显得尤为重要。有鉴于此,夏鼐撰写了《中国文明的起源》一文。[①] 他首先明确了"文明"概念的内涵,即"现今史学界一般把'文明'一词用来以指一个社会已由氏族制度解体而进入有了国家组织的阶级社会的阶段"[②],然后利用可信的考古学材料,对中国国家起源和文明形成进行了科学考察,提出了三个重要的论断:第一,确立了判断国家起源的考古学依据——都市、文字、青铜器,使判断国家起源的标志具象化;第二,立足于殷墟文化,渐次上推,提出二里头晚期已经具有国家形态,进入文明阶段;第三,依据1949年以来考古学材料的积累,认为中国虽然并不完全同外界隔离,但又具有中国国家起源和文明形成过程的特殊性。夏鼐确立的国家起源的"都市""文字""青铜器"三个标志和二里头文化晚期这一时间基点,得到学界的广泛认同与进一步实践。此文是"中国文明起源研究史上一篇划时代的文献"[③],以此文为标志,中国考古学者开始大规模系统地思考中国文明起源及有关问题,并取得丰硕成果。对于二里头文化为夏文化的观点,[④] 夏鼐认为此观点尚不能成为定论,"夏文化的探索,仍是一个尚未解决的问题"[⑤]。遗憾的是,夏鼐于1985年6月病故,以致他在国家起源问题上的基本判断并未形成系统著述。

　　重建中国史前史、重构中国古史框架是苏秉琦开展中国文明起源研究的重点。1975年,他在一次讲课中,从"学科建设"的视角强调"关于以汉族为主的统一多民族国家的形成"问题是促使中国考古学继续繁

[①] 1983年3月,夏鼐应日本广播协会(NHK)的邀请在东京、福冈、大阪三地作了题为《中国考古学的回顾和展望》《汉唐丝绸和丝绸之路》《中国文明的起源》的讲演,讲演稿后经整理,日文版以《中国文明の起源》为书名,于1984年4月由日本放送出版协会出版,中文版于1985年7月由文物出版社出版。其中,《中国文明的起源》一文又刊于《文物》1985年第8期。

[②] 夏鼐:《中国文明的起源》,文物出版社1985年版,第81页。

[③] 朱乃诚:《夏鼐与中国文明起源研究》,载刘庆柱主编《考古学集刊》第16集,科学出版社2006年版,第59页。

[④] 殷玮璋:《二里头文化探讨》,《考古》1978年第1期;李民:《简论夏代国家的形成——从二里头遗址看夏代国家的出现》,《历史教学》1979年第11期。

[⑤] 夏鼐:《中国文明的起源》,文物出版社1985年版,第96页。

荣发展基本课题之一。① 后来他也在其他场合阐明这一研究课题的重要意义。② 这一时期，苏秉琦等考古学家已经充分认识到了从考古学的角度探讨国家起源问题的重要性。

关于国家起源，苏秉琦的主要论点有两个，即"满天星斗说"与"古国—方国—帝国"演进说。1985年，根据辽西地区的考古学发现，苏秉琦提出了"古文化—古城—古国"的国家起源三阶段说，"古文化主要指原始文化；古城主要指城乡最初分化意义上的城和镇，并非指通常所理解的城市或都市；古国指高于氏族部落的、稳定的、独立的政治实体"。③ 1992年，北京大学考古专业创设40周年，苏秉琦在纪念文章中指出"从氏族到国家，国家起源、形成与发展曾经历的三部曲"，具体表现为：其一，"从氏族到国家的起步（万年前到距今六千年）、古文化古城古国（约距今六千年到四千年）"，其二"方国—中国（距今约四千年前到二千多年），史书记载的夏、商、周三代"；其三"中华一统实体（二千多年前以来）"。④ 次年，北京大学赛克勒考古与艺术博物馆开馆之时，苏秉琦在开幕式上讲话时将国家起源三阶段进一步表述成"古国—方国—帝国"⑤。这一基于中国本土考古学文化空间架构的释读，极大地启发了考古学者对国家起源问题的认识。

20世纪90年代初，苏秉琦多次撰文呼吁应将重建中国上古史列入考古学研究的日程。他强调："重建中国史前史，就是要回答中国从氏族到国家是怎么走过来的，转变的条件是什么，社会分工，技术进步和社会发展水平都是条件。氏族从发展到繁荣到超越氏族出现初期国家，经过

---

① 苏秉琦：《学科改造与建设——1975年8月间为吉林大学考古专业同学讲课提纲》，载《苏秉琦文集》第2册，文物出版社2009年版，第213页。

② 苏秉琦：《现阶段内蒙古文物考古工作问题——在内蒙古自治区考古学会成立大会上的讲话（摘要）》，载《苏秉琦考古学论述选集》，文物出版社1984年版，第294页。

③ 苏秉琦：《辽西古文化古城古国——兼谈当前田野考古工作的重点或大课题》，《文物》1986年第8期。

④ 苏秉琦：《中国考古学的黄金时代即将到来——纪念北京大学创设考古专业四十年》，载氏著《华人·龙的传人·中国人——考古寻根记》，辽宁大学出版社1994年版，第139页。

⑤ 苏秉琦：《北京大学"迎接二十一世纪考古学"国际学术讨论会上的讲话（提纲）》，载氏著《华人·龙的传人·中国人——考古寻根记》，辽宁大学出版社1994年版，第142页。

大约二千年时间，就是从七、八千到五、六千，趋势是由北向南推进，海河以北是前段，海河以南是后段，查海属前段。"① 由他主编的《中国通史》第 2 卷《远古时代》序言指出，中国远古历史涉及"从猿到人"和"从氏族到国家"两个重大理论问题。"大约从公元前 3500 年开始，我国的远古文化进入了一个新的时期——铜石并用时代"，在这一时期，"从前分散的部落逐渐结成联盟，中心聚落和城堡相继出现，掠夺性战争愈演愈烈，最后导致了原始社会的解体"。国家的产生也有一个过程，"铜石并用时代早期出现中心聚落，到晚期发展为城堡。此种城堡固然同后来的都城或城邦还有很大的差别，但毕竟是不同于一般的村落，已逐步发展为统治人民的中心据点，因而距国家的产生也就不远了"。②《中国通史》第 2 卷《远古时代》的一个显著特点，即由考古学者运用考古学材料、理论及考古学话语体系，在多卷本《中国通史》撰述中独立阐释中国"远古时代""从氏族到国家"的演变发展。该书的完成，可看作从"考古"到"写史"的一次生动实践，表明了历史学界对考古学研究成果的认同与接纳，使学术界对考古学在中国国家起源问题上的研究有了更多的期待。

　　相较而言，夏鼐对国家起源的考察是立足于殷墟文化的基础而向上推，其研究着眼的时段较晚，即距今四千年左右的二里头文化晚期；苏秉琦的研究则更倾向于从新石器时代的诸多考古学文化谱系向下推，但并未推到二里头时代，而是将重点放在了更早一些的距今五六千年前的考古学文化，并以此为基础提出了"满天星斗说"。夏鼐、苏秉琦二人的研究并无对立，而是各有侧重，对后来考古学界的文明探源均具有重要的启示意义。夏鼐重点从理论层面分析了国家起源的考古学标志以及考古学文化上的时间基点，苏秉琦注重用考古学文化谱系阐述"从氏族到国家"的整个过程。"满天星斗"的阶段，大致就是苏秉琦所说的"古国"阶段，而对"王国"阶段的探索，他本人着墨不多。当代考古学者

---

　　① 苏秉琦：《文明发端　玉龙故乡——谈查海遗址》，载氏著《华人・龙的传人・中国人——考古寻根记》，辽宁大学出版社 1994 年版，第 127 页。

　　② 苏秉琦主编：《中国通史》第 2 卷《远古时代》，上海人民出版社 1994 年版，第 211—212、345 页。

对此较为重视，有学者探讨的"最早的中国"，在某种程度上就是将中国的王国起源阶段放在二里头文化，由此进一步补充与完善了中国国家起源的学术理论。①

关于"古国—方国—帝国"演进说等观点，后来也有学者指出苏秉琦并没有从理论上详细阐述"古国"和"方国"两者之间的不同。② 中国考古学近几十年来无论是在发掘还是因发掘而得出的研究成果等方面收获甚多，质疑已有的理论、提出新的观点、不同见解之间的讨论不时出现，而从考古学的研究视角考察中国国家起源问题，显然处于越来越重要的地位。在理论建设过程中，"应力图用中国考古学的新发现勾画出中国国家起源的方式和道路的特点，决不能躺在摩尔根、恩格斯和现代酋邦或早期国家的已有理论上无所作为，而应不断丰富对国家起源这一世界性课题的内容"③。理论创新与考古发掘的有机结合则是当下和以后探研国家起源问题的主要路径。

综上所述，国家起源问题的三种主要视角的历史书写虽分属于不同的历史叙述体系，但有其共同的内在价值旨趣。

首先，"可信性"是首要诉求。"求真"是著史的一个基本原则，"历史事实"是历史学家孜孜以求的探寻对象。即使是从"黄帝建国"的视角叙述国家起源，史学家也不忘坚守"信史"立场，孜孜于探寻传说和先秦典籍中的真实"素地"，试图从中寻找到"科学"和"舆情"都能够接受的古史面貌和国家起源的真相；马克思主义史家从唯物史观的立场出发，旨在探索有关国家起源问题科学的、可信的历史叙述，秉承唯物史观关于古代历史的理论指导的同时，郭沫若等人深入于对新材料

---

① 许宏：《最早的中国》，科学出版社 2009 年版。另，作为考古学者，许宏也选择"写史"，他谈及《何以中国》的写作经过时提到"我的一个企图是写史……用考古人特有的视角和表达方式来写部小史"，见氏著《何以中国：公元前 2000 年的中原图景》，生活·读书·新知三联书店 2016 年版，第 182 页。

② 王震中：《邦国、王国与帝国：先秦国家形态的演进》，《河南大学学报》2003 年第 4 期；袁建平：《中国早期国家时期的邦国与方国》，《历史研究》2013 年第 1 期；陈胜前：《"古国""酋邦"之争与中国文明起源的研究路径》，《中国社会科学》2023 年第 7 期。

③ 林沄：《中国考古学中"古国""方国""王国"的理论与方法问题》，《中原文化研究》2016 年第 2 期。

的释读与借鉴,力求史料与理论的有机结合;考古学者凭借的是最为直观的"实物史料",这也是考古学在国家起源问题上有着更多话语权的主要原因之一,考古学研究为相关问题的历史阐述提供了坚实、可靠、有力的材料支撑。

其次,具有强烈的现实关怀意识。国家起源问题的三类历史书写从不同的角度和层面回答了何为中国、我们是谁、如何看待中国在世界文明中位置的大问题。在中国近代民族国家建构过程中,20世纪初的历史撰述借用西方话语体系中的"国家"概念,力图以"黄帝建国"作为象征符号增强国人自信心、建构认同感,探索中华民族复兴之路。郭沫若、侯外庐等人对国家起源问题的阐述,不仅是探究"古史分期"等学术问题,更着意于在国际学术界争得对此问题的话语权。郭沫若在《中国古代社会研究》自序中指出,《家庭、私有制和国家的起源》一书"没有一句说到中国社会的范围",在这种情况下"中国人是应该自己起来,写满这半部世界文化史上的白页",因为"中国的史料,中国的文字,中国人的传统生活,只有中国人自身才能更贴切的接近"[1]。国家起源问题本身就是极具世界性的课题,郭沫若等人的努力使得中国学术界对此问题的解释不再"失声"。侯外庐在自序中亦坦承,《中国古代社会史》"从引申发展上言,这是氏族、财产、国家诸问题的中国版延长"[2]。随着中国考古学的发展,考古学者也自觉承担起撰写恩格斯著作"续篇"的任务。1953年,夏鼐讲授"考古学通论"时,主张"运用考古学知识,使中国历史在世界上的地位更明确"[3]。1959年,他谈及长江流域考古问题时强调,社会科学工作者凭借各地少数民族的社会调查资料,可以在恩格斯《家庭、私有制和国家的起源》之后"写出人类社会发展史的新续篇","如果我们再添进少数民族的考古资料,使令这些发展史有更加长远的发

---

[1] 郭沫若:《中国古代社会研究》,上海群益出版社1947年版,"自序"第4—5页。
[2] 侯外庐:《中国古代社会史》,上海新知书店1948年版,"自序"第4页。
[3] 夏鼐:《考古学通论讲义(之一)》,载《夏鼐文集》第1册,社会科学文献出版社2017年版,第72页。

展过程，眼界便可以看得更远些"①。后来苏秉琦在其主编的《中国通史》第2卷《远古时代》序言中也提到撰写恩格斯著作"续篇"的重要性，强调应当把考古工作继续深入开展下去，"把我国的远古历史同夏商周三代的历史更好地衔接起来，把在中国这块土地上如何产生私有制和阶级，最后出现国家的具体进程及其特点阐释得更加清楚。那时我们将有理由说我们所作的确实称得上是恩格斯《起源》一书的中国续篇！"② 显然，苏秉琦意在用本土的考古新发现还原中国国家起源的方式、路径和特点，不断丰富国家起源这一世界性问题的内涵，推进中华文明形成问题的研究。

---

① 夏鼐：《长江流域考古问题》，载《夏鼐文集》第1册，社会科学文献出版社2017年版，第427页。按，此文为夏鼐1959年12月26日在长办文物考古队队长会议上的发言。

② 苏秉琦：《序言》，载苏秉琦主编《中国通史》第2卷《远古时代》，上海人民出版社1994年版，第20页。

结　语

20世纪中国历史撰述中"古史"建构的基本标准

前述各章，对20世纪"古史"叙述的有关问题及其建构历程，作了整体与个案相结合的梳理和相应分析。考察20世纪中国历史撰述中的"古史"建构问题，涉及不同时期、不同学者以及同一学者在不同时期的著作，但在"相异"之中，也有"相同"之处。整体而言，20世纪中国历史撰述中"古史"建构的基本标准有四项，即可信的、科学的、系统的、世界的。

首先，对于"古史"的建构，"可信的"是首要标准。追求"信史"，是中国古代史家著书的重要准则，这一优良传统也延续至近代史家身上。"疑古"学说提出后，即使对顾颉刚本人而言，他对古史之所以"有疑"，为的是"有信"。"打破"与"重建"并不是严格对立的，而相对的，其中心点基本上围绕"不可信的"与"可信的"古史展开，"打破"的是"伪古史"，"重建"的是"真古史"。编写历史，"应该使'过去的'成为'真实的'"①。翦伯赞想将中国古史从"神的历史"还原为"人的历史"，实际上是想剥除传说当中不可信成分，尽量还原中国"古史"真实可信的面貌。1944年，有观点评价当时的史学界状况："由于科学的历史观的把握与运用，由于地下史料的出土与研究，由于旧的历史学中的优良部分的继承与发扬，由于革命任务的迫切要求，进步的历史学者已经能够摆脱传统历史……的影响，逐渐的显露了中国历史的真实

---

① 周予同：《开明本国史教本》下册，上海开明书店1934年版，"附录"第20页。

面目。"① 不管是运用科学的历史观、出土的新史料，还是批判继承传统史学的优良因素，中国马克思主义史家都期望还原中国古史的"真实面目"。"历史上之大事，须经过学者之考证始能明白者，不知凡几，尤以上古史为甚。不幸书缺有间，而无奈何……吾人之目的，则在利用所有能得之史料，尽力之所能为，编著比较可信之历史，无庸自馁也。""文献不足证"成为叙述可信古史的"根本困难"，原因在于"吾人不知古籍某部分为可信，或不可信，且不能先有成见，然后搜集证据也"。②想要编著可信古史，其中一个关键步骤在于掌握可信史料。当处理神话传说材料时，历史编写者想剔除其中不可信的成分，实际上是希望尽量还原中国"古史"真实可信的面貌，因为"传说多少是有点史实为核心的"③。在文献难以征信的情况下，考古发掘的地下新史料为近代学人建构可信古史带来了极大希望，并且与传统史料相比，考古材料时时处于"更新"之中。

其次，"古史"建构需要考量是否合乎"科学"。晚清以来，西方社会科学观念逐渐传入中国，尤其是新文化运动以后，学者著书立说几乎无人不言"科学"。虽然乾嘉汉学，"诚然已具有科学精神"，但"终不免为经学观念所范围，同时其方法还嫌传统，不能算是严格的科学方法"，直到五四运动之后，"西洋的科学的治史方法才真正输入，于是中国才有科学的史学可言"。④倡导科学，不仅是介绍、运用各门科学的具体内容，更重要的是宣传科学理念和科学方法，促使人们在观念和思维上发生转变。20世纪20年代初，顾颉刚在疑古辨伪时，期望自己可以做一个"科学的史学者"⑤。后来他在1933年的《春秋战国史讲义》中指出，随着"北京猿人"的发现以及旧石器、新石器时代考古工作的展开，"'科学的中国古史'固然一时间还不该写出，但一个简要的纲领也可以

---

① 吴斯：《人的历史，真的历史》，《新华日报》1944年6月19日第4版。
② 陈恭禄：《中国史》第1册，长沙商务印书馆1940年版，第66、172页。
③ 黎东方：《先秦史》，重庆商务印书馆1944年版，第6页。
④ 顾颉刚：《当代中国史学》，胜利出版公司1947年版，第2—3页。
⑤ 顾颉刚：《自述整理中国历史意见书》，载顾颉刚编著《古史辨》第1册，上海古籍出版社1982年版，第36页。

说是立起来了"①。之后他在《中国古代史述略》一文中,又将古史系统分为两个方面,即"传说的古史"和"科学的古史"。② 如果"疑古"是"破",那么建立"科学的中国古史"可以看作是"立",虽然顾颉刚对前者用力甚多,但后者才是顾颉刚更为期待的。不过,"科学"的具体概念、标准、法则是什么,学者之间也是人言言殊,诸家对此问题的理论阐释,亦有详略精粗之分。有观点就将"科学"入于史义,③ 进而讨论有关"古史"建构的问题。吕思勉《白话本国史》多次强调撰写历史著作时要用"科学的眼光",注意观察"社会进化现象"。徐炳昶在研究中国古史的传说时代时,"对于现在我们的历史界还有几句话要说",即:第一,"历史是一种科学,不要希望可以用其他的东西来扰乱它。换句话说,就是说历史的事实在自然界中有客观上的存在,无论我们人类高兴不高兴,却不能随便地就创造它,毁灭它,或增损它";第二,"历史是一种理论科学,或是一种实用科学";第三,"历史是一种经验的科学,并不是一种推演的科学"。④ 这些基本上也成为徐炳昶探究中国古史问题的"法则"。在郭沫若等马克思主义史家看来,"科学"又有特定的含义。郭沫若意在用"新兴科学的观点来研究中国社会的古代"。他在《中国古代社会研究》"新版引言"又提到研究历史时"掌握正确的科学的历史观点非常必要,这是先决问题",他的这本书"是'用科学的历史观点研究和解释历史'的草创时期的东西"。⑤ 从治史观念的角度而言,郭沫若所说的"新兴科学的观点"主要是指唯物史观,他认为以史的唯物论为指导,可以为研究和撰写中国"古史"提供一条新的路径。翦伯赞更是明

---

① 顾颉刚:《春秋战国史讲义第一编》,载《顾颉刚全集·顾颉刚古史论文集》卷四,中华书局2010年版,第114页。

② 顾颉刚:《中国古代史述略》,《学术季刊·文哲号》第1卷第2期,1943年1月。

③ 汪荣宝指出"历史之要义,在于钩稽人类之陈迹,以发见其进化之次第,命令首尾相贯,因果毕呈。晚近历史之得渐成为科学者,其道由此",见氏著《中国历史教科书》,上海商务印书馆1911年版,"绪论"第1页;周予同强调"历史是记述或研究'人类社会活动的演化历程和它的因果关系'的科学",见氏著《本国史》第4册,上海开明书店1948年版,第83页。

④ 徐炳昶:《中国古史的传说时代》,中国文化服务社1946年版,"叙言"第19—26页。

⑤ 郭沫若:《中国古代社会研究》,人民出版社1954年版,"新版引言"第1—2页。

确指出《中国古代社会研究》一书的问世，标志着中国的古史"第一次用科学的方法"追溯至殷周之世。[①] 吕振羽、范文澜等都强调运用科学观点撰写"古史"的重要性。吕振羽甚至认为他的《史前期中国社会研究》一书"从历史科学的观点来看，还有它的现实意义"[②]。对于古史材料，也要用科学观念加以审视、辨别真伪。鉴别的方法，可以"根据科学知识，知事无可能性者，则即摒弃不取"，清末外国学者研究中国古史，"久已怀疑关于尧舜禹之传说"，但中国"一般思想尤视历史属于国文"，"教授历史者，非近于冬烘之塾师，即为包罗万象之国学大师。其人读书未受科学方法之训练，又多缺常识，读书虽甚勤劳，而研究历史之方法，并无进步"。[③] 清末民国初年，治史方法未加进步的原因之一是缺乏科学常识及科学方法的训练。1920年前后，"我国的新史界受西欧科学的影响，对古史材料重新估价的口号高唱入云"[④]。运用"科学方法"，可以获取更多可靠的古史材料，为编写古史奠定基础。有学者主张，所谓"科学方法"，"指研究者于其所有之材料，分析比较，然后根据所得，发表其结果。非先有成见，根据一种理论，方始搜集偏于有利方面之证据，而后将其证实也"[⑤]。随着近代考古学在中国的兴起以及不断发展，学术界对建构"科学的中国古史"的呼声越来越高。引入考古学材料和理论，为建构中国古史提供了一条新的探索道路。确保考古学材料的"科学性"，是运用考古学材料探讨古史问题的重要前提。吕振羽、范文澜、周予同、钱穆等人都强调利用经过科学方法发掘出土的地下遗物作为"古史"材料的重要性。20世纪50年代以后，夏鼐等人强调考古学是"历史科学"一部分，这样既规定了考古学的学科属性，也对考古学的学科任务做了说明。在充分利用地层学、类型学方法的前提下，中国考古学者又及时利用自然科学手段，促进田野考古工作进一步发展，以便获取更

[①] 翦伯赞：《中国史纲》第1卷，五十年代出版社1944年版，"序"第5页。
[②] 吕振羽：《史前期中国社会研究》，生活·读书·新知三联书店1961年版，"新版序"第2页。
[③] 陈恭禄：《中国上古史史料之评论》，《武汉大学文哲季刊》第6卷第1期，1936年。
[④] 徐炳昶：《中国古史的传说时代》，中国文化服务社1946年版，"叙言"第2页。
[⑤] 陈恭禄：《中国史》第1册，长沙商务印书馆1940年版，第101页。

多有效的考古学资料。与田野考古工作有关的科技探测、实验分析等技术方法更新迅速,更为考古发掘者提供了机遇。由科技考古所获得的古代社会的"信息",可以帮助考古学者建构更加"科学的"中国古史。

再次,建构"系统的"中国古史也尤为重要。所谓"系统"问题,亦可理解为体系问题。中国传统史学的"古史"叙述,大部分属于"神话之古史系统"[1]。对中国古史演进系统加以怀疑的顾颉刚,曾在《春秋战国史讲义》中强调,关于东周以前的古史,考古学方面"很多的掘出来的东西未必不能供给我们一个抽象的系统",考古学"遗物固然也很零碎"[2],但顾颉刚希望可以从中梳理出抽象的东周以前的古史系统,可见"系统性"的古史在他心目中的重要地位。20世纪40年代初,杨宽在致吕思勉的一封信中,感慨古史编纂和研究"最大之难题,为殷墟卜辞之学犹未能建立成一体系,其章句训诂固在在成问题,其所识之字,亦多以意为之,未能坚人之信","地下之新史料诚较纸上之旧史料为可贵,实物之史料诚较传说之史料为可信,但考释必须观其会通,然后能增高新史料之价值"[3]。所以说,"地下之新史料"固然重要,但面对新史料,历史学者如何观其会通,并建立起一套站得住脚的史料体系乃至历史认识体系,则显得更为重要。中国马克思主义史家研究和撰写中国"古史"之初,就开始思考如何建立自成特点的中国"古史"体系和中国社会发展史的科学体系。吕振羽《史前期中国社会研究》希望"给无人过问的史前期整理出一个粗略的系统"。李达在该书序言中又评价道:"探求中国史前期社会的一般特征,对这一历史时期,整理出一个整然的系统。"吴泽认为《史前期中国社会研究》一书属于"近人用新史观写作的,较完整而具体系的中国史前史著作"[4],他也期望自己可以撰成"较完整的

---

[1] 陈恭禄:《中国史》第1册,长沙商务印书馆1940年版,第118页。
[2] 顾颉刚:《春秋战国史讲义第一编》,载《顾颉刚全集·顾颉刚古史论文集》卷四,中华书局2010年版,第112页。
[3] 杨宽:《上吕师诚之书》,载吕思勉、童书业编著《古史辨》第7册下编,上海古籍出版社1982年版,第381页。
[4] 吴泽:《中国历史简编》,上海峨眉出版社1947年版,第11页。

体系的科学的中国社会历史著作"①。时人评价吕振羽是"新史学体系建设的领导者",吴泽"对于殷代以前先阶级社会史,继吕氏作进一步的发挥,努力建立古史体系"。② 郭沫若评论范文澜、翦伯赞的历史撰述也使用了"系统化"一词。③ 中国马克思主义史家的历史撰述,明确强调以唯物史观为指导。换言之,这些历史撰述具有明确的理论思想。张光直在研究商代历史时,认为郭沫若等中国马克思主义史家是"唯一在明确理论指导下研究商史的学者群体"④。张光直与加拿大学者海基·菲里交谈时,亦坦言自己"过去是马克思主义分期的信徒,这是因为郭沫若在他的商代青铜器的伟大著作中应用了马克思的体系"⑤。马克思主义史家试图撰写自成体系的中国"古史",也成为20世纪中国"古史"建构中的重要代表。1958年春,尹达应邀为北京大学考古专门化作报告,提出"建立马克思主义中国考古学体系"的口号,"在师生中引起很大反响"。⑥ 从考古学文化系统入手,可以为建构"系统的"中国古史提供知识资源。尹达提到,"我国境内这许多不同地区的新石器时代的文化,由新石器时代到铜器时代,在纵横交织着的繁复错综的关系中向前发展着;这些新石器时代的不同系统的文化,在一定的条件下就逐渐形成为中国古代社会的不同地区不同部落的文化"⑦。显然,从考古学文化可以考察古代社会文化,进而梳理出古代社会的发展演进系统。以考古学文化系统和理论观点阐释中国远古时代的社会面貌,是《中国通史》第2卷

---

① 吴泽:《中国历史简编》,上海峨眉出版社1947年版,"序"第1页。

② 王直夫:《从〈殷周时代的中国社会〉说到〈史前期中国社会研究〉》,《文化批判》第4卷第3期,1937年7月。

③ 郭沫若认为范文澜《中国通史简编》和翦伯赞《中国史纲》"这两部书,从材料使用的方法上说来,是完全相似的。在两个场合下,作者都能从中国历史材料中引出确定的历史趋势,使材料本身系统化,说明中国社会从原始共产主义通过奴隶制度,再通过封建制的经济形式达到它的现在的状态,是经过了很长的发展道路的",见氏著《战时中国历史研究》,《中国学术》第1卷第1期,1946年8月。

④ 张光直:《商文明》,生活·读书·新知三联书店2013年版,第61页。

⑤ 张光直:《考古人类学随笔》,生活·读书·新知三联书店2013年版,第221页。

⑥ 北京大学考古学系编:《北京大学考古学系四十五年(1952—1997)》,1998年印,第43页。

⑦ 尹达:《论我国新石器时代的研究工作》,《考古通讯》1955年第2期。

《远古时代》的主要编纂特点,该书对中国古史的建构所具有的"系统性"也就显而易见。因为考古发掘材料不断涌现,所以时至今日,考古学视域下的古史体系建构不是"完成时",而是"进行时",处于不断更新、不断完善之中。

最后,中国古史不仅是中国历史的一部分,同时也是世界文明史的重要组成部分。中国古史涉及的很多重大问题,也是世界范围内的重要课题,因此建构中国"古史"需要具有世界眼光,将中国"古史"置于世界历史背景下加以考察。近代中国的诸多知识观念可以说是由"古代中国"和"近代西方"相融交汇而成。近代中国知识分子治学时,不仅需要重新审视和阐释中国传统的固有学术,更要面对国外学术观念和知识法则的冲击。早在20世纪初年,梁启超界定"历史"的含义时就主张史学家应寻找人类社会的"公理公例"。中国近代史家将中国神话、传说故事与其他文明古国的相参照,是想寻找世界各国的"公例",意在说明中国古史的演进也符合世界意义的"公例"。渔猎时代、畜牧时代、耕稼时代依次演进的过程,在中国古史记载中也可以找到证据。关于"太古开化与地理之关系","世界开化通例,其位置以地势平坦,地味膏腴为最适。其关系以长流活脉,浊浪滔滔为最切",中国开化"起点于黄河水域,次南折而为淮水水域之开化、扬子江下游之开化,再转而为汉水及洞庭、鄱阳水域之开化",是符合"世界开化通例"的。[1] 考古学上的"三期说",同样适合中国远古社会的发展情形,因为"物质上之公例,无论何地,皆不可逃者也。故以此学说为比例,以考中国有史前之史,决不为过"[2]。"世界人类的进化,都是循照着这个公例的:先石器时代,次铜器时代,最后便进到铁器时代"[3],这种情况说明"斯世之所同然也"[4]。中国历史编纂者面对本国历史,极具自信心,他们以世界眼光考察中国古史,意在说明中国历史文化在世界文化发展史上的地位。对于

---

[1] 横阳翼天氏(曾鲲化):《中国历史》上卷,东京东新译社1903年版,第46页。
[2] 梁启超:《中国史叙论》,载《饮冰室合集·文集之六》,上海中华书局1936年版,第9页。
[3] 陆东平、朱翊新:《高中本国史》下册,上海世界书局1931年版,第3页。
[4] 缪凤林:《中国通史要略》第1册,上海商务印书馆1946年版,第12页。

"条绪繁复的中国史",吕振羽觉得"根据正确的方法,去和世界史作一比较的研究,是必要的"[1]。与世界历史相比,中国历史文化既有"共通性",也有"独特性"。周予同指出,"中国文化,在世界文化史上,自有他的特色,也自有他的光荣的历史。就时间方面说,中国文化不仅发生得很早,而且延续得很久。就空间方面说,中国文化不仅能吸收外来的文化融化为自己的文化,而且传布自己的文化使他的周围的民族以及全世界都受他的影响"[2]。中国古史的悠久恰好可以说明中国具有"光荣的历史",这也可以增加国人对本国历史的自豪感。李济在《〈中国上古史〉编辑大旨》中强调"中国上古史须作为世界史的一部分看,不宜夹杂褊狭的地域成见"[3]。夏鼐曾言:"由于古代中国在世界文明史中所占的重要地位,中国考古学的工作是有世界性的意义的。"[4] 中国考古工作具有世界性的意义,也就意味着考古学视野下的中国古史建构具有"世界性"。中国学者致力于续写恩格斯的经典著作,既反映了中国古史建构的"世界性"特点,也彰显了中国近现代史学不断深入走向世界的学术视野。

当然,上述四项标准,并非各自孤立,而是彼此联系的。编纂中国古史,须用科学方法,参照世界历史背景,才有可能建立真实可信的古史。对于古史记载,近代学者与古人的做法不同,近代学者"在先审查史料可信之价值,并以科学常识判断史迹,或帝王功业之可能性,而不为其所蔽也"[5]。李济编纂中国上古史时期望"以可靠的材料为立论依据,材料必须是经过考证及鉴定的文献史料和以科学方法发掘及报道的考古资料"[6]。对"新史料"进行"观其会通"式的考释,可以为建立可信的史料系统奠定基础。运用科学常识,有助于分辨出可信史料。同样因为

---

[1] 吕振羽:《本国史研究提纲(上)》,《读书月报》第2卷第4期,1940年6月。
[2] 周予同:《本国史》第4册,上海开明书店1948年版,第101—102页。
[3] 李济:《〈中国上古史〉编辑大旨》,载《李济文集》第5卷,上海人民出版社2006年版,第153页。
[4] 夏鼐:《前言》,载中国社会科学院考古研究所编著《新中国的考古发现和研究》,文物出版社1984年版,第3页。
[5] 陈恭禄:《中国史》第1册,长沙商务印书馆1940年版,第150页。
[6] 李济:《〈中国上古史〉编辑大旨》,载《李济文集》第5卷,上海人民出版社2006年版,第153页。

科学知识逐渐深入人心，上古黄金时代的观念在中国近代学术界渐渐失去了立足之地。科学知识之所以走进中国学术界，是因为中国近代学人关注其他国家的技术与知识。科学考古学的兴起，为古史编纂者提供了更多可信的材料。具有科学性的古史撰述，一般而言，也兼具系统性或理论性。因此，可信的、科学的、系统的、世界的，这四项标准密切联系，使得中国历史撰述中的"古史"建构更加丰富，更加全面，也更具特色。

"历史本身是一种社会学科，在现在社会科学的发展情形之下"，无论历史编纂者"如何的郑重公允，总不免有他自己的观点或偏见"。[1] 古史编纂者所体现出的各自观点，亦可称为古史观。一时代有一时代之学术，不同的古史撰述反映了不同编纂者的古史观。作为"历史事实"，古史的真实现象客观存在，但在"历史叙述"与"历史建构"中，诸家对中国古史有多种不同的解释方法、认知标准以及评价结果。不同古史观的纷纷呈现，使得20世纪中国历史撰述中的"古史"建构异彩纷呈。对"古史"建构的理解言人人殊，各人的学术实践也不尽相同，但力求建立一种与传统史学相异的古史叙述系统，一种经得起时间检验以及世界学者认可的古史撰述体系，则是古史编纂者共同的学术追求。面对中华文明悠久的历史以及中华文明的连续性、独特性，中国学者无不为之自豪。对中国古史的全面叙述与建构，自当由众多学者在不同领域、不同方向的共同努力才能完成。展望未来，中国历史学、考古学、人类学、民族学等领域的学者，会继续为谱写中国古史辉煌灿烂的篇章而不懈奋斗！

---

[1] 周予同：《开明本国史教本》下册，上海开明书店1934年版，"附录"第26页。

主要参考文献

一 理论著作

《马克思恩格斯文集》第 4 卷，人民出版社 2009 年版。
《马克思恩格斯文集》第 5 卷，人民出版社 2009 年版。
《毛泽东选集》第 2 卷，人民出版社 1991 年版。
《毛泽东选集》第 3 卷，人民出版社 1991 年版。

二 古代典籍

司马迁：《史记》，中华书局 1982 年版。
刘知幾：《史通》，上海古籍出版社 2008 年版。
罗泌：《路史》，中华书局 1985 年版。
王夫之：《读通鉴论》，中华书局 1975 年版。
章学诚：《文史通义》，中华书局 1956 年版。
崔述：《考信录》，上海商务印书馆 1937 年版。

三 近现代学者著作

白寿彝主编：《中国通史纲要》，上海人民出版社 1980 年版。
白寿彝主编：《中国通史》第 1 卷《导论》，上海人民出版社 1989 年版。
鲍文希：《本国史》第 1 编《上古史》，上海万叶书店 1935 年版。
鲍文希：《中国史话》，上海万叶书店 1947 年版。
蔡丏因：《初中新本国史》第 1 册，上海世界书局 1937 年版。
蔡和森：《社会进化史》，上海民智书局 1924 年版。

岑家梧：《史前史概论》，长沙商务印书馆1940年版。

岑家梧：《中国原始社会史稿》，民族出版社1984年版。

晁福林主编：《中国古代史》上册，北京师范大学出版社1994年版。

陈登原：《高中本国史》上册，上海世界书局1933年版。

陈恭禄：《中国史》第1册，长沙商务印书馆1940年版。

陈汉章：《陈汉章全集》第3册《中国通史》，浙江古籍出版社2014年版。

陈汉章：《陈汉章全集》第4册《上古史》，浙江古籍出版社2014年版。

陈怀白：《中国通史讲话》，山东新华书店1948年版。

陈庆年：《中国历史教科书》，上海商务印书馆1909年版。

邓初民：《中国社会史教程》，桂林文化供应社1942年版。

邓之诚：《中华二千年史》卷一，上海商务印书馆1935年版。

东北师范大学中国古代史教学小组编：《先秦史》，1958年印，未公开出版。

樊树志：《国史概要》，复旦大学出版社1998年版。

范文澜：《中国通史简编》，上海新知书店1947年版。

范文澜：《中国通史简编》修订本第1编，人民出版社1953年版。

范文澜：《中国通史简编》修订本第1编，人民出版社1955年版。

傅纬平：《本国史》第1册，上海商务印书馆1933年版。

傅运森：《共和国教科书·新历史》第1册，上海商务印书馆1920年版。

傅运森；《新法历史教科书》第1册，上海商务印书馆1922年版。

傅运森：《新学制历史教科书》第1册，上海商务印书馆1924年版。

傅运森等编：《历史》上册，上海商务印书馆1932年版。

富光年：《简易历史课本》，上海商务印书馆1906年版。

顾颉刚、王锺麒：《现代初中教科书·本国史》上册，上海商务印书馆1925年版。

顾颉刚：《春秋战国史讲义第一编》，载《顾颉刚全集·顾颉刚古史论文集》卷四，中华书局2010年版。

郭伯南、刘福元：《新编中国史话》上册，上海人民出版社1984年版。

郭沫若：《中国古代社会研究》，上海群益出版社1947年版。

郭沫若：《中国古代社会研究》，人民出版社 1954 年版。

郭沫若主编：《中国史稿》第 1 册，人民出版社 1962 年版。

郭沫若主编：《中国史稿》第 1 册，人民出版社 1976 年版。

韩道之：《中国通史》，中国大学，1943 年印。

何祖泽：《初中本国史》上册，上海新亚书局 1932 年版。

横阳翼天氏（曾鲲化）：《中国历史》上卷，东京东新译社 1903 年版。

侯外庐：《中国古代社会史》，上海新知书店 1948 年版。

胡适：《中国哲学史大纲》卷上，上海商务印书馆 1928 年版。

胡玉堂：《中国史简编》，上海商务印书馆 1948 年版。

华岗：《社会发展史纲》，生活书店 1946 年版。

黄萼辉编著：《中国通史纲要（古代部分）》，广东高等教育出版社 1988 年版。

黄现璠、刘镛：《中国通史纲要》上册，北平文化学社 1934 年版。

翦伯赞：《中国史纲》第 1 卷，五十年代出版社 1944 年版。

翦伯赞：《中国史纲》第 1 卷，生活·读书·新知三联书店 1950 年版。

翦伯赞：《先秦史》，北京大学出版社 1990 年版。

翦伯赞、邵循正、胡华编著：《中国历史概要》，人民出版社 1956 年版。

解放社编：《社会发展简史》，华北新华书店 1948 年版。

金景芳：《中国奴隶社会史》，上海人民出版社 1983 年版。

金兆丰：《中国通史》，上海中华书局 1937 年版。

金兆梓：《初级本国历史》上册，上海中华书局 1926 年版。

金兆梓：《中国史纲》，上海中华书局 1945 年版。

金兆梓：《新编高中本国史》上册，上海中华书局 1948 年版。

敬之：《中国历史》，上海读书生活出版社 1937 年版。

雷海宗：《中国通史选读》，北京大学出版社 2006 年版。

黎东方：《先秦史》，重庆商务印书馆 1944 年版。

黎东方：《中国历史通论·春秋战国篇》，重庆商务印书馆 1944 年版。

黎东方：《中国历史通论·远古篇》，重庆商务印书馆 1944 年版。

李泰棻：《中国史纲》第 1 卷，武学书馆 1922 年版。

李泰棻：《记录以前之人类史略》，北京文化学社 1927 年版。

李岳瑞编，印水心修订：《评注国史读本》第 1 册，上海世界书局 1926 年版。

李云坡：《本国史》上册，北平文化学社 1931 年版。

李直：《新中华历史课本》第 1 册，上海中华书局 1931 年版。

梁园东：《本国史》第 1 册，上海大东书局 1934 年版。

刘师培：《中国历史教科书》，载《刘申叔先生遗书》第 69—71 册，宁武南氏校印，1936 年。

陆东平、朱翊新：《高中本国史》上册，上海世界书局 1929 年版。

陆东平、朱翊新：《高中本国史》上册，上海世界书局 1931 年版。

罗香林：《高级中学本国史》上册，南京正中书局 1938 年版。

罗香林：《高中本国史》上册，上海正中书局 1946 年版。

罗香林：《中国通史》上册，台北正中书局 1977 年版。

吕瑞廷、赵澂璧：《新体中国历史》，上海商务印书馆 1911 年版。

吕思勉：《白话本国史》第 1 册，上海商务印书馆 1923 年版。

吕思勉：《初中本国史》第 1 册，上海中学生书局 1935 年版。

吕思勉：《本国史》，重庆商务印书馆 1943 年版。

吕思勉：《先秦史》，上海开明书店 1947 年版。

吕振羽：《史前期中国社会研究》，北平人文书店 1934 年版。

吕振羽：《殷周时代的中国社会》，上海不二书店 1936 年版。

吕振羽：《中国原始社会史》，桂林耕耘出版社 1943 年版。

吕振羽：《简明中国通史》，北平生活书店 1945 年版。

吕振羽：《中国社会史纲》第 1 卷《原始社会史》，上海耕耘出版社 1947 年版。

吕振羽：《史前期中国社会研究》，生活·读书·新知三联书店 1961 年版。

吕振羽：《中国历史讲稿》（记录稿），内部资料，1961 年印。

吕振羽：《中国历史讲稿》，人民出版社 1984 年版。

孟世杰：《先秦文化史》，北平文化学社 1929 年版。

孟世杰：《中国史》，天津百城书局 1931 年版。

[德] 米勒·利尔：《社会进化史》，陶孟和等译，上海商务印书馆 1924

年版。

缪凤林：《中国通史纲要》第 1 册，南京钟山书局 1932 年版。

缪凤林：《中国通史要略》第 1 册，上海商务印书馆 1946 年版。

南京大学历史系中国古代史组编：《中国古代史》第 1 册《先秦》，1979 年印，未公开出版。

蒲韧（胡绳）：《二千年间》，山东新华书店 1949 年版。

钱穆：《国史大纲》上册，上海国立编译馆 1947 年版。

尚钺主编：《中国历史纲要》，人民出版社 1955 年版。

尚钺：《尚氏中国古代通史》，高等教育出版社 1991 年版。

沈昧之等编：《初中历史》第 1 册，上海世界书局 1929 年版。

沈颐编辑，许国英订补：《中国历史讲义》，上海商务印书馆 1922 年版。

宋兆麟、黎家芳、林耀西：《中国原始社会史》，文物出版社 1983 年版。

苏秉琦主编：《中国通史》第 2 卷《远古时代》，上海人民出版社 1994 年版。

苏秉琦主编：《中国远古时代》，上海人民出版社 2010 年版。

孙伯祥主编：《简明中国通史教程》上册，黑龙江教育出版社 1987 年版。

孙正容：《高中新本国史》上册，上海世界书局 1947 年版。

陶希圣：《中国社会之史的分析》，上海新生命书局 1930 年版。

汪荣宝：《中国历史教科书》，上海商务印书馆 1911 年版。

王明阁编著：《先秦史》，黑龙江人民出版社 1983 年版。

王桐龄：《中国史》第 1 编，北京文化学社 1927 年版。

王玉哲：《中国上古史纲》，上海人民出版社 1959 年版。

王玉哲：《中华远古史》，上海人民出版社 2000 年版。

王锺麒：《新时代本国历史教本》上册，上海商务印书馆 1930 年版。

王锺麒：《中国史》第 1 册，上海商务印书馆 1931 年版。

王子云编译：《社会进化史》，上海昆仑书店 1930 年版。

吴泽：《中国原始社会史》，桂林文化供应社 1943 年版。

吴泽：《中国历史简编》，上海峨眉出版社 1947 年版。

吴泽：《殷代奴隶制社会史》，上海棠棣出版社 1949 年版。

夏曾佑：《中国古代史》，上海商务印书馆 1935 年版。

萧一山：《中国通史讲演大纲》，铅印本，1926年。

谢兴尧：《谢氏初中本国史》第1册，上海世界书局1933年版。

熊十力：《中国历史讲话》，黄埔出版社1940年版。

徐进：《中国通史》第1编《中国古代史》，国民图书公司1946年版。

徐立亭等编：《中华五千年》，吉林人民出版社1981年版。

徐连达等编：《中国通史》，复旦大学出版社1986年版。

徐喜辰、斯维至、杨钊主编：《中国通史》第3卷《上古时代》，上海人民出版社1994年版。

许立群：《中国史话》，上海文华出版社1948年版。

严文明：《中国考古学》第2册《新石器时代》，北京大学印刷厂铅印，1964年。

严文明：《中国新石器时代》，文物出版社2017年版。

杨东莼：《高中本国史》上册，上海北新书局1946年版。

杨东莼：《开明新编高级本国史》上册，上海开明书店1947年版。

杨人楩：《北新本国史》上册，上海北新书局1932年版。

杨人楩：《初中本国史》第1册，上海北新书局1934年版。

杨钊：《中国古代及中世纪史讲义·远古至战国》，北京师范大学历史系中国古代及中世纪史第一教研组，1956年印，未公开出版。

姚绍华：《初中本国史》第1册，上海中华书局1934年版。

姚舜钦、张若玫、简修炜编：《中国古代及中世纪史讲义》第1册，华东师范大学出版社1958年版。

叶蠖生：《简明中国史话》上册，中国青年出版社1953年版。

叶蠖生：《中国历史课本》，中原新华书店1949年版。

应功九：《初中本国史》第1册，南京正中书局1936年版。

应功九：《建国初中本国史》第1册，南京正中书局1936年版。

余逊：《高中本国史》上册，上海世界书局1933年版。

詹子庆编著：《先秦史》，辽宁人民出版社1984年版。

张伯简：《社会进化简史》，广州国光书店1925年版。

张军光：《中国社会发展史纲》，上海中华书局1935年版。

张荫麟：《中国史纲》，重庆青年书店1941年版。

章嵚：《中华通史》上册，上海商务印书馆1933年版。

赵玉森：《新著本国史》上册，上海商务印书馆1923年版。

浙江省高等师范学院《中国通史讲义》协作编写组：《中国通史讲义》，浙江人民出版社1983年版。

中国历史编写组：《中国历史初稿》第1册《原始社会时期》，1961年印，内部讨论稿。

中国历史编写组：《中国历史初稿》第2册《奴隶社会》，1960年印，内部讨论稿。

中山大学历史系中国史教研室编：《中国上古中古史（先秦、两汉部分）》，1955年印，未公开出版。

钟毓龙：《新制本国史教本》上册，上海中华书局1915年版。

钟月秋：《高中本国史》，长沙湘芬书局1932年版。

周谷城：《中国通史》上册，上海开明书店1948年版。

周谷城：《中国通史》上册，新知识出版社1955年版。

周谷城：《中国通史》上册，上海人民出版社1957年版。

周予同：《开明本国史教本》上册，上海开明书店1932年版。

周予同：《本国史》第1册，上海开明书店1936年版。

周予同：《本国史》第1册，上海开明书店1947年版。

周予同：《本国史》第4册，上海开明书店1948年版。

朱翊新：《初中本国史》第1册，上海世界书局1939年版。

朱翊新、黄人济、陆并谦：《初中本国史》第1册，上海世界书局1930年版。

四　报刊资料

《安阳发掘报告》

《北京大学日刊》

《大公报》（上海）

《地质汇报》

《考古》（原名《考古通讯》）

《考古学报》（原名《田野考古报告》《中国考古学报》）

《清华周刊》
《文物》（原名《文物参考资料》）
《学衡》
《燕京社会科学》

五 日记、书信、文集、回忆录、资料汇编

1. 日记

《安志敏日记》，社会科学文献出版社2020年版。
《顾颉刚全集·顾颉刚日记》，中华书局2010年版。
《胡适日记全集》，联经出版事业公司2004年版。
《马衡日记》，生活·读书·新知三联书店2018年版。
《容庚北平日记》，中华书局2019年版。
《王伯祥日记》，中华书局2020年版。
《翁文灏日记》，中华书局2010年版。
《夏鼐日记》，华东师范大学出版社2011年版。
《徐旭生文集·日记》，中华书局2021年版。

2. 书信

陈智超编注：《陈垣来往书信集》（增订本），生活·读书·新知三联书店2010年版。
耿云志、欧阳哲生整理：《胡适全集·书信》，安徽教育出版社2003年版。
黄淳浩编：《郭沫若书信集》，中国社会科学出版社1992年版。
贾鹏涛整理：《杨宽书信集》，上海人民出版社2019年版。
李卉、陈星灿编：《传薪有斯人：李济、凌纯声、高去寻、夏鼐与张光直通信集》，生活·读书·新知三联书店2005年版。
刘瑞编著：《苏秉琦往来书信集》，社会科学文献出版社2021年版。
王汎森、潘光哲、吴政上主编：《傅斯年遗札》，历史语言研究所2011年版。
王世民、汤超编：《夏鼐书信集》，社会科学文献出版社2022年版。

3. 文集

《陈黻宸集》，中华书局1995年版。

《何炳松论文集》，商务印书馆1990年版。

《何兹全文集》，中华书局2006年版。

《李济文集》，上海人民出版社2006年版。

《梁思永考古论文集》，科学出版社1959年版。

《林甘泉文集》，上海辞书出版社2005年版。

《吴泽学术文集》，上海人民出版社2013年版。

《夏鼐文集》，社会科学文献出版社2017年版。

《尹达集》，中国社会科学出版社2006年版。

《曾昭燏文集·考古卷》，文物出版社2009年版。

4. 回忆录

高增德、丁东编：《世纪学人自述》，北京十月文艺出版社2000年版。

何兹全：《爱国一书生》，华东师范大学出版社1997年版。

侯外庐：《韧的追求》，生活·读书·新知三联书店1985年版。

胡绳：《先贤和故友》，中国社会科学出版社1994年版。

陶希圣：《潮流与点滴》，中国大百科全书出版社2009年版。

温济泽等编：《延安中央研究院回忆录》，湖南人民出版社1984年版。

张艳国主编：《史学家自述——我的史学观》，武汉出版社1994年版。

5. 资料汇编

河北北京师范学院历史系编：《河北北京师范学院历史系各科教学大纲初稿》，高等教育出版社1959年版。

何兹全主编：《中国通史参考资料·古代部分》第1册，中华书局1962年版。

李孝迁编校：《近代中国域外汉学评论萃编》，上海古籍出版社2014年版。

李孝迁编校：《中国现代史学评论》，上海古籍出版社2016年版。

林甘泉、蔡震主编：《郭沫若年谱长编》，中国社会科学出版社2017年版。

缪雅娟主编：《中国新石器时代考古八十四年文献目录（1923—2006）》，

社会科学文献出版社 2017 年版。

璩鑫圭、唐良炎编：《中国近代教育史资料汇编·学制演变》，上海教育出版社 2007 年版。

王学典主编：《20 世纪中国史学编年》，商务印书馆 2014 年版。

王应宪编校：《现代大学史学系概览（1912—1949）》，上海古籍出版社 2016 年版。

赵春青编：《中国史前考古学论著目（1910—2010）》，科学出版社 2017 年版。

中国第二历史档案馆编：《中华民国史档案资料汇编》第 5 辑第 2 编《教育》，江苏古籍出版社 1997 年版。

中国人民大学历史系中国古代史教研室编：《中国通史参考资料》第 1 集，1980 年印。

中国社会科学院考古研究所、中国社会科学院古代文明研究中心编：《中国文明起源研究要览》，文物出版社 2003 年版。

中华人民共和国高等教育部审订：《中国史教学大纲》，高等教育出版社 1956 年版。

六　访谈录

严文明先生访谈录，访谈时间：2019 年 3 月 13 日，访谈地点：北京市蓝旗营小区。

七　相关研究著述

1. 著作类

［美］阿里夫·德里克：《革命与历史：中国马克思主义历史学的起源（1919—1937）》，翁贺凯译，江苏人民出版社 2018 年版。

［美］杜赞奇：《从民族国家拯救历史：民族主义话语与中国现代史研究》，王宪明等译，江苏人民出版社 2009 年版。

［英］冯客：《近代中国之种族观念》，杨立华译，江苏人民出版社 1999 年版。

［英］格林·丹尼尔：《考古学一百五十年》，黄其煦译，文物出版社

1987年版。

［德］罗梅君：《政治与科学之间的历史编纂——30和40年代中国马克思主义历史学的形成》，孙立新译，山东教育出版社1997年版。

［日］内藤湖南：《中国史通论》上册，夏应元等译，社会科学文献出版社2004年版。

陈淳：《考古学前沿研究：理论与问题》，北京师范大学出版社2016年版。

陈峰：《民国史学的转折——中国社会史论战研究（1927—1937）》，山东大学出版社2010年版。

陈洪波：《中国科学考古学的兴起：1928—1949年历史语言研究所考古史》，广西师范大学出版社2011年版。

陈其泰主编：《中国马克思主义史学的理论成就》，国家图书馆出版社2008年版。

陈星灿：《中国史前考古学史研究（1895—1949）》，生活·读书·新知三联书店1997年版。

陈星灿：《考古随笔》，文物出版社2002年版。

陈星灿：《20世纪中国考古学史研究论丛》，文物出版社2009年版。

程鹏宇：《侯外庐与中国马克思主义史学》，福建教育出版社2022年版。

丁山：《古代神话与民族》，商务印书馆2005年版。

高光晶：《中国国家起源及形成》，湖南人民出版社1998年版。

顾颉刚等编著：《古史辨》，上海古籍出版社1982年版。

韩建业、杨新改：《五帝时代——以华夏为核心的古史体系的考古学观察》，学苑出版社2006年版。

韩建业：《早期中国：中国文化圈的形成和发展》，上海古籍出版社2015年版。

侯仰军：《考古发现与夏商起源研究》，黑龙江人民出版社2009年版。

胡逢祥等著：《中国近现代史学思潮与流派（1840—1949）》，商务印书馆2019年版。

黄东兰主编：《新史学》第4卷《再生产的近代知识》，中华书局2010年版。

黄海烈：《顾颉刚"层累说"与20世纪中国古史学》，中华书局2016年版。

黄兴涛：《重塑中华：近代中国"中华民族"观念研究》，北京师范大学出版社2017年版。

黄彰健：《中国远古史研究》，历史语言研究所1996年版。

贾兰坡：《中国大陆上的远古居民》，天津人民出版社1978年版。

翦伯赞：《历史哲学教程》，长沙生活书店1938年版。

黎东方：《中国上古史八论》，中国文化大学出版部1983年版。

李长银：《中外交汇："古史辨运动"的学术因缘研究》，人民出版社2023年版。

李帆：《刘师培与中西学术——以其中西交融之学和学术史研究为核心》，北京师范大学出版社2003年版。

李帆：《历史教科书新诠——对清季民国之历史教科书的研究》，河南人民出版社2020年版。

李红岩：《中国近代史学史论》，中国社会科学出版社2011年版。

李红岩：《马克思主义史学思想史》第4卷《新中国马克思主义史学思想》，中国社会科学出版社2015年版。

李孝迁：《西方史学在中国的传播（1882—1949）》，华东师范大学出版社2007年版。

李孝迁：《域外汉学与中国现代史学》，上海古籍出版社2014年版。

李学勤：《东周与秦代文明》，文物出版社1984年版。

李学勤：《走出疑古时代》，辽宁大学出版社1994年版。

李学勤主编：《中国古代文明与国家形成研究》，云南人民出版社1997年版。

李政君：《变与常：顾颉刚古史观念演进之研究（1923—1949）》，中国社会科学出版社2020年版。

梁启超：《中国史叙论》，载《饮冰室合集·文集之六》，上海中华书局1936年版。

梁启超：《新史学》，载《饮冰室合集·文集之九》，上海中华书局1936年版。

梁启超:《中国历史研究法》,载《饮冰室合集·专集之七十三》,上海中华书局 1936 年版。

梁启超:《中国历史研究法补编》,载《饮冰室合集·专集之九十九》,上海中华书局 1936 年版。

林甘泉、田人隆、李祖德:《中国古代史分期讨论五十年》,上海人民出版社 1982 年版。

刘超:《历史书写与认同建构:清末民国时期中国历史教科书研究》,社会科学文献出版社 2016 年版。

刘莉、陈星灿:《中国考古学:旧石器时代晚期到早期青铜时代》,生活·读书·新知三联书店 2017 年版。

刘龙心:《学术与制度——学科体制与现代中国史学的建立》,远流出版事业股份有限公司 2002 年版。

刘龙心:《知识生产与传播——近代中国史学的转型》,三民书局 2019 年版。

刘卓异:《治史与取径:陈垣、顾颉刚学术散论》,社会科学文献出版社 2022 年版。

陆思贤:《神话考古》,文物出版社 1995 年版。

罗新慧:《二十世纪中国古史分期问题论辩》,百花洲文艺出版社 2004 年版。

罗志田主编:《20 世纪的中国:学术与社会·史学卷》,山东人民出版社 2001 年版。

马新、齐涛:《中国远古社会史论》,科学出版社 2003 年版。

潘公展主编:《五十年来的中国》,重庆胜利出版社 1945 年版。

彭明辉:《疑古思想与现代中国史学的发展》,台湾商务印书馆 1991 年版。

彭卫:《走进历史的原野——史学续论》,中国社会科学出版社 2017 年版。

彭卫、杨艳秋:《马克思主义史学思想史》第 3 卷《中国马克思主义史学思想的形成和发展》,中国社会科学出版社 2015 年版。

瞿林东主编:《20 世纪中国史学发展分析》,北京师范大学出版社 2009

年版。

沈颂金：《考古学与二十世纪中国学术》，学苑出版社2003年版。

沈长云、张渭莲：《中国古代国家起源与形成研究》，人民出版社2009年版。

孙庆伟：《鼏宅禹迹：夏代信史的考古学重建》，生活·读书·新知三联书店2018年版。

谭佳：《神话与古史：中国现代学术的建构与认同》，社会科学文献出版社2016年版。

田昌五：《华夏文明的起源》，新华出版社1993年版。

田旭东：《二十世纪中国古史研究主要思潮概论》，中华书局2003年版。

童恩正：《文化人类学》，上海人民出版社1989年版。

王汎森：《古史辨运动的兴起——一个思想史的分析》，允晨文化出版公司1987年版。

王国维：《古史新证》，清华大学出版社1994年版。

王家范：《中国历史通论》（增订本），生活·读书·新知三联书店2012年版。

王明珂：《华夏边缘：历史记忆与族群认同》，社会科学文献出版社2006年版。

王世民：《考古学史与商周铜器研究》，社会科学文献出版社2017年版。

王世民：《夏鼐传稿》，社会科学文献出版社2020年版。

王学典：《二十世纪后半期中国史学主潮》，山东大学出版社1996年版。

王学典：《翦伯赞学术思想评传》，北京图书馆出版社2000年版。

王彦辉、薛洪波：《古史体系的建构与重塑——古史分期与社会形态理论研究》，河南大学出版社2010年版。

王幼平：《中国远古人类文化的源流》，科学出版社2005年版。

王震中：《中国古代国家的起源与王权的形成》，中国社会科学出版社2013年版。

王震中：《中国文明起源的比较研究》，陕西人民出版社1994年版。

王震中：《重建中国上古史的探索》，云南人民出版社2015年版。

王正瀚：《民国时期中学历史教科书研究》，上海教育出版社2013年版。

吴恩裕：《中国国家起源的问题》，上海人民出版社1956年版。

吴汝康：《古人类学》，文物出版社1989年版。

夏鼐：《中国文明的起源》，文物出版社1985年版。

谢保成：《增订中国史学史·晚清至民国》，商务印书馆2016年版。

谢维扬：《中国早期国家》，浙江人民出版社1995年版。

熊月之：《西学东渐与晚清社会》，上海人民出版社1994年版。

徐炳昶：《中国古史的传说时代》，中国文化服务社1946年版。

徐坚：《暗流：1949年之前安阳之外的中国考古学传统》，科学出版社2012年版。

徐良高：《求真抑或建构——走出实证主义历史学与考古学》，科学出版社2023年版。

徐玲：《留学生与中国考古学》，南开大学出版社2009年版。

许宏：《最早的中国》，科学出版社2009年版。

许宏：《何以中国：公元前2000年的中原图景》，生活·读书·新知三联书店2016年版。

严文明：《仰韶文化研究》，文物出版社1989年版。

叶建：《近代中国唯物史观史学话语建构研究》，人民出版社2022年版。

叶林生：《古帝传说与华夏文明》，黑龙江教育出版社1999年版。

易建平：《部落联盟与酋邦——民主·专制·国家：起源问题比较研究》，社会科学文献出版社2004年版。

俞旦初：《爱国主义与中国近代史学》，中国社会科学出版社1996年版。

俞伟超：《古史的考古学探索》，文物出版社2002年版。

查晓英：《中国现代考古学的思想谱系》，四川大学出版社2014年版。

张光直：《中国青铜时代》，生活·读书·新知三联书店1983年版。

张光直：《商文明》，生活·读书·新知三联书店2013年版。

张岂之主编：《中国近代史学学术史》，中国社会科学出版社1996年版。

张越：《五四时期中国史坛的学术论辩》，百花洲文艺出版社2004年版。

张越：《新旧中西之间——五四时期的中国史学》，北京图书馆出版社2007年版。

张越：《史学史通论与近现代中国史学研究》，北京师范大学出版社2011

年版。

张越：《近现代中国史学史论略》，商务印书馆 2017 年版。

张越编：《史学史读本》，北京大学出版社 2006 年版。

张之恒、周裕兴：《夏商周考古》，南京大学出版社 1995 年版。

张忠培：《中国考古学：走近历史真实之道》，科学出版社 1999 年版。

赵梅春：《二十世纪中国通史编纂研究》，中国社会科学出版社 2007 年版。

赵庆云：《20 世纪中国马克思主义史家与史学》，北京师范大学出版社 2019 年版。

周星：《史前史与考古学》，陕西人民出版社 1992 年版。

邹振环：《西方传教士与晚清西史东渐》，上海古籍出版社 2007 年版。

Brian Moloughney and Peter Zarrow, eds., *Transforming History: The Making of a Modern Academic Discipline in Twentieth - Century China*, Hong Kong: The Chinese University Press, 2011.

Li Min, *Social Memory and State Formation in Early China*, Cambridge: Cambridge University Press, 2018.

Q. Edward Wang, *Inventing China Through History: The May Fourth Approach to Historiography*, Albany: State University of New York Press, 2001.

V. Gordon Childe, *Piecing Together the Past: The Interpretation of Archaeological Date*, London: Routledge & Kegan Paul, 1956.

Wang Fan - Sen, *Fu Ssu - nien: A Life in Chinese History and Politics*, Cambridge: Cambridge University Press, 2000.

2. 论文类

（1）期刊论文

白寿彝：《评〈中国通史简编〉》，《文讯月刊》第 7 卷第 3 期，1947 年 9 月。

北京大学考古文博学院：《考古学与中国历史的重构——为纪念北京大学考古专业成立五十周年而作》，《文物》2002 年第 7 期。

蔡美彪：《范文澜著〈中国通史简编〉的前前后后》，《河北学刊》1999 年第 2 期。

陈淳：《从考古学理论方法进展谈古史重建》，《历史研究》2018 年第 6 期。

陈峰：《唯物史观与二十世纪中国古代铁器研究》，《历史研究》2010 年第 6 期。

陈恭禄：《中国上古史史料之评论》，《武汉大学文哲季刊》第 6 卷第 1 期，1936 年。

陈其泰：《"革命性与科学性相结合"——谈中国马克思主义史学的思想遗产》，《史学理论研究》2011 年第 4 期。

陈胜前：《中国考古学研究的范式与范式变迁》，《中国社会科学》2019 年第 2 期。

陈胜前：《"古国""酋邦"之争与中国文明起源的研究路径》，《中国社会科学》2023 年第 7 期。

陈伟驹：《殊途同归：夏鼐和苏秉琦中国文化起源多元说形成之比较》，《考古学报》2021 年第 2 期。

胡逢祥：《"科学方法"输入后的中国现代史学之走向》，《学术月刊》2008 年第 3 期。

黄道辉：《中国上古时代的奴隶社会史》，《新宇宙》第 2 卷第 3 期，1935 年 8 月。

黄俊杰：《钱宾四史学中的"国史"观：内涵、方法与意义》，《台大历史学报》（台北）第 26 期，2000 年 12 月。

季子：《中国古代社会史的研究——兼评中外作者对此问题的意见》，《中山文化教育馆季刊》创刊号，1934 年 8 月。

李长银：《翦伯赞与中国马克思主义史料学的初步建立》，《近代史研究》2023 年第 3 期。

李帆：《清季历史教科书的双重认同》，《史学理论研究》2023 年第 2 期。

李冕世：《近人所著有关中国上古史的一些专书简介》，《成功大学历史学报》（台南）第 13 期，1987 年 3 月。

李淑珍：《二十世纪"中国通史"写作的创造与转化》，《新史学》（台北）第 19 卷第 2 期，2008 年 6 月。

李孝迁：《"结构种魂"：曾鲲化〈中国历史〉研究》，《近代史研究》

2020 年第 4 期。

李孝迁：《〈十批判书〉的写作语境与意图》，《历史研究》2021 年第 4 期。

李学勤：《疑古思潮与重构古史》，《中国文化研究》1999 年第 1 期。

林甘泉：《吕振羽与中国社会经济形态研究》，《史学史研究》2000 年第 4 期。

林沄：《中国考古学中"古国""方国""王国"的理论与方法问题》，《中原文化研究》2016 年第 2 期。

刘洪强：《"科学"与中国上古史重建——以 20 世纪初陈汉章的中国上古史研究为例》，《史学理论研究》2019 年第 2 期。

刘庆柱：《考古学视阈下的马克思主义唯物史观》，《中国史研究》2016 年第 2 期。

刘未：《考古学与历史学的整合——从同质互补到异质互动》，《中国史研究》2021 年第 3 期。

宁腾飞：《诸子学研究与顾颉刚的疑古辨伪学》，《天津社会科学》2022 年第 1 期。

齐思和：《近百年来中国史学的发展》，《燕京社会科学》第 2 卷，1949 年 10 月。

齐思和：《中国史学界的展望》，《大中》第 1 卷第 5 期，1946 年 5 月。

乔治忠：《中日两国在古史研讨上的政治扰动——20 世纪前期疑古史学及其背景的审思》，《史林》2016 年第 4 期。

秦和鸣：《吴泽〈中国历史简编〉读后》，《历史社会季刊》创刊号，1947 年 3 月。

孙江：《拉克伯里"中国文明西来说"在东亚的传布与文本之比较》，《历史研究》2010 年第 1 期。

汤惠生：《夏鼐、苏秉琦考古学不同取向辨析》，《中国社会科学》2017 年第 6 期。

汤惠生：《中国马克思主义考古学派与类型学》，《中国社会科学》2021 年第 9 期。

唐际根：《考古学证史倾向民族主义》，《读书》2002 年第 1 期。

童恩正：《摩尔根模式与中国的原始社会史研究》，《中国社会科学》1988年第 3 期。

王东：《历史意识在先秦时期的演进》，《河北学刊》2002 年第 4 期。

王铭铭：《上古概念与中国》，《西北民族研究》2017 年第 1 期。

王玉哲：《关于范著〈中国通史简编〉修订本第一册的几点意见》，《历史研究》1954 年第 6 期。

邬国义：《刘恕与古史研究》，《社会科学》2005 年第 7 期。

向燕南：《中国考古学与史学之关系的理论思考》，《高校理论战线》2003 年第 8 期。

徐良高：《以考古学构建中国上古史》，《中国社会科学》2021 年第 9 期。

余天休：《原始社会的演化》，《社会学杂志》第 3 卷第 4 期，1930 年 11 月。

余西云：《历史唯物论与中国考古学理论体系》，《中国社会科学》2021 年第 9 期。

杨博：《探索未知 揭示本源——历史学与考古学研究的融合发展》，《中国史研究》2021 年第 3 期。

杨艳秋：《马克思主义社会形态理论与中国史学》，《史学集刊》2021 年第 4 期。

张维屏：《雷海宗〈中国通史选读〉讲义所反映之当代古史观念的探讨》，《思与言》（台北）第 41 卷第 2 期，2003 年 6 月。

张维屏：《郭廷以〈中国通史〉稿本反映的当代古史观》，《思与言》（台北）第 42 卷第 4 期，2004 年 12 月。

张越：《"五朵金花"问题再审视》，《中国史研究》2016 年第 2 期。

张越：《"例示研究古史的一条大道"——再论郭沫若〈中国古代社会研究〉》，《中共党史研究》2017 年第 5 期。

张越：《范文澜与"汉民族形成问题争论"》，《中国社会科学》2020 年第 7 期。

张越：《中国马克思主义史学的形成与社会史论战》，《近代史研究》2021 年第 5 期。

张越：《〈中国古代社会研究〉问世前后的学术史考察》，《天津社会科学》2022 年第 5 期。

张越：《顾颉刚疑古学说百年流播的若干审思》，《史学月刊》2023 年第 5 期。

张越：《侯外庐马克思主义史学研究论析》，《历史研究》2023 年第 6 期。

赵光贤：《读范著〈中国通史简编〉修订本第一册》，《历史研究》1954 年第 6 期。

赵庆云：《范文澜与中国通史撰著》，《史学理论研究》2017 年第 4 期。

周予同：《纬谶中的"皇"与"帝"》，《暨南学报》第 1 卷第 1 期，1936 年 2 月。

周予同：《五十年来中国之新史学》，《学林》第 4 辑，1941 年 2 月。

朱凤瀚：《夏文化考古学探索六十年的启示》，《历史研究》2019 年第 1 期。

[加拿大] Joan Judge：《改造国家——晚清的教科书与国民读本》，孙慧敏译，《新史学》（台北）第 12 卷第 2 期，2001 年 6 月。

（2）学位论文

付耶非：《政治与历史：国统区、敌占区、根据地中学历史教科书比较研究（1937—1949）》，硕士学位论文，华东师范大学，2018 年。

付耶非：《抗战时期历史教科书研究》，博士学位论文，北京师范大学，2021 年。

何佳岭：《20 世纪前 20 年中国历史教科书研究》，硕士学位论文，北京师范大学，2009 年。

刘冬梅：《对民国中学中国史教科书的考察》，博士学位论文，北京师范大学，2009 年。

刘立德：《商务印书馆与中国近代教育（1897—1937）》，博士学位论文，北京师范大学，2008 年。

裴世东：《〈夏鼐日记〉所见夏鼐考古学思想体系的形成》，博士学位论文，安徽大学，2019 年。

施继辉：《清末国史教科书之上古史论》，硕士学位论文，复旦大学，2002 年。

苏晓涵：《董作宾与20世纪中国古史重建》，硕士学位论文，华东师范大学，2018年。

查晓英：《从地质学到史学的现代中国考古学》，硕士学位论文，四川大学，2003年。

查晓英：《文物的变迁——现代中国考古学的早期历史》，博士学位论文，中山大学，2006年。

张国荣：《清末民国中小学历史教科书及其对历史知识的重构与传播（1900—1949）》，博士学位论文，北京师范大学，2012年。

张敏：《夏商周考古学术史（1928—1949）》，博士学位论文，北京大学，2014年。

朱茉丽：《20世纪上半期中国马克思主义原始社会研究探微》，博士学位论文，山东大学，2018年。

人名索引

A

安特生（Johan Gunnar Andersson）
　111—113，119，122，123，136，
　207，218
安志敏　168

B

白河次郎　195
白进彩　58，210，212
白鸟库吉　203，204
白寿彝　26，64，147，176，178，
　179，181，185—187

C

蔡和森　33
蔡丏因　127
蔡元培（蔡子民）　126，189
陈黻宸　5
陈恭禄　6，11，59，104，122，
　128，130，131，134—137

陈翰笙　33
陈怀白　59，239，240
陈梦家　142
陈庆年　5
陈寅恪　51，107，147
陈垣　147

D

邓之诚　5，6，11，63
董作宾　124—127，130，190
杜国庠　147

F

范文澜　6—8，11，12，34，36，
　37，39，41—44，46，49，52，
　55，82，87，89，132，147，
　149，238—240，255，257
冯友兰　89
傅斯年　21，93，109，126，129
傅运森（傅纬平）　111，225，235

G

顾颉刚　3，6，8，14，46，51，58，60—62，69—78，80，82，92，93，95，101，108，109，121，123，202—204，210，212，234，252—254，256

郭宝钧　147，149

郭沫若　6—8，12，15，33，34，37—43，46，49，52，53，58，82，88，90，93，104，105，108，109，115，131—134，139，147，149，151，161，162，172，187，217，222，236，237，240，245，249，250，254，257

郭廷以　12

国府种德　195

H

何炳松　72，213，214

何兹全　50，52，244

何祖泽　208，234

横阳翼天氏（曾鲲化）　20，54，55，74，80，96，196，224

侯外庐　6，7，35，38，48，49，51，147，240，241，250

胡华　53

胡绳　7，38，46，147

胡适　7，45，60—62，76，77，123

胡玉堂　128，138，139

J

嵇文甫　147

季羡林　147

贾兰坡　168

翦伯赞　6—8，11，32，34，35，37，38，42，43，46—49，53，64，82，86，88，106，116，119，120，124，132，140，142，147，148，150—152，182，219，238，240，252，254，257

蒋智由（蒋观云）　66，196，198，200

金兆丰　11

金兆梓　59，203—207，210，211，213，215

K

康有为　60

L

拉克伯里（Terrien de Lacouperie）　194—197，199—201，203，204

劳费尔（Berthold Laufer）　122

雷海宗　12

黎东方　12，31，114，126，136，138，210，211

李达　34，256

李大钊　33，104

李济　108—110，119，121，123，

125，127，129，130，132，134，136，188—191，207，213，259

李泰棻　11，30，57，100，101，111，122，201，202，204，205，210—212

李云坡　57，205，215，234

李则纲　28，47

李宗侗（李玄伯）　12，93

梁启超　2，5，15，19，20，54，67，72，73，81，95，96，194—196，258

梁思永　168，173，188

刘大年　51，146，147，153，154

刘师培　5，8，46，47，73，74，196—201，214

柳诒徵　11

陆懋德　149

罗香林　46，215

吕瑞廷　30，97

吕思勉　5—7，11，12，29—31，64，75，76，78，80，81，104，110，134，197，198，208，209，211，213，254，256

吕振羽　7，8，11，15，34，35，36，38—40，42，43，46，82—85，88，89，104—106，109，115，116，119—121，131—133，135，136，147，169，181，217，220，221，237，238，240，255—257，259

M

马衡　99，100

毛泽东　36，40，43

孟世杰　55，78，80，102，111

N

缪凤林　5，6，28，56，70，79，110，113，114，127，130，200，201，209，211，212，215，216

那珂通世　20，21，201

聂崇岐　7，8

P

裴文中　154，156，168，207

Q

齐思和　2，3，14，75

钱穆　5，6，11，57，68，69，103，128，130，210，212，255

屈万里　190

S

桑原骘藏　20，21，196，201

尚钺　41，42

邵循正　53

沈颐　55

石兴邦　168

石璋如　127，129

市村瓒次郎　20，21，45，47

苏秉琦　146，175—180，182—187，191—193，222，246—249，251

孙正容　123，130，212，213，215

T

汤用彤　147

佟柱臣　168

童书业　3，5，12

W

王桐龄　5，11，54，62，70—72，202—205，210，212，234，235

王献唐　142

王玉哲　12，26，90，153，159—161，221

王锺麒（王伯祥）　61，77，101，123，234

韦休　204，205，234

翁文灏　113，114，121

吴晗　147

吴玉章　44，60，219

吴泽　38，42，85，86，106，116，119，132，134，218，220，239，256，257

X

夏鼐　64，110，119，135，137，140，143—151，154—157，162，163，167—170，173—175，180，184，189，191，221，245，246，248，250，255，259

夏曾佑　5—8，12，14，67—71，73—75，96—98，201，213，224

向达　51，147，149，152

萧一山　27，28，55，69—71

徐炳昶（徐旭生）　147，152，245，254

许国英　55

许立群　89，217，219

Y

严复　68，72

严文明　152，181—184，186，192

杨东莼　56，125，130

杨宽　256

杨绍萱　149

杨树达　51

杨希枚　190

杨向奎　149

杨钊　50，157—161

尹达（刘燿）　51，87，88，106，107，119，120，132，133，146，147，149，162，166—168，170，176，217，220，257

尹焕章　168

印水心　70

应功九　103，138

余逊　103，113，212

Z

曾昭燏 146，154，162

詹子庆 31

张伯简 33

张传玺 32

张光直 190，241—243，257

张岂之 32

张绍良 5，6

张荫麟 5—7，10—12，34，59，215

张政烺 48

张忠培 180，181，183，184

章鸿钊 122

章嵚 5，29，55，70，225

章太炎 2，5，67，73，74，95，196

章巽 215

赵澂璧 30，97

赵玉森 30

郑振铎 3，147

周恩来 35，38，139

周谷城 11，29，49

周予同 5，71，79，80，102，103，112—114，125，128，130，207，208，212，234，235，255，259

朱经农 78

朱希祖 199

朱翊新 79，102

竺可桢 50